AF384439

Abbé SYLVAIN VERRET

Ancien Supérieur du Petit Séminaire de Chartres
Archiprêtre de Châteaudun.

# L'Éducation selon l'Évangile

*Vous commencerez donc par l'Évangile qui est
Jésus-Christ.* (LACORDAIRE).

PARIS

ANCIENNE LIBRAIRIE POUSSIELGUE

J. DE GIGORD, Éditeur

Rue Cassette, 15

1911

# L'Éducation selon l'Évangile

**Abbé SYLVAIN VERRET**

Ancien Supérieur du Petit Séminaire de Chartres
Archiprêtre de Châteaudun.

# L'Éducation selon l'Évangile

*Vous commencerez donc par l'Évangile qui est
Jésus-Christ vivant.* (LACORDAIRE).

**PARIS**

**ANCIENNE LIBRAIRIE POUSSIELGUE**

J. DE GIGORD, Éditeur

Rue Cassette, 15

1911

PERMIS D'IMPRIMER DE S. G. MONSEIGNEUR L'ÉVÊQUE DE VANNES


Nihil obstat

P. FONTENY
*Censor.*

Imprimatur :

† ALCIMUS
*Ep. Venet.*
*Venetiis, Die 1ª januarii 1911.*

# LETTRE DE S. G. MONSEIGNEUR L'ÉVÊQUE DE CHARTRES

## A L'AUTEUR

ÉVÊCHÉ

de

CHARTRES

—

Chartres, le 16 décembre 1910.

Monsieur l'Archiprêtre,

Sur le rapport favorable qui m'a été fait de votre ouvrage, l'*Éducation selon l'Évangile*, et d'après la connaissance que j'ai pu en prendre moi-même, je suis heureux de vous donner l'approbation que vous m'avez demandée. J'y ajouterai mes félicitations pour ce nouveau travail qui vient compléter avantageusement celui que vous avez intitulé *Vers l'Évangile*. C'est ainsi qu'après avoir conduit les lecteurs auxquels vous vous adressez devant cette source de vie supérieure, vous avez bien voulu leur apprendre à y puiser abondamment en tirant du livre divin les enseignements les plus capables de solliciter leur attention et d'inspirer leurs actes.

Veuillez agréer, Monsieur l'Archiprêtre, l'expression de mes sentiments bien dévoués en N.-S.

† HENRI-LOUIS,
*Évêque de Chartres.*

# PRÉFACE

*Si nous en croyons des juges éminents et charitables, Dieu a permis qu'un de nos ouvrages* — VERS L'ÉVANGILE — *fût un rappel efficace à la lecture et à la pratique du Saint Livre, compris, interprété, vécu, selon le sens catholique.*

*On nous demandait depuis longtemps une suite et un complément à ce volume.*

*— « Après avoir esquissé le* programme, *nous disaient des amis trop bienveillants, donnez-nous la* méthode. »

*Nous n'avons pas la prétention de donner* la méthode, *la méthode unique de formation à la vie chrétienne. Nous demandons simplement la permission de présenter* une *méthode, une méthode d'éducation :* L'ÉDUCATION SELON L'ÉVANGILE.

*C'est la nôtre. C'est celle que nous avons reçue de nos maîtres aimés et vénérés. C'est celle que nous avons cherché à donner, pendant nos vingt-trois années d'enseignement et de direction, dans un collège ecclésiastique, et dans deux Petits Séminaires. C'est celle dont nous avons essayé de nous inspirer dans nos relations multiples avec des âmes d'éducateurs et d'éducatrices, de novices, de jeunes gens et de jeunes filles de nos Cercles d'Études et de nos Patronages.*

*Cette méthode consiste à se représenter toujours et partout Notre-Seigneur Jésus-Christ présent, dans les situations diverses et les mille détails de notre vie, à le voir nous regardant, à l'entendre nous parlant, nous contrôlant et nous jugeant.*

*Or qu'est-ce que le Saint Évangile, sinon le Code selon lequel Il nous contrôle et nous juge, le portrait où Il se montre, le phonographe qui conserve et rend Sa parole, le cinématographe où Il revit ?*

*Vous voulez former des chrétiens, et d'abord vous voulez vous former vous-même comme chrétien, selon l'idéal du Christ ? — Ouvrez le Saint Évangile. Vous y verrez de quoi premièrement il faut vous préserver, de quoi ensuite il faut vous munir et vous orner. Vous y verrez vos ennemis : c'est-à-dire les sophismes des faux maîtres, le péché, les défauts, l'esprit du monde ou le naturalisme.*

*Vous méditerez ensuite les versets du Saint Livre, afin d'en extraire ce qui convient pour fonder votre conviction intérieure, ce qui convient à votre formation pédagogique, à l'éducation de l'esprit, du cœur, du caractère, de l'imagination, de la sensibilité et du goût, chez vous-même et chez les autres.*

*D'après les données du Saint Livre, vous réglerez même votre extérieur; vous en compénétrerez intégralement vos occupations professionnelles et vos devoirs d'état; d'après lui, vous formerez votre esprit civique, votre sens de la liberté, fût-ce au contact des oppressions qu'il a prédites; vous y tremperez votre vaillance, même dans la persécution vécue; pour cette vaillance même, et pour les vocations d'élite, vous y trouverez, par la Sainte Eucharistie, le secours providentiel de persévérance.*

*Ce sont là les subdivisions mêmes du présent volume. On y reconnaîtra les titres des chapitres dans ses deux parties : I. — LES ENNEMIS DE LA JEUNESSE SELON L'ÉVANGILE. — II. — L'ÉDUCATION DE LA JEUNESSE SELON L'ÉVANGILE.*

*Pensant aux âmes sacerdotales et religieuses qu'il nous a été donné d'évangéliser et de diriger, aux chrétiens et aux chrétiennes du monde dont*

*Dieu nous a fait le missionnaire ou le pasteur, à la chère jeunesse qui grandit dans notre foi traditionnelle, aux pères et mères de famille, aux éducateurs et aux éducatrices à qui sont confiées les espérances de l'avenir, nous dédions* cet humble travail — sous l'autorité de la Sainte Église Catholique — *à tous ceux qui ont à promouvoir ou à donner, à favoriser ou à recevoir* l'Éducation selon l'Évangile

S. V.

# L'ÉDUCATION SELON L'ÉVANGILE

## CHAPITRE PREMIER

### LES FAUX MAITRES DE LA JEUNESSE D'APRÈS L'ÉVANGILE

*Le Pharisien, le franc-maçon, le doctrinaire antichrétien. — Place des Pharisiens dans l'Évangile. — Les Pharisiens et les Sadducéens. — Le Christ entre les deux voleurs. — Leur doctrine. — Leurs sophismes. — Leur culte outrancier des formes de la légalité. — Le sectaire. — Leur caractère avare. — Leur hypocrisie. — Le P. Faber et la disposition à se scandaliser. — L'orgueil des Pharisiens, dédaigneux des petits, plat devant les grands. — Leur jalousie. — Le rôle des Pharisiens près de Jésus. — Les apologistes inconscients de l'Évangile. — Les bons Pharisiens. — Jésus chez les Pharisiens (tableau de Jean Béraud). — L'histoire se renouvelle ou plutôt continue.*

Au temps de Socrate, les faux maîtres de la jeunesse s'appelaient les sophistes. Quant au fond, ils n'ont pas changé. Ce sont toujours des séducteurs. Seulement le masque dont ils se couvrent s'est rajeuni et modernisé. Ce sont des *Modernistes*.

L'ancêtre de ces faux maîtres contemporains,

celui dont procèdent tous les autres, qu'ils le veuillent ou non, était ainsi apprécié par M. Challemel-Lacour, en pleine Académie française : « M. Renan, disait-il, est habile à revêtir de formes religieuses les idées les plus étranges. Grâce à sa langue aérienne, des choses énormes passent (1) ».

Voilà le procédé du sophiste moderne, et voilà son péril. Sous le prestige du style il accrédite les idées les plus étranges, il fait passer des choses énormes.

Or devant ces faux maîtres, quelle doit être l'attitude d'une jeunesse avertie ?

*Jeunesse* et *peur* sont deux mots qui ne sont point faits pour aller ensemble. Toute âme qui sent frissonner en elle son énergie première est prête à dire, comme le héros de Shakespeare : « Le danger et moi, nous sommes deux lions nés le même jour ; seulement, je suis l'aîné ! »

Telles sont aussi la fierté et la vigueur qui conviennent au disciple de l'Évangile. Son Maître ne lui a-t-il pas laissé, pour consigne et mot d'ordre, ces deux paroles : « *Nolite timere :* Ne craignez pas — *Confidite :* Ayez confiance » ? — En effet une entreprise aussi difficile que la vie chrétienne ne va pas, on le conçoit, sans obstacles et sans lutte. Mais ici, comme à la guerre, la surprise fait partie de la tactique élémentaire de l'ennemi. Il se dérobe, il se faufile, il nous envahit à notre insu. C'est l'histoire des

_______

(1) *Discours de réception à l'Académie,* 25 janvier 1894.

fameux *mouvements tournants* de 1870, auxquels les Allemands durent leurs invariables succès, contre nos troupes habituées à combattre à découvert. Cet adversaire qui se cache, la jeunesse a tout intérêt à le découvrir.

Aussi bien il est dans l'Évangile. Il y est avec son caractère essentiel qui est l'hypocrisie. Il y est avec son procédé d'insinuation, subtil comme un fluide qui se glisse, comme un levain qui fermente.

On l'a reconnu déjà à ce portrait sommaire. Cet ennemi de la jeunesse chrétienne, qui s'attaque avant tout, pour ainsi dire, à la virginité de son intelligence, c'est-à-dire à la netteté de ses principes et de ses convictions, c'est le Pharisien, l'esprit pharisaïque.

De nos jours il s'appelle, en dehors de l'Église et contre elle, le franc-maçon, le libre-penseur sectaire, l'anticlérical dogmatisant, le sophiste doctrinaire. Dans l'intérieur même de l'Église, il s'appelle le *Moderniste*.

Parmi les hommes que l'Évangile nous montre s'agitant autour de Jésus, pendant sa vie publique, il n'en est point, en dehors de ses Apôtres, qui reparaissent aussi souvent que les Pharisiens. Depuis le jour où Jean le Précurseur refusa le baptême à leurs hypocrites instances (1), nous les trouvons partout. Ils assistent, à Capharnaüm, à la vocation du publicain Mathieu (2); ils voient Marie-Madeleine aux pieds de Jé-

_______

(1) S Math. iii, 7 ; S. Luc. vii, 30.
(2) S. Math. ix, 11.

sus (1) ; on court leur annoncer la résurrection de Lazare (2) ; ils murmurent de haine et de dépit, à l'entrée triomphale, le jour des Rameaux (3) ; parmi les foules qui suivent le Maître, à travers les plaines de Judée, ils sont au premier rang (4) ; et si Jésus se retire en Galilée, le conseil central de la secte à Jérusalem, saura encore envoyer après lui des émissaires jusqu'au territoire de Gennésar (5).

Sans cesse nous les voyons s'attachant aux pas du Sauveur, pour décrier ses miracles, rabaisser sa vertu, se scandaliser même de ses bienfaits, lui posant mille questions captieuses tantôt sur le texte même de la Loi, tantôt sur les minuties de leurs observances particulières, ici sur le mariage, là sur le paiement du cens, plus loin sur le sort de la femme oublieuse de ses devoirs, et finalement cherchant à le perdre. Toujours désappointés, toujours confondus, ils reviennent toujours, semblables à une nuée d'insectes qui s'acharnent sur le corps d'un lion.

Devant ces hommes perpétuellement impertinents et jaloux, on hausserait les épaules de dédain, de pitié, d'indignation. Il importe cependant de les étudier de plus près, et de nous rendre compte, d'après l'Évangile, pour l'instruction de la vie et de la jeunesse chrétienne, de leur *doctrine* et de leur *caractère*.

(1) S. Luc. vii, 36.
(2) S. Jean. ix, 46.
(3) S. Jean. xii, 19.
(4) S. Math. xii, 1.
(5) S. Math. xv, 1.

*
*  *

Des Pharisiens il n'est point question dans l'Ancien Testament. L'historien Josèphe est le premier à les compter au nombre des sectes qui se formèrent parmi les Juifs, peu de temps avant la venue du Messie. Bossuet, après lui, fixe leur apparition au temps des Asmonéens et au règne de Jonathas. « Ils s'acquirent d'abord, dit-il, un grand crédit par la pureté de leur doctrine, et par l'observance exacte de la loi. Leur conduite était douce et régulière, et ils vivaient entre eux en grande union. Les récompenses et les châtiments de la vie future qu'ils soutenaient avec zèle leur attiraient beaucoup d'honneur (1). »

C'est avec ce caractère d'autorité, de position officielle, pour ainsi dire, que nous les représente l'Évangile. Ils jouissent auprès de leurs concitoyens d'une estime que leur nom même indique : Pharisien, *Perouschim*, veut dire « séparé, distingué ». Ils possèdent une influence incontestée, que les grandes richesses de beaucoup d'entre eux étaient bien propres à leur garantir. Ils sont entourés de respect. Ils occupent les divans d'honneur dans les festins, les premières places dans les synagogues. Ils sont salués sur les places publiques. On les appelle « Maîtres—Rabbi ». Ils traitent d'égal à égal

_______

(1) *Discours sur l'Histoire universelle*, IIe partie, ch. 17. — Josèphe, *Antiquités Judaïques*, XIII, 9.

avec les Princes des prêtres et les Anciens du peuple. Notre-Seigneur nous les montre, sinon de droit, du moins de fait, en possession de la chaire de Moïse, c'est-à-dire préposés, avec les Scribes, à l'enseignement de la Loi (1).

Le fonds de la doctrine des Pharisiens était, en effet, le Mosaïsme. Si nous les voyons souvent réunis aux Sadducéens pour tenter le Sauveur, ce n'est point à cause de leur sympathie réciproque, ni de la similitude de leurs idées Les Sadducéens, s'ils étaient les maîtres de la caste sacerdotale avec Anne et Caïphe, avaient moins d'influence sur l  peuple qui les regardait presque comme des hérétiques. Parmi les livres de l'Ancien Testament ils ne reconnaissaient que le Pentateuque. Ils niaient la spiritualité, l'immortalité de l'âme et la résurrection des corps. C'étaient les matérialistes, les positivistes du temps, quelque chose comme les épicuriens du Judaïsme. Les Pharisiens, au contraire, professaient et soutenaient les vérités spiritualistes. De là, entre les deux sectes rivales, une mésintelligence que saint Paul un jour devait utiliser habilement (2).

(1) S. Math. xxii, 2 ; S. Jean xi, 47.

(2) Les Actes des Apôtres (xxiii. 6) racontent en effet que saint Paul traduit devant le grand-prêtre Ananie. et sachant que le Sanhédrin était divisé en deux factions opposées. de Sadducéens et de Pharisiens. s'écria tout à coup : « Frères, je suis Pharisien, enfant des Pharisiens, et c'est au sujet de mon espérance dans la résurrection des morts qu'on me poursuit. » Dès lors tumulte, discussions et rixes, si bien que l'assemblée fut levée pour ce jour-là.

Qu'est-ce donc qui les réunit contre le Sauveur ? Rien, sinon ce qui réunit contre l'Église catholique les diverses erreurs divisées entre elles, c'est-à-dire la défiance commune qu'elles ont pour la vérité ; rien sinon dit Tertullien, que le Christ est toujours crucifié entre deux sortes de voleurs...

*<br>* *

Mais pour avoir une idée juste de la doctrine des Pharisiens, il ne faudrait pas considérer seulement le respect qu'ils professaient pour le texte de la Loi, ni le zèle qu'ils mettaient à l'observer extérieurement.

Apparemment orthodoxes, ils avaient fini par n'être en réalité que des hérétiques, et à ne plus exposer, au lieu des enseignements de Dieu, comme dit l'Évangile, que les doctrines et les préceptes des hommes. En effet la manie de dogmatiser, la soif d'applaudissements, le désir d'une réputation de science et de popularité, l'émulation enfin dans l'art de subtiliser, c'étaient là, on le conçoit, pour des docteurs sans contrôle et sans humilité, de séduisantes tentations de mettre peu à peu leurs idées à la place de celles qu'ils avaient mission d'interpréter. Les Pharisiens ne surent pas éviter ces écueils, et, au temps de Notre-Seigneur, ils avaient déjà corrompu, altéré le sens de la Loi par leurs fausses interprétations, et dénaturé son esprit par leurs additions particulières.

C'est ainsi que le Sauveur les prend en flagrant

délit de fausses interprétations calculées sur le IV<sup>e</sup> commandement (1). Pour eux les textes si clairs et si explicites de l'Ancien Testament, qui prescrivent les devoirs d'assistance effective envers les parents, en étaient réduits à ne plus signifier qu'une intention banale et théorique à leur sujet, dans le sacrifice offert à l'autel. On le voit par cet exemple. Seize siècles plus tard, ils eussent expliqué les paroles de l'institution de la Sainte Eucharistie, à la manière de Carlostadt ou de Calvin ou de certains Modernistes. Au XIX<sup>e</sup> siècle, ils auraient écrit une *Vie de Jésus* à la manière de Renan ou de Strauss, où ils auraient substitué leurs fantaisies prétentieuses à la vérité historique. Ils auraient cité de nouveau Dieu en personne à leur barre comme un égal avec lequel on discute, ainsi que le disait jadis, à la tribune de la Chambre des députés, l'un des chefs des socialistes français. Ils auraient nié le surnaturel, et se drapant dans leur science infatuée qui prétend suffire à tout, ils auraient fait sonner autour d'eux les mille trompettes de la réclame, pour s'entendre appeler « Maîtres », et gagner de l'argent.

C'est pour toutes ces raisons que Jésus-Christ prémunissait ses disciples contre ce qu'il appelle « leur levain », c'est-à-dire contre leur *hypocrisie,* aussi bien que contre celui des Sadducéens dont nous avons dit les erreurs (2).

(1) S. Math. xv, 3.
(2) S. Math. xvi, 6-12 ; S. Luc. xii, 1.

***

Les Pharisiens ne s'étaient pas contentés de diminuer ou d'éluder, par leurs commentaires erronés, la force obligatoire de la loi divine. Ils y avaient mêlé leurs idées et leurs usages particuliers. « Devenus, dit Bossuet, les arbitres de la doctine et de la religion, ils la tournèrent insensiblement à des pratiques superstitieuses, utiles à leur intérêt et à la domination qu'ils voulaient établir sur les consciences. » Pendant qu'ils rayaient du code sacré les principes mêmes de la loi naturelle, ils donnaient une importance souveraine aux prescriptions secondaires, à des articles purement cérémoniels, ou même à de futiles observances, qui n'avaient pour elles que la pratique de la secte. De conseils donnés par l'Écriture dans un style métaphorique, ils faisaient des préceptes rigoureux qu'il fallait entendre à la lettre. Ils avaient de la sorte introduit mille nouveautés ridicules, et, comme le leur reproche Notre-Seigneur, brisé, transgressé, anéanti la parole de Dieu par leurs traditions.

On croirait vraiment entendre ces hommes de nos jours pour lesquels la loi divine, la loi naturelle, la loi morale, l'honnêteté même, ne sont que des hypothèses et des préjugés, tandis qu'une feuille de papier noircie, dès qu'elle a obtenu une voix de majorité, est la loi, toute la loi, la seule loi inéluctable et irréformable. Ils commencent par rayer Dieu et la conscience de la liste des certitudes humaines, et, quand ils ont ainsi fait litière de ce qui était le fondement, la sanction et le guide de la vieille morale, ils mettent à la place leur petit vouloir à eux-mêmes. En poursuivant leurs principes vous arriveriez tout droit à cette conclusion, que si demain, avec quatre hommes et un caporal, ou simplement avec une écharpe déroulée sur les flancs, ils vous commandaient de brûler père et mère, vous devriez aussitôt allumer votre feu.

Comme s'il pouvait y avoir un droit contre le droit ! Comme si les lois positives ne tiraient pas toute leur force obligatoire de leur conformité avec la loi naturelle, comme si la superstition d'une législation irréductible et irréformable, quand elle est d'origine humaine, n'était pas incompatible avec la marche progressive de l'humanité !

Les Pharisiens de l'Évangile étaient déjà les partisans du « bloc », devenu cher depuis à tous les sectaires. Dans ce bloc ils entassaient, eux aussi, leurs utopies, leurs rêves, leurs ambitions, leurs audaces ou leurs minuties, et quiconque se permettait d'en négliger quelque chose, était mis à l'index de la secte. Singulière façon de montrer par leur conduite l'exemple de la tolérance...

C'est ainsi qu'ils font un crime au Sauveur et à ses disciples de ne pas se laver les mains avant le repas (1), qu'ils étendent le précepte du repos du sabbat jusqu'à un rigorisme con-

(1) S. Math. xv, 2.

tre nature (1) ; c'est ainsi qu'ils écrivent certains textes de la Loi sur leur front, sur leurs bras, sur les franges de leurs vêtements, se fondant sur un passage du Deutéronome qui recommandait au peuple d'Israël d'avoir toujours devant les yeux les ordres du Seigneur (2).

Voilà pourquoi le Sauveur disait aux foules : « Tout ce que Moïse vous a ordonné (et qui vous est connu aujourd'hui par l'intermédiaire des Scribes et des Pharisiens) ayez à cœur de l'observer. Mais encore défiez-vous de ces hypocrites interprètes, et surtout ne les imitez point ; car si la vérité est parfois dans leur bouche (comme lorsqu'ils lisent la Loi), elle n'est jamais dans leur conduite : « *Dicunt enim et non faciunt* (3) ».

*<br>* *

Avec cet exposé des doctrines des Pharisiens on trouve encore, dans l'Évangile, les principaux traits de ce caractère odieux qui, dans la langue française même, a fait infliger à certains actes comme un stigmate, comme un superlatif de malice, l'épithète de *pharisaïque*. Ici encore on croirait voir une esquisse anticipée de certains types contemporains.

Ils étaient, d'après l'Évangile, avares, hypocrites, orgueilleux, jaloux.

(1) S. Math. xii, 1.
(2) S. Math. xxiii, 5.
(3) S. Math. xxiii, 3.

Lorsque Jésus vantait les avantages de l'aumône, saint Luc remarque que les Pharisiens, qui étaient avares, se riaient de ses paroles ; et c'est alors que le Sauveur dévoila leur vice dans tout son jour, en les clouant à jamais au pilori de l'humanité (1).

La plupart des Pharisiens avaient pour eux tous les biens de la fortune. Ils les devaient soit à leur patrimoine, soit à leurs fonctions de docteurs de la Loi, soit même et surtout à leurs spéculations sacrilèges. Leur extérieur austère les faisait regarder, par beaucoup, comme les meilleurs intermédiaires entre les besoins de l'homme et la bonté de Dieu. Dans cette pensée, on se recommandait à grands frais au souvenir de leur piété, et c'est ainsi qu'ils en venaient (2) à dévorer les maisons des veuves, à force de prières. A moins qu'ils ne vissent en question leur intérêt ou leur vanité, par exemple pour le paiement ostensible de la dîme, leur bourse et leur cœur étaient impitoyablement fermés aux misères du pauvre. Ils chargeaient sur les épaules des petits des fardeaux qu'ils ne voulaient pas eux-mêmes toucher du bout des doigts.

De nos jours ils auraient taxé le dévouement, et imposé la charité à raison de tant pour cent. Ils auraient tranché d'un mot le problème si intéressant et si complexe, qu'on appelle « la question sociale ». Ils auraient tout rejeté sur

(1) S. Luc. XVI, 15.
(2) S. Math. XXIII, 14.

la faute des humbles et des travailleurs, et ils n'auraient rien compris à l'Encyclique du grand Pape Léon XIII, qui nous disait de « nos frères les ouvriers, sobres et honnêtes, qu'une grande part de leurs misères sont imméritées, et qu'il est juste, nécessaire et urgent d'y pourvoir ».

Aussi voyons-nous Jésus tantôt leur reprocher leur défaut de miséricorde, tantôt leur recommander l'aumône comme leur meilleure pénitence (1).

Si nous en croyons ceux qui les approchent de plus près, ceux que nous appelons « les faux maîtres de la jeunesse » n'ont guère changé. « L'Évangile, dit M. Challemel-Lacour, ne fait pas de catégories parmi les âmes humaines, et les plus humbles s'y voient relevées par ce qui est pour elles au-dessus de tous les biens, la tendresse et le respect. L'Évangile est l'épopée des simples, un hymne anticipé à la Jérusalem des misérables. M. Renan ne les voit qu'abandonnés sans espoir à la brutalité de leurs instincts. Il peint d'un pinceau véhément, et sans se lasser, les vices de la foule. Ses *Drames philosophiques*, qui sont la suite des *Dialogues*, en sont remplis (2)... »

*<br>* *

L'hypocrisie des Pharisiens, plus encore que leur avarice, est devenue proverbiale.

(1) S. Math. xxxiii, 23 ; S. Luc. xi, 41.
(2) *Discours de réception à l'Académie française.*

S'ils affectent, pour la Loi et les moindres observances, un grand zèle et un religieux respect; s'ils jeûnent, s'ils donnent la dîme au delà même de ce qui est requis ; ce n'est que pour être vus des hommes. Un devoir n'existe plus pour eux dès qu'ils peuvent y forfaire dans le secret. La justice, la charité, la foi même des contrats ne sauraient alors les obliger (1). Pendant qu'ils honorent Dieu des lèvres, leur cœur est loin de lui. Ce sont des sépulcres tout neufs, tout blancs, tout frais à l'extérieur, et remplis au dedans de ce qui n'a plus de nom (2). Ne l'ont-ils pas avoué eux-mêmes, en face de la femme surprise en son forfait ? Mis en tête à tête avec leur conscience, invités par le Sauveur à jeter à la coupable la première pierre de la lapidation, s'ils sont eux-mêmes sans péché, ils se sont aperçus que d'un regard Jésus-Christ avait pénétré jusqu'au plus intime de leur âme, et les voilà, dit l'Évangile, qui s'éloignent un à un, à commencer par les plus vieux, pour ne laisser en présence, que la pécheresse pénitente et le grand Dieu qui pardonne toujours au repentir (3).

Ancêtres directs de ce type que l'irréligion nous attribue faussement, que la vie chrétienne repousse comme une dérision et un sanglant outrage, et qu'elle renvoie justement à la libre pensée, sa digne mère. Molière l'appelait Tar-

_____

(1) S. MATH. XXIII, 23.
(2) S. MATH. XXIII, 27.
(3) S. JEAN. VIII, 3.

tufe, et Maurice Barrès lui faisait écho jadis en terminant un de ses ouvrages par cette apostrophe d'un modernisme très vert : « Tas de canailles ! »

Ne semble-t-il pas en effet que cette hypocrisie pharisaïque enveloppe encore aujourd'hui de toutes parts la vie chrétienne ?

Hypocrisie des conventions sociales, des relations, de l'antipathie entre le langage et la pensée, entre le bien prêché ou vengé en public et le mal fait en secret, entre le mal fait par les petits et le mal fait par les grands. On dirait que les mots ont changé de sens, et que ce qui ferait l'opprobre des humbles, des pécheurs et des publicains, comme dans l'Évangile, tourne au profit, à l'honneur, à la décoration du Pharisien. — Sépulcres blanchis, dit le Sauveur, où la corruption du dedans le dispute à l'orgueil de la surface...

Il faut citer ici pour en faire notre profit, même dans la vie chrétienne ordinaire, le passage si particulièrement suggestif du P. Faber,

### *Sur la disposition à se scandaliser.*

Scandaliser est une grande faute, dit-il, mais se scandaliser en est une plus grande, suppose plus de mal en nous, et fait plus de mal aux autres. Rien ne scandalise autant que cette disposition à trouver partout pierre d'achoppement. Ce fait mérite considération, car on trouve une foule d'assez bonnes gens qui pensen faire merveille de se scandaliser, et croient montrer en cela vertu et délicatesse de conscience, tandis qu'en réalité ils font preuve d'amour-propre excessif ou de sottise. Heureux quand c'est la sottise qui est en jeu, car alors la pauvre nature est plus à plaindre qu'à blâmer ; et, je l'ai dit quelque part, si un sot ne peut faire un saint, au moins la sottise n'en fera jamais un pécheur. De plus, les gens en question montrent par leurs sentiments et leurs actes qu'ils s'imaginent que leur profession de piété leur donne mission pour se scandaliser d'office. C'est là leur affaire ; c'est leur manière de rendre témoignage à Dieu ; faire autrement serait inertie coupable dans la vie spirituelle. Ils s'imaginent souffrir horriblement du scandale, mais, dans le fait, ils y trouvent une jouissance étonnante ; c'est une émotion agréable qui fait supporter la monotonie de la dévotion. Ce n'est pas que les fautes du prochain tombent sur eux, ni qu'elles viennent barrer leur chemin vers la vertu ou l'amour de Dieu, comme il arrive en cas de véritable scandale ; mais ils vont chercher l'occasion, et trébuchent tout exprès dans quelque faute de leur prochain, pour faire remarquer aux autres la différence de sa conduite et de la leur.

Il y a, sans doute, des choses dont on peut légitimement se scandaliser, mais il faut mettre en première ligne cette manie vaniteuse de tant de gens soi-disant religieux qui prétendent se scandaliser de 'tout. Le fait est que nous sommes pour la plupart de véritables Pharisiens. Pour un homme pieux qui rend la piété attrayante, il y en a neuf qui la rendent repoussante, ou, en d'autres termes, parmi les personnes censées spirituelles, il n'y en a qu'une sur dix qui le soit réellement.

Celui qui s'est scandalisé le plus souvent dans le cours d'une longue vie, est aussi celui qui a fait le plus de tort à la gloire de Dieu, et qui a été lui-même une véritable pierre d'achoppement dans la voie de beaucoup d'autres. Il a été une source intarissable des plus tristes exemples pour les faibles et les petits du Seigneur. Si ce que j'écris vient à tomber sous ses yeux, il se scandalisera de moi. Tout ce qu'il n'aime pas, tout ce qui s'écarte de ses vues étroites est un scandale. Du reste, le Pharisien ne connaît pas d'autre manière de différer de vues. Gens merveilleux dans leur goût pour la tiare ! L'être le plus épais, s'il a, comme c'est l'ordinaire, autant d'obstination que de sottise, trouvera moyen de se faire pape dans son petit voisinage ; et, pour peu qu'avec cela il ait le verbe haut, son règne se passera glorieusement en session non interrompue de concile œcuménique du quartier.

Il faudrait avoir bien du temps et du courage de reste pour essayer de persuader des gens de cette trempe ; et la recette ne couvrirait pas la dépense. Laissons-les tranquilles dans leur gloire et leur béatitude, et occupons-nous de nous-mêmes (1).

Nous avons dit quelle place les Pharisiens tenaient au milieu de leurs concitoyens. Bien que la marque d'un esprit supérieur soit toujours de n'avoir pas conscience de son mérite, ou du moins de ne pas s'y complaire, on aurait compris de la part d'hommes qui formaient au milieu de la nation la classe riche, lettrée et savante, qui étaient reconnus publiquement comme docteurs de la Loi, qui étaient entourés d'honneurs et de respect, on aurait compris, dis-je, cette sorte de fierté digne et réservée que le rang exige plus que le caractère.

Mais là ne s'en tinrent pas les Pharisiens. Quelque part que nous les rencontrions, ils

_______________

(1) Le P. FABER, *Conférences spirituelles.*

sont toujours les mêmes ; engoués de leur demi-science, faisant parade de leurs fausses vertus, méprisant les petits, plus vaniteux et plus mesquins dans leur orgueil que le dernier pédant des légendes. Image parfaite de ces demi-savants de tous les temps qui se tournent infailliblement contre l'Évangile, parce que l'Évangile, ne connaissant que la vérité, ne saurait flatter leur orgueil.

« Être sorti d'Abraham selon la chair, dit Bossuet, leur paraissait une distinction qui les mettait naturellement au-dessus des autres, et enflés d'une si belle origine, ils se croyaient saints par nature et non par grâce (1). »

Sans cesse en effet ils nous rappellent qu'ils sont les enfants d'Abraham, que partant ils sont libres (2). Ils se confient en eux-mêmes, comme étant justes, et Notre-Seigneur nous dévoile à la lettre ce qu'ils pensent d'eux et des autres, en nous faisant entendre la prière superbe du Pharisien et la prière humble du Publicain (3). Ils se scandalisent de ce que le Sauveur du monde converse avec les Publicains et avec les pécheurs, et il leur faut toute une série d'explications pour ne rien dire de la sublimité de sa conduite envers Marie-Madeleine, chez Simon, l'un des leurs (4).

Avec ce dédain superbe des humbles et des

---

(1) *Discours sur l'Histoire universelle,* iiᵉ partie, ch. 17.
(2) S. JEAN. viii, 33-39 ; S. MATH. xxiii, 5.
(3) S. Luc. xviii, 10.
(4) S. Luc. vii, 36-50.

misérables, ils ont cet autre côté de l'orgueil qui consiste à ramper devant la puissance, et à être lâches devant quiconque leur pourrait nuire. La seule peur des Romains suffit à leur fermer les yeux devant l'évidence d'un miracle, comme la résurrection de Lazare. A cette nouvelle, ils se réunissent en conseil avec les Pontifes. Ils reconnaissent les prodiges accomplis par Jésus-Christ. — « Mais, disent-ils, si nous le laissons aller, tous croiront en lui, et les Romains viendront, et ils nous dépouilleront de nos places et de notre nationalité. *Et tollent locum et gentem* (1) ». Et c'est ainsi que fut décrétée la mort du Juste.

Quand ils touchent au comble de leurs vœux, quand ils ont livré le Sauveur à Pilate, nous les entendons, ces enfants d'Abraham, les esclaves de personne, ces gens prétendus libres par nature et par droit de naissance, un peu plus nous dirions « ces affranchis de 89 », nous les entendons qui s'écrient : « Nous n'avons point d'autre roi que César » — et ce César était Tibère (2) !

*<br>* *

Ce qui mène leur orgueil jusqu'à ce servilisme, c'est une passion basse entre toutes, la jalousie.

Lorsque des hommes sont posés en face de tout un peuple comme l'étaient les Pharisiens,

(1) S. Jean. xi, 48.
(2) S. Jean. xix, 15.

et qu'ils voient s'élever de la foule un rival ou un adversaire, s'ils n'ont ni sincérité ni humilité, si, en face de son mérite, de la vertu et de la vérité parlant en lui, ils ne savent pas dire comme le Précurseur : « A lui de croître, à moi de disparaître », il est clair que la jalousie leur est bien naturelle.

La rage de l'hypocrisie démasquée s'unit aux froissements de l'orgueil, aux craintes de l'intérêt compromis par la vogue de la foule qui s'attache au nouveau prophète, et de là, entre tous les membres de la secte, une conspiration dont le but avoué est de perdre d'abord Jésus-Christ dans l'esprit du peuple, et finalement de l'envoyer au supplice. Pour venger leurs passions réunies rien ne leur coûtera. La victime est désignée, elle tombera sous leurs coups. Aussi, fidèles à leur tactique, les voyons-nous poursuivre de point en point lentement mais sûrement leur œuvre de jalousie. « Vous voyez, se disent-ils, que nous ne gagnons rien ; voilà tout le monde qui court après lui (1) ».

Dès lors ils ont leurs conciliabules clandestins. Ils ont leurs réunions secrètes. Ils ont leurs loges où l'on se rassemble la nuit, en cachette, comme dans des caves, pour les machinations sourdes et pour les œuvres de ténèbres. C'est là que s'élaborera le plan de la campagne déicide. C'est de là que partiront, un à un, les coups qui frapperont l'innocence. Dès lors tout lui sera reproché. Toutes les armes sont bonnes.

_______

(1) S. Jean, xii, 19.

Si Notre-Seigneur guérit les malades ou chasse les démons, c'est au nom de Béelzébub le prince des démons (1). S'il rend l'usage de ses membres à un paralytique, si ses disciples cueillent un épi le jour du sabbat, s'il ne se lave pas les mains avant le repas, c'est un impie, presque un apostat (2). S'il rend la vue à l'aveugle-né, ils font subir à l'heureux guéri le plus perfide des interrogatoires pour l'amener à déposer contre son bienfaiteur (3). S'ils ne peuvent empêcher les ovations que décerne au Sauveur le peuple enthousiasmé, le jour de l'entrée triomphale, ils lui en feront du moins des reproches (4).

Sans cesse ils sont à ses côtés épiant ses gestes, ses paroles, ses actes, son silence même, trouvant partout occasion à ce scandale, qui provient uniquement de la malice de qui le conçoit, et que pour cela on appelle encore *scandale pharisaïque*, en un mot épuisant toutes les ressources de leur jalousie pour le décrier, le calomnier et le perdre. Une seule fois ils semblent s'intéresser à Notre-Seigneur. Ils le prient de se retirer parce que Hérode veut sa mort. Et voilà qu'en sondant leur pensée, on découvre qu'ils ne veulent que se défaire de lui et l'envoyer plus sûrement au supplice (5). Et quand ils ont constaté sous ce rapport l'inutilité

(1) S. Math. xii, 24.
(2) S. Math. xii, 1, 30.
(3) S. Jean. xii, 19.
(4) S. Jean ix, 13.
(5) S. Luc. xiii, 31.

de leurs efforts, quand, après la résurrection de Lazare, beaucoup se déclarent pour lui, c'est alors qu'ils le condamnent à mort (1).

Ils donnent de l'argent à Judas, à leur Judas. Ils le suivent au jardin des Oliviers (2). Ils tiennent enfin leur victime. Ils sont parmi la populace, abusant de leur crédit et de leur argent pour réclamer Barabbas. Ils arrachent la condamnation à Pilate, et quand Jésus aura été crucifié, et quand il sera ressuscité, ils auront encore de l'argent pour payer les soldats, et obtenir d'eux qu'ils attribuent à ses disciples l'enlèvement de son corps.

*
* *

Si nous réunissons maintenant ces quatre principaux traits de leur caractère, l'avarice, l'hypocrisie, l'orgueil à la fois superbe et lâche, une jalousie que la mort même ne peut éteindre, nous aurons l'ensemble le plus répugnant, le type le plus parfaitement odieux peut-être qui se soit jamais rencontré.

On se demanderait même, au premier abord, comment Notre-Seigneur a pu supporter constamment cette malice sournoise, et se soumettre à ce martyre à coup d'épingles, le plus pénible de tous. Mais un regard plus attentif jeté sur le plan divin découvre la raison d'être des Pharisiens autour de Jésus-Christ.

(1) S. Jean. xii, 19 ; xi, 37.
(2) S. Jean. xviii, 3.

C'est en frappant sur la pierre qu'on en tire l'étincelle. Il semble qu'il fallait toutes les importunités, toutes les tracasseries agaçantes de la secte, pour tirer du Sauveur toutes ses flammes divines. C'est en effet en les réfutant que le Sauveur promulgue ses plus magnifiques enseignements, et nous murmure ses plus touchantes paraboles. Quand les Pharisiens n'auraient fait que provoquer la doctrine de la loi nouvelle sur le mariage (1), sur les devoirs de l'homme envers Dieu et envers le souverain (2), et tirer du Cœur de Jésus la parabole de l'Enfant Prodigue (3), c'en serait assez pour remercier le Sauveur de les avoir supportés.

Leur utilité pour nous ne s'arrête pas là.

Il y a dans les arts la théorie du contraste, et l'on remarque, dans certains tableaux de grands maîtres, des monstres uniquement placés là pour faire mieux ressortir la grandeur d'une scène ou la beauté d'un personnage. C'est ainsi que les artistes si chrétiens du moyen-âge ont placé tout autour de nos cathédrales, sous les pieds de nos statues, des animaux ou des démons grimaçants, pour rendre plus expressive la sérénité de nos saints et de nos saintes.

Tel est le rôle que les Pharisiens remplissent autour de l'Homme-Dieu. Au milieu

(1) S. Math. xix, 3-12.
(2) S. Math. xxii, 15.
(3) S. Luc. xv, 2-52.

de leurs figures haineuses, sa céleste physionomie ne paraît-elle pas s'embellir davantage ? En face de leur avarice on trouve les préceptes de sa charité plus admirables, en face de leur dédain pour le pauvre, sa miséricorde et sa bénignité plus aimables, en face de leur hypocrite jalousie, sa patience et sa grandeur d'âme plus sublimes. Jésus est beau au milieu de ses Apôtres avec saint Jean sur son cœur, mais qu'il est donc beau aussi au milieu des Pharisiens avec la femme pécheresse devant lui ou Marie-Madeleine à ses pieds !

De plus, comme saint Thomas par son incrédulité est le garant de la résurrection, comme saint Joseph par son doute est un témoin de la virginité de Marie, les Pharisiens, par leurs persécutions, sont les plus irrécusables témoins des vertus et du caractère divin de Jésus-Christ. Pour n'essuyer point de reproches de la part d'hommes qui ont tout intérêt et toute volonté de vous trouver en défaut, il faut être réellement hors de leur atteinte. Or au milieu des Pharisiens disposés à son égard comme nous l'avons vu, et quand lui-même les a confondus tant de fois, Jésus-Christ se lève et il leur dit : « Qui de vous me convaincra de péché ? » Et ils n'ont rien à lui répondre, rien que des injures de carrefour qui n'ont pas même l'ombre d'une accusation motivée.

Ainsi ils sont les apologistes inconscients de l'Évangile, d'autant plus que les négations de leur esprit sont expressément attribuées par l'Évangile même à l'endurcissement de leur cœur (1). Elles proviennent de leur manquement à la grande règle morale que Pascal formulait ainsi : « Il y a des vérités qu'il faut d'abord aimer pour les croire. »

Enfin, même dans une secte si injuste, il y a quelques figures sympathiques. Saint Luc nous montre des Pharisiens invitant Jésus à partager leur repas (2). Nicodème est un Pharisien (3)...

*
* *

On connaît le tableau de Jean Béraud qui représente précisément *le Christ chez les Pharisiens.*

On peut certes discuter le bon goût de cette évocation du Sauveur dans les milieux contemporains les plus réalistes. Mais on ne peut nier que l'inspiration de cette peinture ne soit suggestive. Elle vous fait penser.

Les Pharisiens ne portent plus les longues tuniques et les vastes palliums. Ils ont laissé les phylactères, les tizziths et les tephillim. Ils sont vêtus à la dernière mode. Ils sont assis à table, dans un cabinet particulier des grands restaurants du boulevard. Leurs mains, à la dérobée, serrent des bourses pleines, et ils font bonne chère. Tout à coup Jésus paraît au milieu d'eux. Madeleine tombe à ses pieds, convertie d'un seul regard, pleurante sous la soie humiliée de ses cheveux. Et il est instructif de suivre alors

(1) S. JEAN. x, 50-51.
(2) S. LUC. vii, 36 ; xi, 37.
(3) S. JEAN. iii, 1 ; vii, 50.

sur le visage des Pharisiens le reflet de cette vision soudaine. Les uns feignent le scandale, d'autres ricanent, d'autres ont peur. Tous sont fascinés par cette apparition de majesté, de miséricorde et de franchise, qui scrute, découvre et confond leur propre caractère.

Tel est bien encore l'aspect de la vie chrétienne, de la jeunesse chrétienne, au milieu des modernes Pharisiens. Et vraiment n'est-ce pas le cas plus que jamais de se redresser dans sa fière simplicité, et de se payer, comme disait Louis Veuillot, « la superbe d'être chrétiens » ?

# CHAPITRE II

## LE PÉCHÉ DE LA JEUNESSE D'APRÈS L'ÉVANGILE

*La « composition du lieu » pour la parabole de l'Enfant Pro-
digue. — La malice du péché est faite d'injustice et d'ingratitude envers Dieu. — C'est le mépris de Dieu sacrifié
aux créatures. — Tout péché, le péché de la jeunesse,
atteint Dieu. — Le péché est une « félonie ». — Marie-
Thérèse et les péchés véniels. — Les trois effets du péché :
la ruine, la honte, le remords. — La faim de Dieu. —
Jouffroy découvrant le vide en son cœur. — La contagion
du péché. — La nostalgie de Dieu. — « Où donc est la mère
du Prodigue ? ». — Le retour du Prodigue. — « Tout ce
que j'ai est à toi ». — Les relèvements chez les jeunes. —
Le repentir. — Les larmes de Madeleine. — Les marches
des tombeaux.*

Dante écrivait sur la porte de son *Enfer* les
paroles suivantes : « Par moi l'on va dans la cité
des larmes ; par moi l'on va dans l'abîme des
douleurs ; par moi l'on va parmi les races cri-
minelles (1). »

Or sait-on ce qu'il y a de plus triste dans tout
l'Évangile ? Sans doute on peut penser à la
crèche, au froid de l'hiver, au dénûment de l'é-
table, aux vagissemens du petit enfant, aux angoisses de la mère. Mais non. Au-dessus de tout

(1) Dante, *La Divine Comédie*, c. III.

cela il y avait à Bethléem des joies surnaturelles qui inondaient le cœur de Marie, et des charmes célestes qui attiraient les bergers et les rois. Peut-être pensera-t-on à la croix et aux tourments ineffables du Sauveur mourant ? Non : il y avait au Calvaire des grâces convertissantes, témoin le bon larron, et des rayonnements sublimes qui faisaient dire : Celui-là est un Dieu.

Plus froide que le froid de la crèche, plus douloureuse que les douleurs de la croix, il y a dans l'Évangile une page qu'aucun sourire du Maître n'éclaire, d'où la grâce semble s'être retirée, et dont la lecture vous serre le cœur. Écoutez ces lignes, ou plutôt voyez ce tableau, plus sombre qu'une tragédie d'Eschyle, plus morne qu'une description du pessimiste Lucrèce, plus saisissant que la vision du Dante.

Là-bas, loin, bien loin de Jérusalem, sur la rive gauche du Jourdain, à l'extrémité sud-est du lac de Génésareth, s'étendait une contrée stérile. On l'appelait la Pérée. Elle était habitée par des Gentils, des païens, qui, par amour du lucre, s'occupaient à élever ces animaux immondes dont la loi juive interdisait l'usage. Dans cette contrée, des métairies servant à cet élevage, des champs de pâture. Dans un de ces champs un troupeau sous la garde d'un jeune homme. C'est presque encore un enfant. Il est assis par terre, dans l'attitude du découragement : il est triste, il semble songer. Que dis-je ? Il semble affamé. Ses mains cherchent avidement à droite et à gauche quelques débris sans nom. Ses vêtements sont en lambeaux. Il est pâle, et ses yeux caves lancent je ne sais quelle lueur fiévreuse. Cependant, sous ces dehors misérables, on sent comme un reste de distinction qui vous attache, et vous fait penser que ce jeune homme n'est pas là à sa place. Pauvre enfant ! qu'il a l'air malheureux ! Ne serait-il point coupable aussi ? — Peut-être pourrait-on surprendre sur ses lèvres l'aveu d'un secret douloureux. Il parle, écoutez : « Combien de mercenaires chez mon père ont une nourriture abondante : et moi ici je meurs de faim ! » — Voilà la vérité : le père de ce malheureux est riche, il a de nombreux serviteurs qu'il traite bien ; mais son fils est loin de la maison paternelle, il est dénué de tout. — Qui donc a mis entre le père et le fils cette distance ? Qui a mené le pauvre enfant à cette misère ? — Le péché. Notre-Seigneur a voulu nous donner dans *l'histoire de l'Enfant Prodigue* un exemple effrayant de la malice et des effets des transgressions de la loi morale chez tous les hommes, mais en particulier chez la jeunesse.

*<br>* *

La malice du péché consiste en deux choses, dit la théologie : une suprême *injustice* qui renie les droits de Dieu, une souveraine *ingratitude* qui abuse de ses dons.

Voici quel est le commencement de la parabole de l'Enfant Prodigue. « Un homme avait deux fils ; et le plus jeune dit à son père : Mon père, donnez-moi la part d'héritage qui me revient. Et il leur partagea son bien. Et bientôt, ayant réuni tout ce qu'il possédait, le plus jeune fils partit à l'étranger, au loin, bien loin, et il y dissipa toute sa fortune dans une vie coupable (1) ».

C'est là exactement la première phase de l'histoire du pécheur. Dieu donne tout ; le chrétien qui péche s'en va couvert des bienfaits divins ; il s'éloigne volontairement, délibérément, par mépris, de son Père ; et il dissipe tout.

Cette âme prédestinée que la Providence a comblée de ses dons, et que notre conscience nous dit être la nôtre, elle a trompé l'amour divin : « Père, a-t-elle dit, donnez-moi ce qui me revient, sinon en vertu de mes droits, du moins en vertu de votre bonté ; faites-moi ma part et faites-la belle. Assignez-moi une place au ciel où je serai éternellement heureuse. Pour que j'y arrive sans crainte, donnez-moi tous les privilèges de la nature et de la grâce. A moi une famille chrétienne, un père modèle d'honneur, une mère ange de foi et de tendresse : à moi votre Église, votre Baptême, votre première Communion, vos Sacrements ; à moi tous les secours d'une éducation choisie, réchauffée et vivifiée peut-être par le cœur de vos prêtres, à moi la candeur de l'enfant, à moi les naissantes ardeurs, les chastes énergies et les générosités sublimes de la jeunesse chrétienne... »

Elle disait, cette âme, et Dieu donnait. — Et à voir l'empressement du bienfaiteur, on aurait

_________

(1) S. Luc. xv, etc.

compris combien il était heureux et combien il avait d'espoir. Il comptait sur le bon cœur de celui qu'il favorisait ainsi. Il saluait d'avance ses dons fructifiant dans ses mains, ses grâces devenues fécondes, ses droits satisfaits, ses desseins remplis, un élu de plus dans son ciel.

Illusions profondes ! et bientôt déceptions amères !

Le moment arrive, l'occasion se présente où il faut répondre à ces espérances divines. Oh ! l'épreuve n'est pas difficile. C'est une tentation à repousser, un défaut à combattre, un de nos devoirs journaliers à remplir. Dieu est là, avec sa grâce qui conseille et qui excite : un instant d'effort sous l'œil bénissant du Père, et tout est gagné.

Oui, mais cependant que fait l'enfant, riche de toutes les ressources de l'héritage paternel ? Il hausse les épaules, il tourne le dos, et, rassemblant tout son bien, il l'emporte, laissant ce Père accablé et confondu de tant d'ingratitude. Il est riche cet enfant, il a le droit d'être indépendant : de plus, il a soif de liberté. Plus de surveillance lourde, plus de regards importuns : fuyons de la maison paternelle. Et il s'en va au loin, bien loin, à l'étranger, dans le pays des païens. Et là, peu à peu, dans toutes les fantaisies du caprice, sur tous les chemins du plaisir, à toutes les portes où se vend la honte, son inexpérience gaspille les trésors destinés, hélas ! à un meilleur emploi, jusqu'à ce qu'il devienne ce que nous verrons bientôt...

Telle fut l'effrayante odyssée de l'Enfant Prodigue : telle est l'histoire de tout péché.

Les théologiens le définissent : *la préférence de la créature à Dieu*. Le cœur humain qui commet une faute se détourne de Dieu, pour aller à la satisfaction de ses appétits. A Dieu il préfère son caprice, sa passion d'un instant. Il refuse au service de Dieu, et il sacrifie à ce péché, tous les dons qu'il a reçus du Père son créateur, de Jésus-Christ son rédempteur, du Saint-Esprit son sanctificateur. Voyez sa malice !

Mais, dira-t-on, si je pèche quelquefois, du moins jamais je ne voudrais quitter absolument le bon Dieu.

Voudriez-vous, mon jeune frère ou ma jeune sœur, regarder plus avant en votre conscience, et être plus sincère. Lorsque telle ou telle tentation s'est présentée à vous, et que vous y avez succombé, qu'avez-vous fait ?

Dieu était là avec sa loi pour vous défendre le mal sous toutes ses formes, avec ses commandements pour vous montrer le bien, avec les conseils de vos parents, de l'Église, de vos maîtres et de vos maîtresses pour vous y diriger, avec les exemples de vos condisciples ou de vos compagnes pour vous y encourager, avec sa grâce pour vous en donner la force, avec l'assistance de votre ange gardien pour vous soutenir, et vous, fier de vos avantages empruntés, vous vous êtes détourné, pour aller où vous appelait la passion victorieuse. N'est-ce pas là un éclatant déni de justice envers les droits de Dieu ? Et n'est-ce pas une ingratitude sans nom que vous lui jetez à la face à l'encontre de ses bienfaits ?

Oui vraiment, tout péché, de si bas qu'il vienne, le péché de l'enfance, de la jeunesse, atteint Dieu. Ne me dites pas, comme le Polonais mourant, que le ciel est trop haut pour que vos offenses portent si loin !... Le Dieu que nous adorons en effet n'est pas simplement un Dieu philosophique, rélégué, impassible et insoucieux de nous, dans les profondeurs d'un inaccessible infini. Notre Dieu est un Dieu vivant, qui se communique à nous. Quand nous péchons il est là, nous regardant de son tabernacle. Il est là avec sa loi qui est sa parole, avec nos supérieurs qui le représentent, avec notre conscience qui nous crie sa volonté. Que dis-je ? Il est en nous-mêmes. Saint Paul le disait aux sénateurs d'Athènes : c'est en lui que nous vivons, que nous sommes, et que nous nous mouvons (1). La grâce sanctifiante, qui est en toute âme baptisée et fidèle, n'est rien autre chose que la vie divine. Si Dieu se pouvait diviser, ce serait comme une partie de l'être divin surajoutée à l'être de tout chrétien ; c'est, comme disent les théologiens « une vie déiforme » (2) ; c'est quelque chose qui fait de nous véritablement, comme on l'a si bien dit, des dieux en fleur.

Or, c'est à ce Dieu vivant, voisin et inhérent

_______

(1) Actes des Apôtres. xvii, 28.
(2) Le beau traité de la Grâce du P. Iovenc est publié sous ce titre si profond et si vrai: « *De vita deiformi. La vie déiforme.* »

à nous-mêmes, que le péché s'attaque. A la loi de Dieu, expression de ses droits sur nous, il dit : « Laisse-moi, je suis libre. » — A la grâce de Dieu, résumé des bienfaits divins, prix du sang de Jésus, il dit : « Retire-toi, je me suffis maintenant. » — Aux desseins de Dieu manifestés par nos supérieurs ou notre conscience il dit : « Laissez-moi, je veux jouir et vous m'en empêchez. »

Comprend-on cette malice, et n'est-ce pas avec raison que les chevaliers nos pères appelaient le péché une félonie, parce qu'il retourne contre le ciel ses propres bienfaits, parce qu'il guerroie Dieu de ses dons ?

Sans doute, tout ce qui précède s'applique d'une manière plus expresse au péché mortel, qui est la séparation complète entre l'âme du pécheur et Dieu. Mais tout cela s'applique aussi, proportion gardée, au péché véniel. Il n'y a entre ces deux sortes de fautes qu'une différence de degré, et au fond de tout péché, même véniel, se retrouve, plus ou moins consciemment sans doute mais bien réellement, ce sacrifice de Dieu à la créature, cet éloignement de Dieu et ce gaspillage de ses dons, cette malice pleine d'*ingratitude* et d'*injustice*.

Un jour la pieuse Marie-Thérèse, femme de Louis XIV et tertiaire de Saint-François, se confessait, et ses larmes tombaient à terre. Son confesseur lui fit remarquer que ses fautes n'étaient, après tout, que des fautes vénielles : « Vénielles par la miséricorde de Dieu qui accorde le pardon, tant que vous voudrez, repartit la pieuse reine ; mais elles sont mortelles à mon cœur ».

En garde donc contre ces fautes dont l'occasion se renouvelle si souvent dans le cours de nos journées, et qui ne sont légères que relativement. Elles aussi ont leur malice ; elles aussi, sont un déni de justice et une ingratitude ; elles aussi peu à peu nous conduiraient à la suprême malice, le péché mortel. D'ailleurs, la limite entre ces deux sortes de fautes n'est-elle pas souvent difficile à préciser ? — Dieu nous garde de vouloir jeter dans les âmes des scrupules injustifiés. Mais qui oserait affirmer que tel ou tel acte scandaleux d'insubordination, telle ou telle parole risquée, telle ou telle série de légèretés, de tiédeurs, de désobéissances, d'oisivetés ou de caprices, qu'on appelle fautes légères, ne va pas plus loin ? Ne serait-il pas plus vrai quelquefois, en face du parti pris ou de la tiédeur de certaines âmes, de leur répéter le mot terrible : « Prenez garde, vous allez à la mort quand vous ne croyez que rire ! »

*<br>* *

L'Évangile nous a montré l'Enfant Prodigue quittant son père, s'en allant au loin et dissipant son bien. Notre conscience nous a montré le pécheur faisant de même à l'égard de Dieu. Cependant qu'arrive-t-il par la suite ? — Trois choses très tristes : la *ruine*, la *honte*, le *remords*.

L'Évangile continue : « Le Prodigue ayant

dépensé tout son bien, il advint dans ce pays une grande famine, et lui-même commença à être dans une disette extrême. » — Quoi donc! toute sa fortune n'a pas suffi à le mettre à l'abri du besoin. Lui, le riche d'hier, il souffre de la faim, plus cruellement que ceux qui n'ont jamais rien eu.

C'est là un phénomène psychologique des plus remarquables. Au pays du péché, il y a toujours et nécessairement la famine. L'âme jeune qui péche a beau faire, absorber jouissances sur jouissances, plaisirs sur plaisirs. Cette âme n'est point faite pour ces réalités sensuelles. Cette âme est faite pour Dieu, pour la gloire dans l'autre vie, pour la grâce en celle-ci. Dès que ce vrai et nécessaire aliment lui manque, y eût-il tous les autres, il y a famine en cette âme, et, comme disait le curé d'Ars, il reste « un grand trou dans ce cœur ».

Qu'elle se rappelle tel jour, telle heure, où elle aura demandé à telle imagination, tel désir, tel regard, telle lecture, à une omission ou à une action, à une pensée même, une satisfaction coupable. Y a-t-elle trouvé le bonheur complet qu'elle s'était promis ? Sa franche gaieté, sa joie intime, son élan pour le bien, ses vertus naissantes ou fortes déjà, ont-elles rencontré là leur aliment ? Au contraire n'a-t-elle pas rapporté je ne sais quel trouble, je ne sais quel mécontentement d'elle-même, je ne sais quelle sensation de malaise dans sa conscience, je ne sais quel tourment intérieur qu'un poète, hélas ! qui le connaissait trop, appelait « le tourment de l'infini. (1) »

C'était cela, c'était la faim en cette âme, faim de l'amitié de Dieu pour qui elle est faite, faim de la grâce sanctifiante qui la soutient et réconforte, faim d'honneur et faim de paix. Etait-ce la peine, mon Dieu ! de vendre tout, vos bienfaits, vos droits, vos desseins, son innocence, sa pureté, pour trouver au bout la faim ? — « Vous nous avez faits pour vous, s'écriait saint Augustin, et tant qu'il ne se repose pas en vous, notre cœur est plein d'inquiétude. »

Le péché ruine tout dans l'âme, les biens naturels dont nous venons de parler, les biens surnaturels surtout. La grâce est partie, avec son cortège de vertus infuses qui étaient en nous comme autant de forces vers le bien. Les mérites précédemment acquis sont comme s'ils n'étaient pas. De tout cet héritage surnaturel il ne reste au pécheur que l'espérance et la foi, jusqu'au moment où, à force de pécher, il perdra encore cette suprême ressource.

Bien des hommes, disait F. Coppée, bien des hommes conviendraient, s'ils étaient sincères, que ce qui les éloigna d'abord de la religion, ce fut la règle sévère qu'elle impose à tous au point de vue des sens, et qu'ils n'ont demandé que plus tard à la raison et à la science des arguments métaphysiques qui leur permettent de ne plus se gêner.

(1) A. DE MUSSET, *L'Espoir en Dieu.*

Et Paul Bourget ajoutait :

La précoce impiété des libres-penseurs en tunique a pour point de départ quelque faiblesse de la chair accompagnée de l'horreur de l'aveu au confessionnal. Le raisonnement arrive ensuite, qui fournit les preuves à l'appui d'une thèse de négation acceptée d'abord pour les besoins de la cause.

Et M<sup>gr</sup> Dupanloup concluait.

Avouez-le, Messieurs, entre Dieu et vous, c'est moins une question de vérité que de vertu.

Oh ! alors que cette ruine définitive est triste ! Un philosophe qui commença très bien, Jouffroy, raconte dans ses Mémoires la nuit affreuse où il perdit la foi. C'est avec des larmes qu'il dépeint cette soirée de décembre, où le voile qui lui dérobait à lui-même son incrédulité fut déchiré, où il suivait avec anxiété sa pensée qui de couche en couche descendait vers le fond de sa conscience, et dissipant l'une après l'autre toutes les illusions qui lui en avaient jusque-là dérobé la vue, lui en rendait de moment en moment les détours plus visibles, où il sut qu'au fond de lui-même il n'y avait plus rien qui fût debout. « Ce moment, dit-il, fut affreux ; et quand vers le matin je me jetai épuisé sur mon lit, il me sembla sentir ma première vie, si riante et si pleine, s'éteindre, et derrière moi s'en ouvrir une autre sombre et dépeuplée, où désormais j'allais vivre seul, seul avec ma fatale pensée qui venait de m'y exiler, et que j'étais tenté de maudire. Les jours qui suivirent cette découverte furent les plus tristes de ma vie (1). »

Là-bas, au fond des Pyrénées, sur la route qui mène au fameux cirque de Gavarnie, on voit un spectacle plus imposant peut-être que le cirque lui-même. C'est l'éboulement d'une montagne. On suit la vallée du Gave, et à droite et à gauche, sur les montagnes voisines, on aperçoit à mi-côte de petits champs, d'élégants tapis de verdure, des sapins, des bruyères où paissent quelques troupeaux. C'est la vie encore, c'est la nature animée et riante. Puis tout à coup, à un détour des lacets, tout disparaît. On est en face de roches énormes suspendues sur vos têtes, et semblant ne tenir qu'à un mince filet de terre. Çà et là ce sont des crevasses profondes, des restes de sable et de galets jetés de toutes parts, un mélange tourmenté qui vous frappe d'une instinctive horreur. Les habitants du pays appellent cette masse informe et imposante « le chaos ». Au pied, dans un lit raviné et profond, on entend mugir le torrent qui baigne ces ruines sans les fertiliser.

Rien ne fait comprendre autant l'état de l'âme dévastée par le péché. Là aussi tout a été renversé par une commotion d'injustice et d'ingratitude. L'eau de la grâce passe sur elle inféconde et stérile. C'est la désolation et la mort.

(1) Jouffroy, *Nouveaux Mélanges philosophiques*, 4ᵉ édit. p. 83-84.

Ce n'est pas tout, hélas !

L'Enfant Prodigue, pour échapper à la famine, n'avait qu'à revenir au plus vite vers son père. Qu'a-t-il fait ? — « Il s'en alla plus loin, dit l'Evangile, et il se loua à un habitant de ce pays, et celui-ci l'envoya dans sa ferme, *ut pasceret porcos*; pour quelle besogne, grand Dieu ! Et il désirait se rassasier avec les débris que mangeaient ces animaux, et personne ne lui en donnait. » — Quelle misère et quelle honte !

Ainsi le jeune chrétien qui a le malheur d'abandonner Dieu par le péché mortel, n'aurait besoin, pour échapper à cette faim de l'âme, que de revenir vers son Père. Rien n'est plus facile. Il n'a pas besoin, comme au temps de l'Enfant Prodigue, de revenir à pied, lentement, pour demander son pardon. Plus rapide que ces agents mystérieux dont la découverte nouvelle a annulé les distances, un soupir du cœur le porterait immédiatement aux pieds et dans les bras de Dieu. Un acte de contrition, un mot dit à l'oreille du confesseur, et la réconciliation serait faite, l'odyssée douloureuse finie, la faim assouvie, la grâce rendue, le bonheur retrouvé.

Oui, mais qu'arrive-t-il ordinairement ? Le péché est contagieux. Une faute en appelle une autre, si bien que, pour certains péchés, un seul acte, disent les théologiens, suffit à produire une habitude, c'est-à-dire une propension à en commettre des milliers d'autres. Ainsi, de faiblesses en faiblesses, on s'en va plus loin, toujours plus loin de Dieu, prêt à toutes les forfaitures et à toutes les besognes ; et enfin l'on tombe si bas, si bas, que l'on ne compte plus dans le monde chrétien, digne, honnête, intelligent, convenable même. On ne semble plus bon qu'à donner la pâture à des passions toujours plus insatiables et toujours plus honteuses.

Sans soulever des voiles que l'expérience déchire toujours trop tôt, ne peut-on pas dire qu'il y a par le monde mille et mille hontes, dont il ne faut pas chercher la genèse ailleurs que dans une tache de la conscience à son éveil, et dans l'abus initial qu'une âme jeune aura fait de sa liberté ? Une aurore douteuse fait rarement un beau jour. En tout cas, comme l'a dit, hélas ! quelqu'un qui s'y connaissait trop (1),

> Le cœur de l'homme vierge est un vase profond ;
> Lorsque la première eau qu'on y verse est impure,
> La mer y passerait sans laver la souillure,
> Car l'abîme est immense et la tache est au fond.

De combien d'hommes et de femmes en effet la vie a été scandaleuse ou inféconde, combien de familles ont été déshonorées et malheureuses, combien d'yeux maternels ont pleuré et pleurent encore, parce qu'il y a dix, quinze, vingt ans, un cœur jeune a préféré son caprice à son devoir, sa passion à la loi de Dieu, et a commencé par

______

(1) A. DE MUSSET.

un bouleversement complet du sens moral, une descente rapide sur le chemin si large qui mène aux abîmes! On a tout dit sur les beautés et les charmes de la jeunesse quand elle est fidèle à elle-même, quand elle est l'innocence que Dieu saluait au premier jour du monde sur le visage d'Adam et d'Ève à peine éveillés à la vie, quand elle est l'énergie virginale que Jésus aimait, aux jours de son pèlerinage, sur le front de saint Jean.

> Il est si beau l'enfant avec son doux sourire,
> Sa douce bonne foi,  sa voix qui veut tout dire,
>     Ses pleurs vite apaisés,
> Laissant errer sa vue étonnée et ravie,
> Offrant de toutes parts sa jeune âme à la vie
>     Et sa bouche aux baisers... (1)

Mais quand la jeunesse s'est découronnée elle-même, quand elle a tout défloré, tout jusqu'à ses charmes, quand elle fait de la réalité la dérision de toutes les espérances, et de chaque lendemain l'ironie de la veille, alors il arrive ce maximum de perversion dont parlait déjà l'antiquité — *Corruptio optimi pessima* — et qu'on pourrait désigner avec Bossuet par « ce je ne sais quoi qui n'a plus de nom dans aucune langue ».

L'Évangile nous en a donné la vraie formule d'un réalisme saisissant, en nous montrant le jeune Prodigue au milieu de ses pourceaux.

(1) Victor Hugo, *Les Enfants.*

*
* *

Le troisième effet du péché, toujours d'après l'Évangile, c'est le remords. — L'Enfant Prodigue, rentrant en lui-même, se disait : « Combien de mercenaires ont chez mon père du pain en abondance, et moi ici je meurs de faim ! »

Ainsi pense le pécheur au souvenir des joies perdues. Il regrette. Il a conscience d'avoir été plus heureux, quand il était innocent. Il se répète le mot si expressif de Bossuet : « Quel état et quel état ! ». Et parfois, jusqu'au sein de ses jouissances, le remords vient jeter sur son front un éclat fiévreux et passager. D'autres fois cette souffrance intime passe à l'état chronique ; c'est le marasme, c'est le découragement complet. Plus de force pour le bien, rien que la rage d'avoir fait le mal. Si ce remords était seulement le repentir ! Mais non, sur ces ruines entassées, sur ces espérances détruites, le malheureux s'assied ; il se dégoûte de sa misère. Il songe, et il pleure des larmes brûlantes mais stériles, et il ne se sent pas la force de se lever. C'est la nostalgie de Dieu, mais une nostalgie qui consume.

C'est un René ou un Werther promenant sa lassitude et son ennui. C'est parfois un suicidé de dix-huit ans ou un anarchiste de vingt ans. C'est, suivant l'habit qu'il porte ou le nom des ancêtres de qui il descend — oh ! combien descendu — un rôdeur des fortifications ou un habitué des grands bazars du plaisir. C'est un pessimiste avant l'âge, sentant le mal de tout à travers celui qu'il a fait. Ce n'est même pas un *dilettante*, c'est un dandy, ou, comme il s'appelle, d'un nom aussi laid que la chose, c'est un snob.

Et il restera ainsi jusqu'à ce que le sang rédempteur ait crié assez haut miséricorde, jusqu'à ce que les anges du ciel et de la terre aient assez prié ou expié pour lui, son Père assez attendu, et lui-même assez souffert.

Un jour, dit-on, deux moines méditaient la parabole de l'Enfant Prodigue. Et l'un dit à l'autre : « Frère, j'y vois un père et deux fils, mais où donc est la mère ? — Frère, répondit le second en souriant, il me semble que s'il y avait eu une mère en cette famille, l'enfant ne serait pas parti, et nous n'aurions point eu de prodigue. »

Si parfois une jeune conscience chrétienne s'est oubliée, en nom Dieu ! comme disait Jeanne d'Arc, je prie qu'il y ait là une mère. Quant tout près pleure Monique, déjà, dans l'ombre irradiée, j'entrevois saint Augustin...

*
* *

Voltaire disait jadis :

> Du devoir il est beau de ne jamais sortir,
> Mais plus beau d'y rentrer avec le repentir.

Il y a une équivoque ici. L'Évangile dit plus justement : « Il y a plus de joie dans le ciel pour un pécheur qui fait pénitence, que pour quatre-vingt-dix-neuf justes qui n'ont pas besoin de pénitence. »

Non pas certes que la vertu des bons ne soit pas plus agréable en elle-même, et que leur constance ne soit pas plus méritoire. Mais la conversion des mauvais, surtout quand elle est inattendue, apporte là-haut une joie plus soudaine et parfois plus expansive dans ses manifestations. C'est là un sentiment si humain, que tous les pères et toutes les mères le comprennent. L'enfant qu'ils embrassent le plus tendrement, c'est celui souvent qui relève d'une longue maladie, ou qui vient de demander et d'obtenir son pardon.

Ainsi fit le père du Prodigue. Ainsi l'explique-t-il à son fils aîné plus fidèle, dont il détruit l'étonnement et la jalousie par ce mot délicieux : « Pour toi, tu sais bien que tout ce que j'ai est à toi. *Omnia mea tua sunt.* » Comme s'il disait : « Conjointement avec moi, toi, tu es le maître, tu es le seigneur ici ; tu l'es même deux fois, et par droit d'aînesse et par droit de fidélité, et par naissance et par conquête. Ton frère qui a dissipé tout son avoir, n'est plus qu'un hôte, un hôte d'un caractère particulièrement sacré sans doute, puisqu'il est mon fils et ton frère ; mais enfin c'est notre obligé. Toi tu es *chez toi* ; lui, il revient *chez nous.* Cette distinction étant faite pour sauvegarder et reconnaître ta dignité, réjouis-toi fraternellement. »

Combien l'Évangile est délicat ! Et comme le Cœur de Jésus sait bien mettre chaque chose et chacun à la place qui lui convient ! Et comme, dans les familles, bien des froissements seraient évités, si l'on savait y réintroduire le texte et l'esprit de l'Évangile !

Dans le livre saint en effet on sait quel est le relèvement du Prodigue. La parabole se termine comme il convient à notre religion de grâce et de pardon. Le jeune homme, malgré tout, a du cœur. Il réfléchit, il prend une résolution courageuse, et il dit : « Je me lèverai ; j'irai à mon Père, et je lui dirai : Père, j'ai péché contre le ciel et contre vous. » Il vient, il est accueilli comme un ressuscité, rétabli dans ses anciens honneurs.

Or il y a toujours de ces retours qui sont dûs à la miséricorde du Bon Maître, et aussi à la générosité de la jeunesse.

La foi d'abord nous défend de jamais désespérer d'une âme quelconque. A plus forte raison, l'histoire est pleine de ces jeunes gens dont une grâce soudaine a fait des saint Paul, ou desquels les longues prières d'une sainte Monique ont fait des saint Augustin.

Comme dans la belle gravure d'Albert Dürer où l'artiste s'est représenté lui-même sous la figure du Prodigue, il en est toujours qui tombent à genoux au milieu de tant de fanges, qui se font dans le repentir une nouvelle innocence, et qui savent même

. . . . . . . . . . . . . . . . . . . .

à l'heure où faiblissent les armes
Retremper leurs vertus au flot brûlant des larmes,

> Et, dans leurs désespoirs dont Dieu seul est témoin,
> S'appuyer sur l'obstacle et s'élancer plus loin (1).

*<br>* *

Ce serait peut-être ici l'occasion de traiter la question de la pénitence chrétienne au point de vue de la jeunesse.

Nous dirons seulement qu'elle est là tout entière, indiquée et pressentie dans l'aveu du Prodigue, dans la conscience de sa faute, dans sa prière, et dans les difficultés méritoires et victorieuses du retour.

Elle est ailleurs encore, et tout au long, et avec détails, dans une autre personnification évangélique de la jeunesse, légère, frivole et finalement coupable, qui, au moral, est la sœur du Prodigue. On a deviné Marie-Madeleine.

Avec une discrétion qu'on appellerait chevaleresque, si elle n'était d'abord et avant tout chrétienne, les évangélistes ne l'ont pas nommée quand il s'agissait de ses désordres, pas plus qu'ils n'ont nommé les autres femmes dans des circonstances analogues. Mais tout le monde la reconnaît dans la *mulier peccatrix*, la pécheresse anonyme. On sait quelles furent les principales étapes de sa réhabilitation : le brisement de son urne parfumée sur les pieds du Sauveur, figure de son cœur bon mais trop fragile, son recueillement sous la parole de Jésus à Béthanie, sa présence intrépide à la

(1) LAMARTINE, *Hymne à la douleur.*

Passion et à la Croix, sa priorité dans les scènes de la sépulture et de la résurrection.

Cependant quoique pardonnée et réhabilitée bien des fois par son repentir, par son dévoûment, par la parole de Jésus, par l'application du sang rédempteur et l'effusion effective de ce sang sur elle-même, par l'apparition première et privilégiée de celui qu'elle appelait *Rabboni,* « son bon Maître », elle ne voulut point rester trop en retour. Quand la Judée qui avait connu ses fautes et admiré sa conversion, ne voulut plus de ses larmes, et l'exposa comme une martyre sur une barque sans voiles et sans gouvernail, aux caprices de la Méditerranée, elle vint en Provence, et la Sainte Baume abrita la pénitente inconsolée. Un poète chrétien y a retrouvé ses traces et entendu ses soupirs, et il nous redit les merveilles de son repentir en des vers que nous livrons, comme un commentaire prolongé de l'Évangile, à la méditation de toutes les âmes jeunes qui, pensant aux fautes d'en bas et à la miséricorde d'en haut, se rangent à l'avis de sainte Thérèse : « Toujours recevoir et ne jamais donner, c'est un martyre. »


Sous le ciel de Provence, il est une colline
Dont le soleil jamais ne perce la bruine ;
La pluie à flots glacés inonde son plateau,
Où d'éternels frimas jettent leur blanc manteau.
Sur le pic le plus froid de cette froide crête,
Se creuse en noirs détours une grotte secrète,
Asile dédaigné des renards et des loups.
On y montre le roc usé par tes genoux,

Madeleine ; c'est là que pendant vingt années,
Tu passas dans les pleurs tes nuits et tes journées.
Comme la tourterelle, hôte plaintif des bois,
Dont le vent t'apportait la gémissante voix,
Tu n'avais qu'un seul cri, triste, amoureux et tendre,
Mais les anges et Dieu se plaisaient à l'entendre.
Telle fut ta douleur que des pleurs de tes yeux
Une source, à ta mort, s'est formée en ces lieux.
Au bout de deux mille ans, elle y distille encore,
Et quand le pèlerin, sous la grotte sonore,
Entendant de cette eau le monotone bruit,
Et ne distinguant rien dans cette épaisse nuit,
Ecoute, sans la voir, la source sanglotante,
Il croit voir soupirer la belle pénitente,
Celle qui pécheresse et sainte tour à tour,
Fit le plus haut miracle accompli par l'amour (1).

*
* *

A propos du péché il y aurait encore à considérer *l'abus des grâces*, et la *tentation* chez la jeunesse.

Il est des âmes sans vice et sans vertu qui limitent toute leur énergie à des velléités de bien. Elles sont représentées par le jeune homme que Jésus, après l'avoir considéré, aima — *intuitus dilexit*, — mais qui ne put se résoudre aux sacrifices demandés. Que devint-il par la suite ? Peut-être fut-il au pied de la croix parmi les insulteurs.

Il est d'autres âmes tentées, sollicitées au mal

(1) PAUL REYNIER, *Madeleine*, p. 238, cité dans Les Poètes de la foi au XIXᵉ siècle, par l'abbé S. Gamber — Paris, Retaux, p. 96.

malgré elles, que la concupiscence ou le démon secoue comme un vent d'orage. Elles sont représentées par le *puer lunaticus*, l'enfant possédé, que Jésus délivra et guérit au pied du Thabor, nous faisant entendre que la tentation n'est point un peché mais une épreuve, dont on triomphe par la prière et la mortification.

Pour résumer ce chapitre si important, qu'on nous permette encore trois citations.

La première est d'un poète que nous avons déjà nommé, P. Reynier. Elle dit la valeur réciproque du repentir et de l'innocence.

Le repentir un jour peut vous ouvrir son aile,
Oui : mais, s'il est bien beau, l'innocence est plus belle ;
Si ses pleurs ont leur charme, ils ont aussi leur fiel ;
La plus belle des fleurs qui naissent sur nos fanges,
C'est lui. Mais l'innocence est la vertu des anges,
    La fleur qui ne germe qu'au ciel.

La deuxième citation est de Victor de Laprade, et elle chante les bienfaits de la rédemption par la pénitence.

Madeleine a péché, mais au livre des cieux
Elle a lavé sa page avec l'eau de ses yeux ;
Et le Seigneur lui doit, juste dans sa clémence,
Un immense pardon pour son amour immense.
Les pleurs ne sont-ils pas des diamants cachés,
Qui paient en tombant le prix de nos péchés ?

La troisième citation a été notée au vol par un étudiant, au cours d'un professeur de la Faculté des Lettres, dans une Université de province : « Messieurs, disait le maître à son auditoire, on se détourne de Dieu quand on est jeune et frivole ; on revient à lui quand on a vieilli et pleuré. Les meilleures pierres pour jalonner la route du retour, ce sont les marches de nos tombeaux de famille... »

# CHAPITRE III

## LES DÉFAUTS DE LA JEUNESSE A LA LUMIÈRE DE L'ÉVANGILE

*L'abbé Gauthier chez M^me Malvignac. — Gaston Malvignac et la fermeture ou l'ulcération du cœur. — La mère chrétienne angoissée et extérieurement impuissante — La tâche ingrate des éducations à domicile. — La méthode de la mère de sainte Lidwine. — La méthode de l'abbé Gauth'er. — L'Évangile est le premier des manuels de pédagogie vécue.*

(*Extrait du* Carnet d'un précepteur.)

Depuis longtemps l'amitié a mis entre nos mains quelques pages jaunies. Ce sont les premières feuilles où l'abbé Gauthier notait ses impressions de « précepteur ».

Nous lui avons demandé la permission de les reproduire, parce qu'elles sont, à nos yeux, représentatives.

La famille Malvignac n'est pas un mythe. Ses deux élèves, les fils Malvignac, ont ici et là des frères et des sœurs, internes ou externes, dans nos collèges ecclésiastiques, dans nos écoles, dans nos patronages catholiques, dans nos pensionnats et dans nos catéchismes. Sa méthode d'évangélisation, soit à domicile, soit par l'action individuelle et personnelle, est, à tous ces titres, intéressante à connaître. Elle se dégagera d'elle-même, sans autre commentaire, de ce qui va suivre.

*17 août 1892.*

Hier soir, à six heures, un fiacre déambulait à travers la ville de Blois. Il portait, depuis la gare, un jeune abbé, sa malle et sa fortune.

Le jeune abbé c'était moi. Je venais faire mes débuts comme précepteur près des deux fils de Madame Malvignac.

Avec un grand bruit de ferraille — car mon fiacre n'était qu'une vieille berline réformée d'avant 1860 — ma voiture descendit l'avenue de la gare, passa devant le château dont j'entrevis les larges baies de la partie François Ier, tourna à gauche, monta à droite, et après quelques cinq ou six autres détours dans des rues désertes, m'arrêta le long d'une allée de tilleuls.

— Rue de Corbeil, 174, me dit mon cocher bourru.

Je descendis, et d'un coup d'œil j'examinai la situation, c'est à-dire les lieux et les choses, en attendant les personnes. En face de moi étaient deux pavillons absolument semblables. Même toit d'ardoises bleues, mêmes fenêtres à meneaux, bref, ce même style renaissance qui donne un cachet spécial aux habitations bourgeoises des bords de la Loire. Chaque pavillon avait sa grille. Un mur séparait les deux enclos ; et sur le pilastre qui terminait le mur sur la rue et scellait les deux grilles, il n'y avait qu'un seul numéro, le numéro 174.

Devais-je sonner à droite ? Devais-je sonner à gauche ? J'hésitai un moment. J'étais très étonné de n'avoir vu personne au devant de moi, à la gare. Ici, on n'avait pas l'air davantage de m'attendre. Bien que je me fusse raidi pendant tout le voyage, je me sentais envahi par ce sentiment vague et indéfinissable qui s'appelle dans toutes les langues « l'appréhension de l'inconnu ». Quand nos jeunes prêtres auront passé par la caserne, vécu davantage de la vie du monde, ils seront plus audacieux. Dieu veuille qu'ils ne le deviennent pas trop ! Pour moi, je n'ai vécu jusqu'ici qu'en serre chaude, pendant mes douze années de séminaire et mes trois années de professorat au collège des Pères Joséphites. Je n'ai entrevu le monde qu'à travers mes vacances, où je fréquentais surtout mes parents et mon vieux curé. Je suis par caractère un peu timide. J'ai été toujours très frappé des recommandations de saint Jérôme au jeune prêtre Népotien, au sujet de ce que nos vieux auteurs appellent « la fréquentation des personnes du monde ». J'ai fait, comme disait Job, un pacte avec mes yeux. Ne sachant où les reposer bien, je les baisse le plus souvent.

Je sais bien que mon directeur me trouve par ailleurs un peu scrupuleux. Pour lui ne se perd que qui veut se perdre. Le monde après tout, dit-il, n'est pas pire que la fosse aux lions pour Daniel. Avec du coup d'œil, du tact, de la prudence, un grand esprit de prière, d'humilité et d'union à Dieu, on entre partout, on passe partout, on sort de partout. N'empêche que j'aurais été content de consulter le guide de ma conscience, sur ma situation spéciale d'aujourd'hui. La précipitation de mon départ ne me l'a pas permis. J'étais en vacances à cent lieues de lui. Je le regrette.

Je le regrettais surtout hier à six heures et demie, devant ma grille. J'en voulais mentalement au Père Supérieur des Joséphites, de m'avoir embarqué si vite pour cette galère. Ma galère, je l'ai dit, a, pour le moment, la forme d'un pavillon renaissance. Jusqu'ici je n'y suis pas encore mort, et même, à vrai dire, je m'étonne à présent, à vingt-quatre heures de distance, que j'aie pu penser à tant de choses devant un bouton de sonnette.

Il est vrai que tout cela me traversa l'esprit comme

un éclair. Mais il est vrai aussi que chacune de ces sensations fut très nette. Celle qui l'était le plus se définissait ainsi : « Qui allais-je trouver derrière cette grille ? Et d'abord à quelle grille devais-je sonner ? » Je sonnai à gauche. Un instant après, par la porte entrebâillée, j'étais en face d'une jeune bonne dont je remarquai de suite les yeux noirs et le nez busqué :

— Bonjour, Mademoiselle, M<sup>me</sup> Malvignac est-elle visible ?

La soubrette réprima un sourire qui lui mangeait les lèvres :

— Pardon, Monsieur, fit-elle. M<sup>me</sup> Malvignac, c'est à côté. Ici vous êtes chez M. le rabbin Mathias, directeur du *Monde d'Israël*.

— Merci, Mademoiselle, et toutes mes excuses...

La porte se referma bruyamment, et j'entendis les éclats de rire de la jeune bonne.

Il faut avouer qu'il y avait de quoi. Pauvre petit abbé de vingt-cinq ans, venir de si loin, à son corps défendant, chez M<sup>me</sup> veuve Malvignac, une fervente catholique, et tomber à la porte d'un rabbin israélite. Enfin, comme on dit chez moi, il peut y avoir du bon monde partout.

Je sonnai à droite. Et c'est là que pour la première fois je vis Lida. Lida, c'est la servante de M<sup>me</sup> Malvignac. Elle est petite, assez forte, pas trop boulotte cependant, d'âge incertain. Tout à l'heure, au bas de l'escalier, quand j'eus dit bonsoir à mes élèves et à leur mère, Lida m'a tendu mon bougeoir avec une éclaircie dans le visage, et m'a chuchoté presque comme en secret, un « Bonsoir M. l'abbé » plein d'énigmes. Mais hier certes il n'y avait pas d'énigmes dans la façon dont elle m'a reçu.

« Madame n'était pas là... Madame étant un peu mieux, en avait profité pour aller faire une petite promenade, ce qu'elle n'avait pas fait depuis longtemps, la chère dame... C'était bien regrettable que Madame ne fût pas là... Mais Madame ne lui avait pas dit qu'elle attendait quelqu'un... Et il était bien étonnant que Madame attendît quelqu'un, après ce qui s'était passé... D'abord Lida lavait sa cuisine... Monsieur pourrait revenir quand Madame serait là... »

Elle aurait ajouté sans doute « et quand la cuisine de Lida serait lavée ». Mais elle fut empêchée d'achever par la stupeur que lui causa le bruit de ma malle lourde de livres, et lourdement déposée à ses pieds par mon cocher. Elle nous lança à tous deux un de ces regards comme, je m'imagine, durent en lancer les tourières des couvents d'autrefois à l'approche des Huns, des Visigoths ou des Vandales.

Visiblement pour Lida j'étais l'intrus, j'étais l'ennemi.

« Enfin puisque la malle de Monsieur était descendue, Monsieur pouvait entrer. On verrait ce qu'en dirait Madame. Après tout, ce qu'en disait Lida, c'était dans l'intérêt de Monsieur. Si Monsieur voulait monter, en attendant, M. Gaston vient de rentrer à l'instant du manège. C'est au second, première porte à droite. »

Je gravis l'escalier, un escalier de maison bourgeoise quelconque, ciré, avec des patères en pitchpin et des cornes de cerf dans le vestibule d'en bas. Je remarquai que les parois des murs avaient bien des rayures et des éclaboussures.

Au second, première porte à droite, suivant les indications de Lida, je frappai. Un cri rauque me répondit, qui me fit croire un moment que j'entrais, en dompteur, dans une cage.

Une serviette traînait sur le dos d'une chaise, des livres et des journaux illustrés parsemaient le parquet, du vieux linge errait sous les meubles. Affalé, courbé en deux, l'air harassé, un grand adolescent achevait, à moitié assis sur son lit, de décrocher de ses brodequins une paire d'éperons.

Pauvre enfant ! J'ai encore dans le cœur le mauvais

regard qu'il m'a lancé hier. Dieu sait pourtant si je lui veux du mal. Il me semble avoir l'âme bien endolorie. J'ai peine à reconnaître là un élève des Pères Joséphites. D'ailleurs, dans cette pauvre maison que j'examine depuis hier, tout me paraît respirer la peine, le malaise, le découragement. Les regards sont incertains et soupçonneux, les airs sont alanguis, les paroles sont rares ou nulles. On dirait un hôpital. Le Père Supérieur m'a bien dit : « Mon cher enfant, c'est une belle œuvre. Vous guérirez trois âmes. »

Je sais que la médecine des âmes a sa thérapeutique spéciale. Le grand remède c'est la patience. Il y a longtemps que la Sainte Écriture l'a dit : *In patientia vestra possidebitis animas vestras.* Mais quand il s'agit de ces cures morales, le médecin souffre parfois autant que son malade. Je ne sais pas si je suis bien taillé pour ce rôle. Il y a déjà des choses ici dont je n'ai plus peur. Mais il y en a d'autres qui ne me sourient point.

*18 août 1892.*

Tout à l'heure je vais commencer ma troisième nuit sous ce toit. Tout me paraît singulier encore. Je suis bien las à la fin de cette journée. J'ai fait une très longue promenade avec Gaston et Gontran, là-bas, sur la route de Bracieux. Malgré cela, je me sens plus dispos. Tous deux tout à l'heure m'ont serré la main, en me disant bonsoir. C'est la première fois. Il est vrai que je la leur ai tendue. Hier aussi ; mais hier ce fut sans succès. Ce simple fait m'épanouit. Je suis vraiment bien sensible. Mais aussi, cela montre vraiment que mes deux gaillards ont déjà fait du chemin..

Je revois encore avant hier Gaston décrochant ses éperons.

— Bonjour, lui fis-je, mon ami.

Il me regarda de ce regard que j'ai noté. Mais il ne répondit point.

Je repris doucement : « Je viens pour être votre ami, et vous faire du bien. »

Un sourire amer crispa ses lèvres. Et il murmura entre ses dents :

— Je n'ai point d'amis... et je ne veux plus en avoir.

Je fis semblant de n'avoir pas entendu. Je lui parlai équitation, manège. J'abordai la question des études. Je lui dis que je savais qu'il était fort intelligent, qu'il venait d'achever sa seconde, qu'il avait seize ans, que l'on était très bien chez les Pères, que j'en savais quelque chose, et que j'espérais que cette communauté d'affection et d'éducation nous unissait par avance.

— Ah ! dit-il, est-ce que vous seriez Joséphite ? Ce serait dommage.

Je ne relevai pas cette impertinence. Je lui parlai de sa mère, de sa santé délicate, du dévoûment intense qu'elle portait à son frère et à lui.

Mais son interruption narquoise avait vidé de son être intime le trop plein que seul il voulait laisser sortir. Il ne me répondit plus. Ses éperons ôtés, ses molletières enlevées, il délaça ses brodequins, prit des escarpins de salon, se lava les mains, sans plus se soucier de moi que si j'avais été à cent lieues. Manifestement pour lui aussi j'étais l'ennemi. Avec Lida cela faisait deux.

Subitement, sans frapper, Mme Malvignac entra, suivie d'un enfant de douze à treize ans, d'apparence assez malingre. Je lui présentai mes respects, et m'excusai de mon mieux de m'être introduit chez elle, sans la saluer.

Elle m'interrompit pour m'exprimer elle-même tous ses regrets. Elle avait mal compris ma lettre, et croyait que je n'arriverais qu'à huit heures. Elle rentrait pour dîner, avec l'intention d'envoyer ses deux fils au devant de moi, à la gare.

Mme Malvignac parlait doucement, avec un léger accent

méridional qui veloutait sa voix. Elle est grande. Elle doit avoir quarante ans à peu près. Mais elle en porte bien cinquante. Ses cheveux, séparés sur le front en deux épais bandeaux, grisonnent aux tempes. Le teint est bistre, les rides nombreuses. Elle est toujours en noir. Ses vêtements sont à la fois simples et riches. Elle n'a aux doigts que son alliance. Elle doit avoir beaucoup souffert au physique et au moral. Elle souffre encore. Elle toussotte souvent. Elle a parfois sur ses deux fils (je le remarque surtout à table) de longs regards, où je crois voir une infinie tristesse et une infinie tendresse. Toute sa physionomie respire la mélancolie et la fermeté. Je crois que c'est une mère. On se figure ainsi sainte Monique près d'Augustin.

Bref, si depuis deux jours je ne me déplais pas ici, je crois que je le dois à M<sup>me</sup> Malvignac. Evidemment elle m'étudie. Nous nous étudions tous les deux. Mais d'abord je suis très touché de sa réserve, et du respect souverain qu'elle témoigne à l'habit que je porte. En passant à la salle à manger, elle voulait me céder le pas. Naturellement je lui refusai catégoriquement, et je lui déclarai que, son intention seule étant un hommage à mon caractère, ce me serait assez d'honneur de venir le second dans sa maison. Elle parle peu. Jusqu'ici la conversation entre nous n'a guère roulé que sur les Pères Joséphites, sur le collège auquel j'appartiens, et sur les deux collèges auxquels appartiennent ses deux fils — car l'un est à Bréda en Hollande, et l'autre à Paris, à la grande institution de la rue de Pékin. Il est vrai que, quand on parle des Pères, les interruptions impertinentes se croisent sur les lèvres de mes deux élèves. J'ai cru d'abord que c'était une façon de taquiner aimablement leur mère. Je commence à croire qu'il y a de la rancune. Tout cela révèle un état d'âme que je percerai sûrement, mais qui, pour le moment, est plein de sous-entendus.

J'ai voulu demander à M^me Malvignac plusieurs fois déjà, quelles étaient ses intentions relativement à mon service près de ses fils; elle m'a répondu chaque fois de faire à ma guise... Je crois qu'elle se réserve en m'observant.

Voilà bien des fois depuis trois jours que je relis la lettre du Père Supérieur qui a décidé de ma situation actuelle.

Je n'ai jamais aimé le métier de précepteur. Au grand séminaire, les années dernières, notre vénérable Supérieur avait des mots très durs, dans les lectures spirituelles. Il avait une telle façon de parler « des abbés de salon », « des abbés de château », que cela seul en disait long. L'an dernier, quand j'achevais mes examens aux Facultés Catholiques, on me fit de divers côtés plusieurs propositions très engageantes pour l'emploi utile de mes vacances. Je les déclinai. J'avais d'ailleurs à faire le pèlerinage de Lourdes.

Cette année, depuis Pâques, le Père Supérieur du collège m'a parlé dix fois de certains élèves qu'il serait utile et avantageux de faire travailler pendant les deux mois d'août et de septembre. J'avais toujours fait la sourde oreille, prétextant mon inexpérience.

Bref, voilà trois jours, je reçus la lettre suivante :

Mon cher ami,

Aujourd'hui il ne s'agit plus de votre intérêt. Vous m'écouterez mieux, j'en suis sûr. Il y a trois âmes à guérir, la mère veuve et les deux fils. Il y a une réputation sacerdotale à racheter. Le pauvre abbé Lunant a si mal réussi qu'après quinze jours il est parti, injurié et même battu par les garçons. Il paraît qu'ils ne sont pas commodes. M^me Malvignac est malade, poitrinaire, je crois. Gaston, qui est en seconde à Bréda, taquine Gontran, qui est en cinquième à la rue de Pékin. Les deux se fâchent et se cognent. La pauvre mère, étendue sur sa chaise longue, pleure de son impuissance. Il y a peut-être d'autres misères. Vous verrez. Notre Père général me demande un prêtre intelligent, énergique et bon. Je vous prends. Répondez-moi, par télégramme, un seul mot : « accepté. »

Écrivez votre arrivée à M<sup>me</sup> Malvignac, 174, rue de Corbeil, à Blois, où vous serez après-demain, 16 août.

Sur ce, je vous embrasse fraternellement, mon cher ami, et je vous remercie.

*Moncourt. O. J.*

Voilà comme agissent ordinairement les Pères Joséphites. Un mot, on prend sa valise et l'on va. L'an dernier, un de mes amis faisait chez eux tranquillement son noviciat en Écosse. Un beau jour je le vois arriver chez moi. Il avait une heure entre deux trains. Il avait reçu la veille une dépêche de son procureur, qui l'appelait à prêcher une mission dans un village de la Dordogne.

C'est rond, c'est franc, c'est militaire. Quel bataillon d'élite que cette phalange, toujours poursuivie, jamais entamée ! Quels rudes hommes que ces chasseurs alpins, que ces zouaves de l'Église militante !

Je ne puis donc pas me plaindre du Père Moncourt, de m'avoir donné, par son appel subit, mon brevet de Joséphite. Il est vrai qu'au collège où nous sommes un certain nombre de prêtres séculiers, à titre d'auxiliaires, mes confrères m'appellent souvent, pour rire, le *Père* Gauthier.

. . . . . . . . . . . . . . . . . . . .

Ici s'arrêtaient brusquement les pages initiales du « Carnet d'un précepteur » que m'avait confié mon ami.

Mais je sais un peu la suite. M<sup>me</sup> Malvignac est morte. Ses deux fils, deux hommes faits aujourd'hui, sont docteurs en toutes espèces de choses. Ce sont de vaillants chrétiens, dignes des temps nouveaux. Ils n'ont jamais oublié leur jeune abbé d'alors, et quoiqu'il n'eût passé avec eux que le temps des vacances, à plusieurs reprises, ils veulent bien lui témoigner qu'il eut sur leur formation d'adolescents et de jeunes hommes une influence décisive. Jamais une action limitée à si peu de temps, et sur des sujets moins dociles, ne produisit meilleur résultat. C'est le minimum de force produisant le maximum d'effet. C'est donc le triomphe de la méthode pédagogique.

Aussi, quand je méditais récemment la matière de ce livre, j'ai consulté l'abbé Gauthier.

Quoique prêtre séculier, il a eu l'honneur, une fois de plus, d'être traité en religieux. Il a été expulsé de sa maison et jeté à la rue, par des hommes qui n'ont à la bouche que les mots de « liberté, égalité, fraternité ».

Il médite dans la solitude les paroles de l'Évangile : « Les renards ont leurs tanières et les oiseaux du ciel ont leurs nids, mais le Fils de l'Homme n'a pas où reposer sa tête. »

Voici simplement la réponse qu'il m'a faite :

MON CHER AMI,

Oui, grâce à Dieu, je suis fier des Malvignac, et de bien d'autres.

Ma méthode ? — Elle tient un peu de celle qu'employa la mère de sainte Lidwine : « Un arbre, une plante, une fleur, un fruit, le ruisseau qui courait dans la prairie, le petit oiseau qui, joyeux, chantait dans l'espace, l'étoile qui scintillait au firmament, ou bien l'image grossière et enfumée qui tapissait la muraille, ou mieux encore le Christ qui décorait la cheminée, tout, pour elle, devenait un livre qu'elle ouvrait devant l'enfant, qu'elle lui expliquait, dans lequel elle lui apprenait à lire des merveilles de sagesse, de puissance ou de bonté, un livre surtout d'où elle faisait jaillir d'amirables leçons de reconnaissance et de fidélité. »

Pour moi humblement j'ai cherché, avec mes garçons, à faire cela de tous les versets de l'Évangile. A chaque incartade de parole, de geste ou d'action, j'avais un regard lent, long et tendre ; puis, sur leur interrogation muette, deux ou trois mots d'Évangile qui étaient la condamnation anticipée du « mal » ou du « moins bien », et qui étaient un incessant rappel au sens moral, au bon esprit, au sacrifice, au support mutuel, à la charité ou à la distinction.

Ainsi répétés sans prétention dogmatique, avec la bonté du cœur et l'opportunité de l'occasion, les mots de l'Évangile peu à peu chantent dans l'âme jeune, comme les paroles d'une mère.

Tout ici-bas est le poème de Dieu. L'Évangile est le premier des manuels de pédagogie vécue. Il greffe sur toutes choses le sens chrétien. Il éveille et nourrit l'esprit de foi. Il montre, dans le Jésus adoré le modèle à tout instant accessible non seulement des vertus surnaturelles, mais des vertus naturelles elles-mêmes.

Le Christ n'est plus seulement le météore hiératique, c'est l'Idéal des perfections individuelles, domestiques et sociales : Idéal charmant vers lequel convergent les aspirations d'une âme qui est baptisée, et qui déjà s'en trouve, Idéal conquérant qui peu à peu envahit toutes les facultés. Montrons-le aux jeunes sans cesse, tel qu'il est. A force de le regarder, ils voudront le reproduire en eux, et le faire revivre...

# CHAPITRE IV

## LE CONTRE-ÉVANGILE OU L'ESPRIT DU MONDE

*Le « monde » d'après saint Jean, saint Paul et saint Jacques. — Le « monde », est un principe d'action, un esprit anti-évangélique. — Le « monde » et le naturalisme. — Bossuet et « l'honneur du monde » — Le « monde » et les malédictions de l'Évangile. — Les maximes du monde — Les manifestations contemporaines de l'esprit du monde. — Le monde du XVIII<sup>e</sup> siècle décrit par Jules Lemaître. — Les envahissements de l'esprit du monde. — Le chemin de la Croix de Jean Béraud.*

Le Contre-Évangile, c'est « l'esprit du monde ». Une chose très caractéristique dans l'Évangile, et après lui, dans les autres livres du Nouveau Testament, c'est le sens antipathique qui s'attache à ce mot : « le monde ». Ce sont tous les chrétiens qui sont mis en garde contre « le monde », contre « l'esprit du monde ». Mais saint Jean, le plus théologien des quatre évangélistes, spécifie davantage. Dans sa première Épître, que l'on regarde généralement comme la préface de son propre Évangile, c'est à la jeunesse qu'il semble signaler particulièrement le danger.

« *Jeunes gens, dit-il, je m'adresse à vous parce que vous êtes forts. La parole de Dieu demeure en vous. Vous avez triomphé du mal. N'aimez pas le monde, ni ce qui est dans le monde. Ce qui est dans le monde est concupiscence de la chair, concupiscence des yeux, et orgueil de la vie. Cela vient non du Père, mais du monde. Et le monde passe, et sa concupiscence avec lui; mais celui qui fait la volonté de Dieu demeure éternellement (1)* ».

Le terme *mundus*, en latin, signifie pur, net, propre. Son corrélatif grec κόσμος signifie disposition, arrangement, ornement. A l'origine, le mot « monde » implique donc une idée d'ordre, d'harmonie, de beauté, qui convient bien à la création, à l'univers entier, œuvre de la sagesse et de la bonté divine. Nos saints livres n'excluent pas sans doute cette signification primitive. Ici et là le mot « monde » y garde son sens étymologique. Mais comment et pourquoi ce mot a-t-il pu prendre, sous la plume des écrivains sacrés, une idée d'opposition à la vie chrétienne telle que le monde mérite d'être stigmatisé et réprouvé?

C'est le monde qui hait le Sauveur. C'est le monde qui est maudit, à cause de ses scandales, à l'égal des villes infidèles et impénitentes. C'est le monde qui ne peut recevoir le Saint-Esprit. C'est le monde dont il faut que les Apôtres soient séparés. C'est le monde qui les persécutera et les broiera sous son pressoir.

(1) *1er Épître* de S. JEAN .II, 15-18.

C'est le monde que Notre-Seigneur a vaincu. C'est le monde qu'on ne doit pas aimer, sous peine de perdre l'amour du Père. C'est le monde qui ne connaît pas les enfants de Dieu. C'est le monde qui est la patrie des antéchrists. C'est le monde dont l'essence même est le mal. C'est le monde dont l'empire est la triple concupiscence. C'est le monde pour qui Jésus n'a pas voulu prier. C'est le monde de qui triomphe notre foi.

Tel est le monde de saint Jean. Tel est le monde dont parlent saint Paul et saint Jacques, quand ils protestent qu'ils n'ont pas reçu l'esprit de ce monde (1), qu'aimer le monde c'est devenir l'ennemi de Dieu (2), que la sagesse de ce monde ne lui a pas fait connaître Dieu (3), et que le monde n'est pas digne des saints (4).

Comment encore une fois expliquer ce détournement de langage ? Comment découvrir et démasquer cet ennemi de la vie chrétienne en général, et spécialement de la jeunesse chrétienne, que l'Évangile appelle « le monde » ?

*
* *

En procédant par voie d'élimination, et en faisant l'exégèse des textes, il est facile de voir que le monde évangélique n'est pas une per-

(1) 1re *Épître aux Corinthiens.* II, 12.
(2) *Épître de saint Jacques.* IV, 4.
(3) Ire *Épître aux Corinth.* X, 21.
(4) *Épître aux Hébreux.* XI, 38.

sonne. Ce ne sont point les démons, ni Satan leur chef. Ce n'est point le genre humain en général, ni la création en elle-même. Ce ne sont pas même les passions de notre nature.

*L'esprit du monde, c'est un principe d'action, et un principe d'action dans l'âme humaine.*

C'est un ensemble de sentiments, de vues, d'idées, en contradiction avec celles de Jésus-Christ. C'est une direction de l'intelligence, du cœur, de l'activité, de toute la vie de l'homme, dans un sens opposé à celui de la loi nouvelle. C'est, pour tout dire d'un mot, un *esprit anti-évangélique.*

Voilà, en résumé, ce que saint Jean appelle « le monde », et aussi « le siècle », ou encore « les ténèbres ».

Voilà ce que nos auteurs ascétiques, depuis vingt siècles, appellent après lui « l'esprit du monde ». Toutes les âmes infectées de cet esprit sont comprises sous cette dénomination d'ensemble : « le monde ».

C'est une sorte d'esprit qui s'est dégagé de la création désobéissante, et qui pousse à l'oubli de notre condition de créatures (1).

C'est, avec notre nature viciée et le démon, une des trois grandes sources de nos péchés, et peut-être la plus féconde de toutes, à cause de sa ruse et de son talent d'insensibilisation.

L'influence des démons pousse l'homme à de

<hr>

(1) P. FABER, *Le Créateur et la Créature*, p. 365-378. Paris, Retaux. — M^gr GAY, *De la Vie et des Vertus chrétiennes,* II, p. 123, 284, Paris, Oudin.

grandes infractions aux commandements de Dieu. Les passions de la chair lui font donner carrière à ses instincts, et commettre des fautes qui offensent et attirent les regards. L'esprit du monde conduit certes aux mêmes résultats, mais peu à peu, par occasion et accidentellement. Il ne scandalise pas les autres. Il n'effraie pas le pécheur lui-même. Il trompe l'âme en dissimulant sa malice. Il est l'air que le péché respire, la lumière dans laquelle il agit, la couche où il se propage. Avec lui, c'est une vie sans Dieu, une méconnaissance permanente de Dieu, un continuel et tranquille mépris de ses droits, un insolent amoindrissement du respect et du culte qu'il attend légitimement de ses créatures. C'est un état habituel de péchés d'omission. Cette vie sans Dieu, en dehors de Dieu, implique une effrayante quantité de péchés intérieurs, cachés sous un certain *décorum* extérieur, et rendus le plus souvent irrémissibles par l'endurcissement de la conscience.

La voie large et douce qui mène à ces fautes est parsemée de maximes qui sont diamétralement opposées à celles de l'Evangile, et dont le fond commun est toujours la revendication par la créature, et à son profit, de ce qu'elle tient du Créateur, en vue de lui plaire.

C'est l'homme se posant comme sa propre fin à lui-même, déifiant son « moi », et le substituant à Dieu. C'est la nature humaine sécularisée, laïcisée, neutralisée, comme on dit aujourd'hui, c'est-à-dire soustraite à l'autorité et au contrôle de Dieu. C'est le *Naturalisme*.

Voilà le monde. Voilà l'esprit du monde. Et ceux qui pensent ainsi et qui font ainsi, ce sont les mondains.

*
* *

Tout ce qui, dans le cœur humain, s'attache d'une manière désordonnée aux biens de la terre, ou au cœur humain lui-même, tout cela vient de l'esprit du monde.

La recherche excessive des biens de l'intelligence, des biens du corps, des biens extérieurs, le culte exagéré de la santé, de la réputation, de l'honneur, c'est de la mondanité ; puisque, dans son excès et son exagération, tout cela est en opposition avec les maximes évangéliques qui prônent le détachement, la charité, le désintéressement affectif et effectif des choses terrestres.

Voilà pourquoi les richesses sont maudites dans l'Évangile, comme contribuant à tenter l'homme de s'attacher trop aux vanités d'ici-bas qu'elles procurent. Voilà pourquoi Bossuet flagellait dans un sermon célèbre ce qu'il appelle « l'honneur du monde ». Entendez ses cris vengeurs : « L'honneur du monde, mes frères, c'est cette grande statue que Nabuchodonosor veut que l'on adore. Elle est d'une hauteur prodigieuse. Elle est toute d'or. Tout le monde sacrifie à l'honneur... Je veux faire tomber sur cette idole la foudre de la vérité évangélique. Je veux l'abattre tout de son long devant la croix de mon Sauveur. Je veux la

briser et la mettre en pièces et en faire un
sacrifice à Jésus-Christ crucifié... Je l'accuse
premièrement de flatter la vertu et de la cor-
rompre ; secondement de déguiser le vice et de
lui donner du crédit ; enfin, pour comble de ses
attentats, d'attribuer aux hommes ce qui appartient à Dieu, et de les enrichir, s'il pouvait, de ses dépouilles (1). »

Entendez à son tour saint Augustin répon-
dant victorieusement à vos objections tacites :
« Pourquoi donc, dites-vous, n'aimerais-je pas
les créatures, puisque Dieu les a faites ? — Sans
doute, toutes sont bonnes. Mais malheur à vous
si vous les aimez jusqu'à en oublier leur Créateur. Il vous est permis de les aimer. Il vous
est défendu de les aimer jusqu'à placer en elles
votre seule et exclusive félicité. Ce sont les
idolâtres du monde que l'Évangile appelle
« le monde ». Ils ont en eux le siège des trois
concupiscences (2). »

Encore une fois, ce qui rend le « monde » si
odieux au Sauveur. c'est qu'il se place systé-
matiquement en dehors de l'Incarnation. De
parti pris, il la refuse dans ses dogmes, dans
sa morale, dans ses grâces. « L'Évangile ? — Je
n'en sens pas le besoin. — Jésus-Christ ? — Il
me gêne. Le « monde » et moi me suffisent. »
— Voilà pourquoi les vrais mondains sont
inconvertissables. Un athée moral est plus

(1) *Sermon sur l'honneur du monde,* dimanche des Rameaux, 21 mars 1660. *Exorde.*
(2) *In Joan. I. Epist.* ii, 15-17.

loin du salut qu'un pécheur. Notre-Seigneur, qui a maudit le « monde », était plein de miséricorde et de pardon pour les défaillances humaines.

C'est dire que l'esprit du monde, par lui-même, n'est pas le péché. A parler en théorie, un honnête bourgeois peut être très mondain, sans avoir rien fait qui soit de la taille d'un péché mortel. Les plus grands saints peuvent pécher. On ne peut être mondain et saint.

Si l'on interprète les textes du Nouveau Testament à l'aide de ces données, ils s'éclairent d'eux-mêmes.

On comprend pourquoi Satan est apppelé « le prince de ce monde ».

C'est cet ange rebelle en effet qui est le père du naturalisme. C'est lui qui, le premier, s'éleva contre l'Incarnation, en revendiquant les droits de sa nature prétendue supérieure, à l'encontre de ce Dieu-Homme, pour lequel la sainte Trinité réclamait ses hommages, sous les voiles un instant soulevés de l'avenir. Voilà pourquoi les Juifs, idolâtres du monde, ont détesté le Sauveur, et non ses parents qui partageaient leur esprit (1). Voilà pourquoi des hommes établis volontairement dans l'indépendance à l'égard de Dieu et dans l'insensibilité de la conscience, n'ont pas pu recevoir le Saint-Esprit (2). Voilà pourquoi il a fallu que les Apôtres fussent séparés, purifiés de cet esprit, pour devenir les pré-

____

(1) S. Jean. vii, 7.
(2) S. Jean. xiv, 17.

dicateurs de l'Évangile (1). Voilà pourquoi ensuite ils ont été haïs, persécutés par leurs concitoyens, qui continuaient leur première manière de vivre (2). Voilà pourquoi les mondains se sont réjouis de la mort du Christ (3). Voilà comment Notre-Seigneur a obtenu aux siens, par sa mort, de vaincre toutes les difficultés à eux suscitées par le monde (4). Voilà pourquoi il ne prie pas pour les mondains que leur indifférence systématique fera sans doute mourir dans l'impénitence finale (5).

Voilà pourquoi il nous est défendu d'aimer le monde, son antagoniste et son contradicteur, sous peine de perdre l'amitié de Dieu (6) ; pourquoi le monde ne connaît pas les enfants de Dieu (7), pourquoi il suscite des antéchrists (8). Voilà pourquoi et comment nous vaincrons le monde, c'est-à-dire le naturalisme, l'esprit de sécularisation et de neutralité moderne, par la foi pratique en Notre-Seigneur Jésus-Christ (9).

Ainsi le mot « monde » a trois sens différents dans l'Évangile, et même dans le Nouveau Testament tout entier. Il a d'abord son sens ordinaire et par suite indifférent. Il désigne alors

(1) S. Jean. xv, 18.
(2) xvi, 33 ; xv, 18.
(3) xvi, 20.
(4) xvi, 33.
(5) xvii, 9.
(6) *I<sup>re</sup> Épître de saint Jean.* ii, 15; *Épître de saint Jacques,* iv, 4.
(7) *I<sup>re</sup> Épître.* iii, 1.
(8) iv, 5.
(9) v, 4-5.

soit la participation à l'être et à la vie, comme dans l'expression « venir au monde » (1), soit l'ensemble de la création et l'universalité des êtres (2), soit, dans cette création, le genre humain en particulier (3). Il a ensuite deux sens odieux. Il désigne alors : 1° l'ensemble de la création, mais considéré comme un sujet de tentation pour l'homme ; 2° la collectivité des hommes qui recherchent les faux biens de cette création, aux dépens même des droits de Dieu.

C'est ainsi que saint Augustin disait: « Deux amours ont bâti deux cités. L'amour de Dieu, poussé jusqu'au mépris de soi, a bâti la cité de Dieu. L'amour de soi, poussé jusqu'au mépris de Dieu, a bâti la cité du monde. » Là, ce sont les lois de l'Évangile ; ici, les conventions du monde. Là, c'est la doctrine du Maître infaillible ; ici, les maximes du monde. Là, c'est l'esprit de Jésus ; ici, l'esprit du monde.

*<br>* *

Et, ce qui est à considérer, ces lois, ces maximes, cet esprit anti-évangélique, ont tendance à s'échapper de la cité du monde, et à pénétrer à la dérobée dans les âmes mêmes dont la société forme la cité de Dieu. Rien n'est subtil comme un esprit. C'est une vapeur. C'est une quintessence. C'est aussi une diffusion. Avec lui, c'est la désertion qui entre dans la place.

(1) S Jean. i, 9.
(2) i, 10.
(3) iii, 16-17.

Voyez la marche insinuante de cet esprit du monde dans une âme chrétienne. Il lui murmure, comme une formule obsédante, que l'humanité, après tout, a ses droits, que nous ne sommes pas des anges. Il répète, au sujet des besoins du corps, le mot du grand comique mondain : « Guenille si l'on veut, ma guenille m'est chère ! » Il fait siennes, et dans le mauvais sens, ces maximes commodes : « Il fait bien que jeunesse se passe. Il faut bien que jeunesse s'amuse. » Il pose en principe l'indépendance de la nature humaine ; il réclame la réhabilitation de la chair, avec la recherche désordonnée de tous les biens extérieurs et matériels, le souci exagéré et exclusif de l'honneur, de la réputation, de la santé, la poursuite des richesses et de ses aises.

C'est l'homme qui se sépare de Dieu dans tout ce que son culte a de gênant ; qui, de parti pris, établit sa fin suprême dans la jouissance des créatures ; qui pose le « moi » avide de tranquillité, de bien-être et de volupté, à la place de la croix du chrétien ; qui laisse passer à côté de soi l'Incarnation d'un Dieu et ses conséquences de grâce, parce qu'elle a aussi ses conséquences de privations. C'est donc l'antichristianisme en personne. C'est le paganisme voulu, délibéré, haussant les épaules devant le sang du Christ, devant la Rédemption, comme devant une chose dont on ne veut pas sentir le besoin, et qu'on rejette instinctivement, parce qu'elle gêne. C'est la dérision de l'amour divin. C'est l'ironie de l'Évangile.

Qu'y-a-t-il de plus contraire à la vie chrétienne que cet esprit ? Mieux vaudrait en un sens tous les péchés pris un à un que cette disposition (1). Car les péchés n'impliquent pas, comme l'esprit du monde, la paralysie morale de la conscience. Cet esprit, encore une fois, n'est pas le péché considéré soit comme un acte, soit comme un état, parce qu'on peut garder un péché mortel sur la conscience, par faiblesse ou par peur de l'aveu, et n'avoir pas précisément l'esprit du monde, tandis qu'on peut être très mondain, et marcher longtemps, par extraordinaire, sur la lisière du péché mortel, sans y succomber. Mais cela est rare. Ce qui est fréquent, c'est que la vie selon l'esprit du monde est une trame de péchés positifs, publics ou secrets.

Dante mettait cette inscription sur la porte de son *Enfer :*

> J'ai été fait par la divine Puissance,
> Par la souveraine Sagesse
> Et le premier Amour.

Et Lacordaire commentant ses paroles disait: « Eh quoi ! un Dieu vous aura aimés jusqu'à mourir pour vous, un Dieu vous aura aimés juqu'au gibet, et vous croyez qu'il vous sera permis de rire, de badiner, et d'aller sans crainte aux noces de toutes les voluptés ! Non, non. On ne badine pas avec l'amour. On ne joue

_______________
(1) P. Faber, *Le Créateur et la Créature*, p. 368.

pas impunément avec l'amour. L'amour, nous l'avons tous éprouvé, c'est la vie ou la mort. Et, quand il s'agit d'un Dieu, c'est l'éternelle vie ou l'éternelle mort. »

Voilà l'esprit du monde, et voilà la raison de sa réprobation. Il badine, et il joue avec l'amour de Jésus. Alors que l'amour divin pour nous a été extrême, l'esprit du monde limite l'amour humain pour Jésus. Il réserve contre lui, dans le cœur de l'homme, la part de la nature et de l'égoïsme.

*
* *

Faut-il maintenant préciser en détail, dans la vie prétendue chrétienne d'aujourd'hui, les caractères de cette idolâtrie du « moi » au détriment des droits de Dieu ?

C'est une manifestation de l'esprit du monde que de soumettre toujours les lois et les pratiques de l'Église au jugement de nos courtes vues ; que d'inventer mille prétextes pour se soustraire à l'obligation de la pénitence ; que de professer deux morales, une très sévère pour les pauvres gens, une très indulgente pour ce qui s'appelle la « société » ; que de prétendre allier une vie de plaisirs plus ou moins licites avec les pratiques chrétiennes ; que de vouloir concilier, selon le mot de l'Évangile, Jésus-Christ et Bélial, comme ces « mondains » qui acceptent ou provoquent un duel, tout en

se disant catholiques ; que de mêler à ses charités un sentiment d'amour-propre ; que de
porter à l'église même des préoccupations de
vanité et de coquetterie ; que de passer sa vie
dans les lectures frivoles, les conversations
médisantes ou les relations banales, à l'exemple
des vierges folles de l'Évangile qui furent exclues de la réception nuptiale ; que d'abuser de
toutes les grâces, de tous les dons de la fortune, de la santé, comme le jeune homme qui
trouva les préceptes du Sauveur trop rigoureux
et se retira le laissant tout triste ; que de
refuser ses enfants à l'esprit chrétien et à la
compénétration de l'Évangile, que de leur
marchander la sainte Eucharistie à longue
échéance, comme les Apôtres encore non convertis qui éloignaient les petits enfants du
Sauveur. C'est sacrifier à l'esprit du monde
que de substituer ce qu'on appelle la dévotion
de chapelle à la grande et vaste unité de l'esprit
catholique ; que de se confiner tellement dans
les pratiques de piété personnelles qu'on en
oublie la grande voie des préceptes communs
et des devoirs d'état ; que de rendre la dévotion
chagrine et la piété maussade ; que de mettre,
à la place de la charité et de la douceur, cette
aigreur, cette acrimonie dans les relations, qui
faisait appeler par les Apôtres le feu du ciel sur
les Samaritains, et leur attirait cette dure réponse du Sauveur : « Vous ne savez pas à quel
esprit vous appartenez. »

Dans tout cela, en effet, se retrouvent les
caractères de ce que nous avons appelé l'esprit

du monde, c'est-à-dire la revendication par la nature, et pour la nature, des droits de Dieu, la résistance tacite à l'esprit de l'Évangile qui est un esprit de largeur de vues, de franchise, de loyauté, de dévouement, d'abnégation et de pénitence.

C'est le monde de Tacite qui gît tout entier dans la corruption donnée ou reçue : *Corrumpere et corrumpi sæculum vocatur.* C'est le monde de Salvien qui se décompose en jouant, et meurt dans les sourires : *moritur et ridet.*

*⁂*

On sait quel tableau faisait Jules Lemaître du « monde » du XVIII<sup>e</sup> siècle, monde léger, sceptique et frivole, devisant et folâtrant autour des paradoxes de Jean-Jacques Rousseau (1).

Mais eux, de leur côté, ces princes, ces ducs et duchesses, ces comtesses et ces marquis — dans un temps où ces noms signifiaient quelque chose — qu'ont-ils affaire avec Jean-Jacques ? Rien que pour vivre, pour rester ce qu'ils sont, ils ont besoin de l'ordre social et politique d'alors, et ils ont besoin de l'Église. Qu'ils se soucient du bien public ; qu'ils soient, politiquement, avec Voltaire, avec Montesquieu, plus tard avec Turgot, c'est bien. Mais cet excentrique, ce détraqué les menace directement et dans ce qu'ils ont de plus précieux ; il menace la vie élégante ; il menace, de loin, la propriété même, et tout l'ordre existant, et l'Église et l'éducation traditionnelles et nationales. Et ils le trouvent bizarre,

(1) *5<sup>e</sup> Conférence sur Jean-Jacques Rousseau.*

mais sympathique, et ils l'accablent de caresses. Est-ce donc qu'ils poussent la générosité et l'abnégation jusqu'à se vouloir détruire eux-mêmes ? Non ; mais n'ayant plus de foi, ils ne savent pas. Ce sont des *snobs*, et qu'on a revus. Ils se piquent de liberté et de hardiesse d'esprit. Ils croient, d'ailleurs, n'applaudir qu'à des phrases amusantes, qui les brusquent agréablement. Ils croient que ce ne sont que des phrases. Il ne savent pas que dans une trentaine d'années, les plus grossières de ces phrases, après avoir pénétré dans les cerveaux des avocats, des robins, des procureurs, des professeurs, des hommes de lettres, descendront dans des têtes plus obscures et s'y traduiront par des actes aveugles.

L'excellent, le vertueux M. de Malesherbes, qui s'est donné tant de peine pour faire imprimer la *Julie* et l'*Émile*, sera envoyé à l'échafaud par des scélérats ivres de Jean-Jacques.


C'est devant ce monde, devant l'esprit de ce monde, qu'est posée notre jeunesse, la jeunesse de nos écoles chrétiennes, de nos collèges, de nos pensionnats évidemment, et même aussi la jeunesse de nos séminaires.

Nous le montrerons plus en détail, mais dès maintenant on peut se rappeler ce qu'écrivait Bossuet : « Qui pourra dire de bonne foi avec Jésus-Christ : *Je ne suis pas du monde* ? Nous nous retirons dans nos cabinets : le monde nous suit. Nous fuyons dans le désert : le monde nous suit. Nous fermons cent portes sur nous, nous mettons sur nous cent serrures, cent grilles, si vous le voulez, cent murailles closes ; la clôture est impénétrable : le monde nous suit. Nous nous recueillons en nous-mêmes : le monde nous suit...

Que ferai-je donc pour quitter le monde qui me suit, qui vit en moi au-dedans, et qui tient à mes entrailles ?... O Jésus ! je le pourrai dire, quand vous aurez dit pour moi : *Je ne vous prie pas de les tirer du monde ; mais de les garder du mal*, c'est-à-dire de leur ôter l'esprit du monde (1). »

Vous vous rappelez le *Chemin de la Croix* de Jean Béraud.

Ce tableau religieux est conçu et composé à la moderne. Au centre le Christ avec sa couronne d'épines, portant péniblement la lourde croix ; marchant devant le Christ, un homme qui se retourne en l'injuriant ; autour du Christ, sur la gauche, huit hommes qui hurlent avec des expressions multiples de haine et de mépris, admirablement rendues ; derrière le Christ, une Madeleine marchant les mains jointes avec une physionomie qui respire une indicible douleur ; derrière la Madeleine, la Vierge soutenue par un ami en prière, le visage couvert d'une main. Derrière le groupe de la Vierge, une courtisane en robe de satin blanc rit et se moque avec un viveur.

Devant le Christ, au premier plan, un Juif caché sous son grand manteau rouge, excite un homme du peuple à jeter une pierre au divin supplicié. Celui-ci regarde le Christ et hésite...

Toute cette partie du tableau fait penser.

N'avons-nous pas encore devant nous ces Pharisiens qui ameutent le peuple contre le

---

(1) *Méditations sur l'Évangile*, 54ᵉ jour.

Juste ? N'avons-nous pas encore devant nous ces égarés et ces sceptiques qui ne croient plus ni au juste ni au bien ? N'avons-nous pas ces débauchés étourdis qui rient de tout, et qui ne pensent qu'au plaisir ?

Mais regardez à la droite du tableau.

Devant le Christ qui s'avance est agenouillée l'espérance en lui. C'est un prêtre bénissant un mourant ; ce sont deux fiancés en prière qui confient leur bonheur à Dieu ; c'est un soldat blessé ; c'est un marin malade ; c'est un forçat suppliant ; c'est une mère éprouvée ; c'est enfin un groupe de pauvres gens qui prient.

Cela s'appelle le *Chemin de la Croix*, le Chemin de la Croix se continuant sur la terre entre les deux esprits. Là, l'injure violente, et la haine et les hurlements, et les complots sournois, et la futilité, et la noce, et le sourire et le dédain, pire que tout. C'est le monde, c'est l'esprit du monde.

Ici, la prière, l'adoration, l'espérance, et l'amour du prochain, et le dévouement. C'est l'esprit de l'Évangile.

Entre ces deux groupes, l'image de notre jeunesse, c'est-à-dire l'homme du peuple, avec son inexpérience sollicitée, avec son honnêteté native, avec son âme baptisée, hésitant entre les influences contraires, le bras tendu, regardant tour à tour le Juif, le prêtre, sa mère, pour savoir s'il doit jeter sa pierre au Christ ou faire le signe de la Croix...

-------

# CHAPITRE V

## LE CONTRE-ÉVANGILE DANS L'ÉDUCATION

*La jeunesse contemporaine devant la vie mondaine. — Les revues mondaines. — Les journaux mondains. — Les conversations mondaines. — Les infiltrations multiples de l'esprit du monde. — La devise de Bob : courte et bonne. — Le « mondain » ou le jeune Snob de Pierre l'Ermite. — L'esprit de foi chez la jeunesse comme antidote de l'esprit du monde. — L'exaltation des passions bonnes. — L'idée substitut et l'idée cristallisante. — Les détails de la méthode évangélique à l'encontre de l'esprit mondain. — La devise. — Le contact des saints. — L'Idéal. — Le P. Didon et le « beau fleuve de l'Évangile ».*

Nous l'avons dit plus haut : l'esprit du monde est « le mal », parce qu'il est, en doctrine, en sentiments, en actes, le contrepied de l'Évangile, le *Contre-Évangile*. Or cet esprit menace l'éducation chrétienne ; il la vicie quand il s'y infiltre ; il ne peut être dominé et expulsé que par un maximum de vie surnaturelle.

Rappelez-vous le chapitre énigmatique qui a pour titre: *La défroque de Mathieu Molé*, dans la *Petite Mademoiselle* de Henry Bordeaux. Il s'agit d'une fête mondaine dont les somptueux préparatifs occupent toute la société de Fontenay-sous-Bois. Celle qui a conçu ce vaste projet, la marquise d'Allégory, « appartenait à cette catégorie de femmes du monde qui donneraient un bal au lendemain d'une catastrophe comme à la veille de mourir, et qui remueraient ciel et terre, gouvernement et couturiers, pour que ce bal eût du succès ». Alors on ressuscite, en plein XXe siècle, le spectacle que donna jadis l'aristocratie française, durant les étranges cabales de la Fronde. Seigneurs empanachés, chasseresses emplumées, pages enrubannés, passent et repassent dans la résurrection éphémère de ce lointain passé. On dépense d'un coup vingt, trente, cinquante mille francs, qui s'évanouissent en fantaisies, chez le commerce de luxe.

Supposez que Bertrand, Gaston ou René qui a seize ans, qui est en Première au collège, et qu'on a envoyé se coucher bien gentiment, se lève sur la pointe des pieds, avec la complicité de son domestique, et qu'il vienne à la dérobée, derrière une portière, grâce à un coup de vrille donné au bon endroit dans un panneau, assister, des yeux du moins, à la fête. Vous avez la scène renouvelée du tableau de Couture, où les deux philosophes regardent pensifs la décomposition du monde romain.

Notre adolescent se rappelle ce qu'il a entendu et vu par ailleurs : ses anciens maîtres chassés, son collège un instant fermé, toujours menacé, le droit violé, la liberté proscrite, la religion vilipendée, la foi bafouée, le Christ renié, la patrie mise en doute, nos traditions séculaires brisées; et, pour restaurer tout cela, une légion d'hommes se levant, ardents, convaincus, dévoués, instruits, disciplinés surtout, qui demandent pour refaire la France un peu d'argent, et surtout la coopération, en dignité de vie, de ceux qui pensent comme eux ; et derrière cette légion d'hommes, une, deux, dix phalanges de jeunes, qui se préparent austèrement à l'effort de demain, qui vivent intégralement leur foi, qui vont au vrai avec toute leur âme, qui ont pris pour devise celle que leur a donnée le Père commun : *Prière, étude, action ;* qui se dépensent à former une élite dans le peuple de France, afin de compenser la majorité numérique par la majorité dynamique ; qui croient vraiment qu'il est bon de se faire à soi-même déjà un être d'élite, en mettant tous les instincts, qui sont la majorité numérique, sous le contrôle de la raison et de la foi, devenues la majorité dynamique ; qui revêtent leur âme de splendeurs, qui hennissent, comme le coursier biblique, vers les prochaines batailles ; qui étudient et travaillent silencieusement, tout en s'aimant et s'aidant fraternellement, et qui disent :

> Mon Dieu, qu'on me donne trois choses :
> Une époque où l'on voie encor de grandes causes,
> Un grand cœur, une voix que je leur puisse offrir,
> Des combats de géants et le droit d'y servir...

Il se rappelle tout cela, notre adolescent, et il compare. Il compare, quoi donc ? — L'esprit du monde avec l'esprit de l'Evangile.

Vous vous demandez qui l'emportera. Je me
le demande aussi, mais je tremble quand je sais
qu'il a lu la *Revue de Mode* de sa mère et le
journal de son père. Oh! le journal du père!
Oh! la revue de la mère! Quel Contre-Évangile souvent! Jugez-en par ces extraits, que je
prends à dessein, ni parmi les plus mauvais,
ni parmi les plus récents.

## REVUE DE LA MÈRE :

L'éventail est renfermé dans sa gaine soyeuse ; le carnet de bal a repris sa place dans le sachet parfumé ; le
masque de satin est déjà relégué au fond d'un tiroir...
Fini de rire !...

Mercredi dernier, la *Savoyarde* a tinté à *mezza voce*
les trois coups de la messe des Cendres, qui met le Car-
naval en fuite. Messire Carême est dans nos murs !

Alors avec des petits airs contrits, une à une, deux
par deux, les enragées lanceuses de confetti se préparent à faire pénitence, à expier les péchés passés, et
même un peu ceux à venir. Car il faut tout prévoir !

Or, pour ce temps de pénitence, la tenue la plus
sombre, la plus modeste, est de rigueur. Les robes
de drap ou de laine, de nuance carmélite ou mauve,
sont tout indiquées pour les messes et les sermons.

Rien de tapageur, en ce qui concerne les chapeaux,
n'est de mise. De petites capotes dans les teintes effacées
font tout à fait bien, sur les têtes inclinées.

J'en ai remarqué une d'un goût irréprochable. Jugez-
en. Tout le fond était en violettes. De gros choux de
tulle blanc et noir posés irrégulièrement en bordure se
mêlaient harmonieusement aux cheveux. Sur le côté une
aigrette de violette dans une envolée de tulle blanc et
noir... c'était exquis !

## JOURNAL DU PÈRE :

### *SPECTACLE DE VENDREDI SAINT*

L'autre soir il y avait, aux fauteuils, un bouquet de jolies femmes de luxe, qui applaudissaient presque aussi fort que les pâles gars du Paradis.

Ce soir, au théâtre de la Porte Saint-Martin, c'était une fête religieuse et littéraire (littéraire très sûrement). On donnait la représentation annuelle du drame sacré d'Edmond Haraucourt : *la Passion*. M. P. G. représentait Jésus ; M. T. Judas ; M. D. Pilate ; M. R. Lazare ; et M. D. Anne. Quant aux femmes, M^me A. L. figurait la Vierge ; M^lle R. de P. Madeleine ; M^lle A. S. Marthe ; et M^lle M. avec sa grâce blonde et farouche, synthétisait, en noble artiste, le Chœur des femmes.

Donc, M. P. G. était, ce soir, Jésus, lui qui était hier et restera demain Monte-Cristo. Il n'y a pas longtemps encore, il fut Napoléon. Et il y a quelques années, il était Justinien, Caligula, merveilleusement d'ailleurs. — Avez-vous songé à vous étonner qu'une âme de simple comédien puisse, à elle toute seule, enfermer, manifester tour à tour, et en beauté, de telles âmes ? — Vous n'êtes pas épaté, monseigneur le public ? Non ?

Pour applaudir le drame superbe d'Edmond Haraucourt, qui est peut-être le poète contemporain le plus somptueusement preneur, très jolie chambrée et très variée. Parmi ceux qui applaudissaient, au premier rang : le maître peintre V. qui avait envoyé à la prochaine Exposition du Champ-de-Mars quelques-uns de ces paysages évocateurs, entre autres : *Neige et Soleil, la Plaine de Gennevilliers, Givre au Bois de Boulogne.* Un distingué confrère, M. L. — du journal *le Temps,* — disait avoir applaudi récemment, à Genève, une œuvre très originale d'un musicien qui fera son chemin, et dont le nom est à retenir, J. D. Ainsi — ô sacrilège —

on papotait, dans les entr'actes, en quittant Jésus au Jardin des Oliviers, pour le retrouver chez Pilate — et aussi on louait les vers magnifiquement frappés du poète.

*
* *

Là ne s'arrêtent pas les infiltrations mondaines dans l'éducation et contre l'éducation. Il y a les conversations de salons, où la vieille tante excuse les scandales de Henri IV, de Louis XIV et de la Régence, tout en s'élevant contre la légèreté de son valet de ferme. Il y a l'exemple du cousin qui va à la messe en costume excentrique, s'y tient fort mal, arrive au *Gloria* et part à la *Communion*, sans avoir eu l'air de se douter un instant du grand prodige qui vient de se passer à l'autel. Il y a M. X..., vieux célibataire, qui trouve tous les défauts aux pauvres et ne paie pas ses dettes ; il y a M. Z..., membre inactif de cette Association qu'un évêque nommait « les fainéants des quatre saisons », qui passe l'hiver aux jeux de Monaco, le printemps aux courses à Paris, l'été aux casinos à la mode, et l'automne dans ses chasses, et qui crie bien haut qu'il n'y a pas de question sociale, parce qu'il digère en paix le revenu à lui légué par dix générations.

N'allez pas croire surtout que l'esprit du monde anti-évangélique n'atteint que les hautes classes. Tant s'en faut. Chacun connaît des grands du monde, et des enfants du monde, qui n'ont pas l'esprit anti-évangélique du monde. Cet esprit, c'est le naturalisme, c'est le paganisme, rentrant dans la tête, dans le cœur, dans le sang, c'est-à-dire dans les pensées et les mœurs de notre temps. Il s'embourgeoise très bien, il se popularise à la perfection. Il se fait à la mesure de chacun. Un jeune bourgeois, un enfant du peuple, peut être très mondain, et un prince peut être très évangélique.

Que dis-je ? Cet esprit du monde, subtil comme une vapeur, comme une essence, comme un air, pénètre les meilleures natures, si l'on n'y veille, et dans les meilleurs milieux.

Il a l'esprit du monde, sans qu'il s'en doute, ce séminariste qui, exagérant et déformant même une distinction de manières qu'on lui dit être plus que jamais nécessaire, fait son pédant et son dameret. Il a l'esprit du monde, celui qui ne comprend pas pratiquement que tout, dans la vie lévitique, est fondé sur le sacrifice et l'abnégation personnelle. Il a l'esprit du monde, celui qui rougit sous un quolibet ou une insulte, car l'efflorescence de l'esprit du monde c'est éminemment le respect humain. Il avait encore l'esprit du monde, celui qui, par honte du bonnet blanc de sa mère, lui demandait de « se mettre en chapeau » pour le venir voir. Il aurait l'esprit du monde, sans qu'il s'en doute, l'éducateur ecclésiastique « qui ne se considérerait pas dans sa sphère comme le principal dépositaire de l'apostolat, qui ne commencerait pas par un bon choix de livres classiques, qui n'écarterait pas avec soin tout danger, se défiant avec prudence et, voyant le venin sous les apparences de la modération, qui n'adopterait pas de préférence les livres rédigés dans un esprit chrétien, qui, s'emprisonnant dans les classiques, laisserait ignorer les richesses de la littérature chrétienne, et à l'école de qui l'on n'apprendrait pas quelle fécondité l'Évangile communique à l'esprit humain (1). »

La capacité professionnelle d'un éducateur chrétien ne demande pas seulement, en effet, des connaissances philologiques, littéraires, historiques, mathématiques. Elle exige encore, et au-dessus de tout, une âme imprégnée de l'esprit de l'Église, un jugement formé aux règles de la saine critique catholique, une solidité de principes qui puissent résister aux dissolvants de l'atmosphère ambiante, et en même temps une force de réaction assez énergique pour décomposer cette atmosphère, en dégager les éléments utiles, et les faire entrer dans l'organisme intellectuel de nos élèves (2).

*
* *

De ces infiltrations multiples de l'esprit du monde dans l'éducation chrétienne, quel sera, en définitive, le résultat ?

Il peut être fort triste, comme l'insinue un journaliste, en rendant compte d'une de ces fêtes mondaines dont nous parlions plus haut :

(1) J. Guibert, *L'Éducateur-Apôtre*. L'idéal du bon maître, p. 133. Paris, Poussielgue.

(2) M. Petit, *L'esprit des séminaires et l'esprit universitaire*. Paris, Poussielgue.

« Et les petits jeunes que l'on fait élever au collège chrétien, quelles têtes ont-ils dû faire, si par hasard un journal mondain leur est tombé sous les yeux, et quelles réflexions bizarres ont dû traverser leurs jeunes cervelles, s'ils ont pu voir que toutes ces austères maximes et ces vertueux principes qu'on leur enseigne chaque jour se traduisent, pour les grandes personnes, par les chahuts distingués du X.. !

« Et l'on s'étonne après cela qu'ils aient hâte d'avoir passé le *bachot* pour faire la noce ! »

Un jour dans un immense salon Louis XVI, assise entre une Diane et un Apollon, devant les piédestaux où se dressaient les vieux croisés, les ancêtres, debout dans leurs armures de fer et brandissant leurs pennons, la châtelaine discourait avec le doyen. Elle avait bon cœur, la châtelaine ! Elle excusait tout chez « les gens du monde », et surtout « chez la jeunesse du monde ». A un moment, devant une énormité trop forte, le doyen s'écria : « Mais, Madame, si Bob vous entendait... — Oh ! Monsieur le Doyen, j'espère bien que, grâce à vos bonnes leçons, mon Bob adoré restera ce qu'il est, une exception, un ange... » — Un instant après, le doyen sortit, et quand il eut pris congé, pourpre et furieux, au bout de l'immense galerie, Bob vint gentiment lui serrer la main, et à mi-voix : « Monsieur le Doyen, l'ange à maman, le Bob adoré, savez-vous sa devise ? *Courte et bonne*... Après tout, n'est-ce pas, quand on a une pareille mère !.. »

Et le prêtre s'en alla tristement, en comparant

cette scène absolument authentique avec ce qu'il avait lu dans un de ses livres :

« Qui ramènera la religion à l'atelier comme au foyer ? La femme a reçu de la nature pour ce ministère une aptitude merveilleuse, que la grâce développe encore. La plus auguste fonction de celle qui a été bénie entre toutes les femmes, fut d'introduire Jésus-Christ dans le monde par l'Incarnation. Le plus beau rôle de l'épouse, de la fille ou de la mère, est celui d'introductrice du christianisme dans les âmes. Elles le remplissent par une piété aimable, intelligente et solide. »

*<br>* *

Par quels moyens pourrons-nous combattre et neutraliser les infiltrations de cet esprit du monde dans l'éducation ? Saint Jean nous répond : « *Et hæc est victoria quæ vincit mundum fides nostra. — Par un maximum de foi.* »

L'esprit du monde a pour antagoniste, ici comme ailleurs, l'esprit de foi ; ici comme ailleurs, le naturel se domine et se répare par le surnaturel. Deux amours, nous le disions plus haut avec saint Augustin, ont bâti deux cités : l'amour de soi, poussé jusqu'au mépris de Dieu, a bâti la cité du monde ; l'amour de Dieu, poussé jusqu'au mépris de soi, a bâti la cité de Dieu. Cela s'appellera aussi bien « le développement de l'esprit catholique — esprit catholique qui se compose d'une idée, d'un sentiment et d'une façon d'agir (1). » Cela s'appellera « créer des convictions et des caractères » — ce qui est toute l'éducation. Cela s'appellera simplement « inspirer la piété », c'est-à-dire « ce sentiment intérieur, cette vertu affectueuse de l'âme qui fait remplir avec amour tous les devoirs de la religion envers Dieu (2) ».

De quoi s'agit-il en effet ? Il s'agit d'amener nos enfants à aimer assez Notre-Seigneur pour lui sacrifier pratiquement tout le reste quand il le faudra, de croire et d'espérer en la fin suprême et surnaturelle de l'homme, assez pour que tout le reste soit jugé à la lumière du salut éternel, même dans les petites choses, même dans les mille détails qui se partagent une vie humaine appliquée au labeur quotidien. Cela, c'est le but chrétien de l'existence ; cela, c'est le seul et vrai prix de la vie ; cela, c'est l'appréciation évangélique de la valeur de nos fins individuelles et sociales. Cela, c'est l'idéalisme jusqu'au sacrifice de notre être inférieur ; cela, c'est le contrepied de l'esprit du monde qui gît tout entier, nous l'avons dit, dans l'égoïsme, et dans l'égoïsme plutôt sensuel ; cela, c'est la recherche et la conquête de ce royaume des cieux qui postule la force d'âme, et exige l'effort. Cela, en un mot, c'est la foi dont vit le juste.

Quiconque inspirerait pratiquement et parfaitement sa vie de ces données serait un saint. Un saint, en somme, c'est tout simplement quel-

---

(1) J. Guibert, *L'Éducateur-Apôtre*, p. 402
(2) Mgr Dupanloup, *De l'Éducation*, II, p. 64.

qu'un qui vit intégralement sa foi. Tous les élèves sortis de nos mains seront-ils des saints? Nous ne pouvons pas l'espérer. Mais si nous le méritons, Dieu nous donnera au moins d'en voir quelques-uns, j'entends de ces hommes qui portent partout avec eux un réconfort et un rayonnement. Ce sera l'élite. Et à côté, par échelons, se rangeront les autres, leur valeur morale et chrétienne se diversifiant dans la proportion même où l'esprit de foi, l'esprit catholique, l'esprit de l'Évangile, la piété, les aura conquis et pénétrés.

Voilà le but à atteindre, le but spécialisé, et indiquant par là même déjà les moyens qui s'harmonisent avec lui.

La tactique principale consistera à combattre les concupiscences du monde par un attrait supérieur. L'esprit du monde étant un principe d'action, un principe de moindre action, de *minimisme*, dans l'ordre surnaturel, il nous faudra, au contraire, porter jusqu'à son développement suprême, jusqu'à sa perfection, jusqu'à l'enthousiasme, les facultés surnaturelles qui sont dans l'âme baptisée de notre jeunesse. On opposera donc aux passions mauvaises, les passions bonnes.

« La passion, on le sait, est pour le bien ou pour le mal une force immense au service de notre liberté (1). Elle porte au maximum, et utilise pour son but, les forces psychologiques hu-

_________

(1) *Les Études*, 5 janvier 1906, p. 32. *Le Gouvernement de soi-même et la passion*, par A. EYMIEU.

maines. Le principe à suivre est donc qu'il faut se donner une passion bien choisie, pour arriver à son maximum de rendement. Tous les fruits qui mûrissent, tous les hommes qui vont vraiment jusqu'au bout de leurs forces, ont mis dans leur sève de nature une flamme de passion. Voyez les saints : des passionnés. La sainteté, a dit un docteur de l'Église, n'est pas autre chose qu'une grande résolution, l'acte héroïque d'une âme se livrant à Dieu. C'est la passion qui livre l'âme à son but, en plénitude. Et de fait, il y a une passion qui explique et remplit, à elle seule, toute vie de saint. La passion bonne tend vers l'idéal. Or l'idéal est précisément cette vérité-limite vers laquelle tend un être qui se développe harmonieusement. L'idéal est, à un degré suprême, l'idée *substitut* et l'idée *cristallisante*. D'une part, l'idéal se substitue à toutes les autre idées de même tendance, mais sans les détruire. Il les englobe, il les relie, il les résume. D'autre part, l'idéal cristallise peu à peu autour de lui, c'est-à-dire qu'il façonne sur lui-même les idées de même tendance, tandis que les idées contraires restent à l'état de dissolution dans la conscience. L'idéal s'oppose ainsi aux deux choses qui font la médiocrité de la vie : la *faiblesse* et l'*éparpillement* de nos vouloirs. Il provoque l'activité parfaite, dont l'accompagnement, dit Aristote, est le bonheur. Il devient, dans une vie, tout à la fois la grande force, le grand bienfait et la grande joie. Et voilà la clef de ce perpétuel paradoxe des saints qui, au travers de tous les sacrifices, s'épanouissent dans la joie, et des jouisseurs qui sont tristes parmi leurs plaisirs, mortellement tristes, *mortellement* jusqu'à en mourir par le suicide. Les saints ne se suicident pas. »

*<br>* *

Appliquons maintenant ces idées philosophiques à l'éducation. L'effort évangélique ou surnaturel dans l'éducation consistera donc à créer, dans celui qui en est le sujet, cet idéal dominateur, cette passion puissante, génératrice de sentiments et d'efforts. Pour qui ? Pour le Christ connu, aimé, servi, dans lui-même, et dans les autres à cause de lui, avec lui, et pour lui — *per ipsum, cum ipso et in ipso.*

Tel est le plan général avec lequel les mouvements de détails doivent être coordonnés et mis en harmonie.

Il est bien entendu que c'est toujours et partout, à toute occasion et à toute heure, qu'il faudra éveiller ce sens catholique, lequel deviendra, à sa perfection, la recherche et la conquête de l'idéal surnaturel. La classe, la récréation, la direction particulière, les avis généraux : tout peut être un agent de cette morale évangélique diffuse, qui imprègne l'éducation chrétienne bien comprise.

Toutefois il y aura des modes d'action et des procédés particuliers. Il y a une progression dans « cette marche à l'étoile ». Et la voici.

1° Dans des catéchismes préparés avec soin, on fera apprécier à sa valeur la grâce sanctifiante, vie divine en nous, qui fait de nous des « dieux en fleur », qui donne le mérite surnaturel à nos actes. On inculquera aux élèves la nécessité de ne jamais se coucher le soir, avec une conscience légitimement inquiète, la nécessité de ne pas attendre, en cas d'accident de conscience. On leur fera craindre toutes les fautes, toutes les fautes graves, non seulement celles contre la pureté, mais aussi celles contre la charité, la discipline, le bon esprit.

2° A l'aide de la formation catéchistique viendra la formation par la liturgie, par l'explication de nos cérémonies et de nos fêtes religieuses ; la formation par les habitudes pieuses, surtout par celles qui, n'étant pas strictement réglementées, supposent une volonté plus personnelle : le chapelet quotidien, le scapulaire, le chemin de la croix, les Congrégations de la sainte Vierge, la visite au Saint-Sacrement.

3° On recourra surtout là où se trouve non seulement la grâce, mais l'auteur de la grâce. On fera désirer les communions ; on les fera mériter le plus possible ; on les permettra ensuite d'après le mérite et le désir, sans doute, mais surtout d'après le besoin. On appliquera en un mot, avec zèle et avec foi, les prescriptions du décret de Pie X (20 décembre 1905) sur la communion fréquente et quotidienne : « *La communion fréquente et quotidienne sera en grande faveur aussi dans les séminaires de clercs qui aspirent au service de l'autel : de même encore dans tous les collèges chrétiens de jeunes gens.* »

L'enfant, le jeune homme, auront ainsi devant

eux, en eux-mêmes, l'image et la personne de Celui qui s'est fait propitiation pour nos fautes, et qui reste à perpétuité la victime de l'humanité.

4° On n'aura plus de peine ainsi à les convaincre de la nécessité du sacrifice. Ils comprendront que la mortification tient à l'essence du Christianisme, et qu'elle oblige dès lors indispensablement tous les chrétiens. Et par là ils entendront une mortification des sens intérieurs et extérieurs, qui va bien plus loin que la tempérance, qui commence par l'acceptation patiente et courageuse des maux physiques, et qui s'en impose ensuite de volontaires, une mortification dont le foyer est la Passion de Jésus méditée, et qui a en elle tous les caractères d'un sacrifice.

Ils comprendront que « s'il y a pour les chrétiens une culture et une opération de vie, il y a en même temps une culture et une opération de mort. Et comme cette opération de vie est notre sanctification, c'est-à-dire l'action toujours plus libre et plus puissante de ce Saint-Esprit qui est en nous et qui nous vivifie, cette opération de mort est notre mortification, c'est-à-dire l'action de ce même Esprit qui, dominant, excitant et dirigeant le nôtre, *nous éloigne de plus en plus du mal, de tout ce qui y mène et de tout ce qui s'y rattache*(1) ». L'idée du sacrifice est, on le voit, aux antipodes de l'esprit du monde.

(1) Mgr GAY, *De la Vie et des Vertus chrétiennes.* — De la Mortification, II, p. 10.

5° Une âme ainsi trempée ne se contentera pas d'être chrétienne pour elle-même, elle se fera apôtre. L'idéal qui l'enthousiasme et duquel déjà elle approche, elle voudra le faire partager à d'autres. Peut-être même, à l'exemple de cette religieuse réparatrice dont nous parle si délicatement M. René Bazin (1), entrera-t-elle dans ce grand mouvement de réparation qui entraîne les âmes généreuses aux gardes d'honneur, aux adorations diurnes et nocturnes, à « l'heure sainte », à cette « Union du Vendredi en l'honneur du Sacré-Cœur », que nous conseillait à nous-même un sénateur belge. En tout cas, vous la verrez entretenir et au besoin fonder Conférences de Saint-Vincent de Paul, Cercles d'Études, Associations de jeunesse etc. Non contente de vivre la vie chrétienne individuelle, cette âme vivra pour favoriser la vie chrétienne collective, la vie paroissiale. Elle se fera en tout l'auxiliaire de la hiérarchie catholique, des prêtres du ministère. « Elle affranchira peut-être à la longue de la sotte tyrannie du respect humain les esclaves volontaires du monde, en leur prouvant que de bons catholiques peuvent avoir l'esprit éveillé, les épaules robustes, l'allure dégourdie et la moustache en croc (2). »

C'est surtout quand nous aurons amené la jeu-

_______________

(1) *Une religieuse réparatrice, Marie-Anne Hervé-Bazin.* — Paris, Plon ; préface.

(2) *Annales de la Jeunesse catholique.* 1er février 1906, p. 34. — *Dans nos paroisses,* par Georges Piot.

nesse à ce degré que l'on verra naître et grandir parmi elle les vocations, les vocations d'élite, non seulement dans les séminaires, mais dans les collèges et les pensionnats. Pénétrant les merveilles de l'Évangile, comparant la passion de miséricorde et de tendresse qui a conduit le Maître du ciel à la crèche, de la crèche au Calvaire, du Calvaire à l'autel, nos jeunes gens, nos jeunes filles feront entrer ces mystères d'amour, comme des éléments décisifs, dans le règlement de leur destinée. Orientant leur vie sur ces clartés, ils seront tout ce qu'ils sont appelés à être, c'est-à-dire les chrétiens que Dieu a commencés, et qui veulent s'achever eux-mêmes selon le dessein de Dieu (1).

6° Nous aurons à entretenir et à activer encore en eux ce feu sacré. Comment ferons-nous ? Nous leur ferons prendre une devise, une formule simple à la fois et retentissante, qui soit comme le résumé et la synthèse de la vie qui s'ouvre. Cette devise sera comme un cri de ralliement vers l'idéal, comme un rappel au-dessus du niveau vulgaire, au-dessus de la médiocrité — cette rouille de l'existence — comme un hosanna de victoire sur l'esprit du monde.

Ce sera : *Ad majorem Dei gloriam* (saint Ignace de Loyola), *Vince te ipsum* (saint François-Xavier), *Quid hæc ad æternitatem ?* (saint Louis de Gonzague), *Ad majora natus sum* (saint Stanislas Kostka), *A moi la peine, au pro-*

_______________

(1) Mgr d'Hulst.

chain le profit, à Dieu la gloire (B. Pierre Fourier). Ce sera : *Ense et aratro, cruce et ingenio* (maréchal Bugeaud), *Bonheur passe, honneur reste* (Changarnier), *Spes mea Deus* (Lamoricière), *Potius mori quam fœdari* (devise de la Bretagne), *Faites sur toutes choses que Dieu soit le mieux aimé* (B. Françoise d'Amboise et cardinal Richard), *Un pour tous, tous pour un* (zouaves pontificaux), *Aime Dieu et va ton chemin* (zouaves pontificaux canadiens). Ce sera : *Confiance et courage, toujours et quand même* (Père Olivaint), *En avant mes amis, c'est pour le bon Dieu* (P. Captier). Ce sera le *Tuus sum ego* du cardinal Pie. Ce sera celle-ci du P. Granger, novice jésuite, mort à Brugelette, en 1850 : *Dieu seul en vue, Jésus-Christ pour modèle, Marie en aide, et moi toujours au sacrifice.* Ce sera l'*Esto vir* de Paul Véron, le *Nihil ultra* de R. de Mun. Ce sera enfin ce mot unique, mais compréhensif, de Valentine Riant, morte à dix-neuf ans : *Amplius — Toujours davantage...*

7° Nous aurons ensuite à faire entendre à notre jeunesse la grande voix des siècles chrétiens, des génies chrétiens, des vertus et des œuvres qui constituent, à travers l'histoire, la transcendante beauté du Christianisme. Nous aurons à leur proposer les exemples des saints, des héros, des savants catholiques, surtout de nos contemporains. Ceux-ci n'ont été grands en effet, ils n'ont été saints, que dans la mesure où ils ont dominé l'esprit du monde, c'est-à-dire, ne l'oublions pas, le rétrécissement d'âme, les satisfactions individuelles, l'égoïsme sensuel.

Nos bibliothèques sont pleines de ces biographies dont les titres seuls sont une évocation : de Sonis, Lavigerie, Garcia Moreno, M<sup>gr</sup> d'Hulst, Pasteur, Lamoricière, Schouvaloff, de Bussy, l'un des constructeurs de notre marine cuirassée, qui tous les jours servait la messe et communiait.

Nous y ajouterons les faits contemporains, les manifestations d'art ou de littérature, qui peuvent avoir une influence sur la formation de l'idéal évangélique. Quel modèle de fermeté, par exemple, dans ces descendants des anciens chrétiens du Japon, retrouvés par M<sup>gr</sup> Petitjean, fidèles à la foi des aïeux, après trois siècles de persécution sanglante ! Quelles leçons actuelles, et même idéales, sous le réalisme apparent et voulu des peintures de Tissot et de Jean Béraud ! Quel commentaire vivant de l'Évangile, quel enseignement grandiose et populaire que la représentation de la Passion à Nancy ! Combien d'entre nous n'ont-ils pas tressailli à l'idéal de sacrifice, idéal chrétien et surnaturel, entrevu à travers Corneille, Henri de Bornier, les PP. Longhaye et Delaporte, Coppée, etc. !

Toute la jeunesse de ma génération, en mon pays, a grandi sous le souvenir des zouaves pontificaux se sacrifiant pour le Pape, et de nos mobiles de l'armée de la Loire se sacrifiant pour le pays. Si nous avons au cœur un peu d'amour pour l'Église et la France, c'est à cette éducation que nous le devons. J'entends encore après plus de trente ans, et avec quel tressaillement de rhétoricien, l'exorde de l'oraison funèbre de Lamoricière par Mgr Freppel, lors de l'inauguration de son monument à la cathédrale de Nantes, où le grand orateur nous montrait les deux généralissimes de l'armée catholique, à trois siècles de distance, Don Juan d'Autriche et Lamoricière, tous deux reçus à Rome par deux papes du nom de Pie, saint Pie V et Pie IX, celui-là après la victoire de Lépante, celui-ci après la défaite de Castelfidardo, et cependant celui-ci plus grand que celui-là...

8° Quand nous aurons ainsi montré l'idéal chrétien, l'idéal surnaturel, partout où Dieu l'a mis, il nous restera encore, nous l'avons déjà dit, à le montrer en nous-mêmes, par une vie sacerdotale ou chrétienne intense, par une piété à la fois éclairée et minutieuse, par une vérité loyale de doctrine, de parole et de conduite, qui soit en acte la traduction perpétuelle de la grande parole : *Pro eis sanctifico me ipsum ut sint et ipsi sanctificati in veritate.*

9° Nous aurons à prier souvent, car nous sommes dans le monde surnaturel, dont la grâce est l'atmosphère, et dont la prière est la clef, pour que Dieu « donne le bon esprit à ceux qui le lui demandent ».

10° N'aurons-nous plus rien à faire pour alimenter et satisfaire dans l'âme de la jeunesse sa soif d'idéal ? Oh ! si : il nous faudra prolonger le contact direct, immédiat, entre cette âme altérée et celui qui est « la source de l'eau jaillissant pour la vie éternelle ». Quand nous parlons de contact, de contact direct, immédiat,

tout le monde comprend qu'il s'agit de l'Evangile.
Et en effet, la lecture de l'Évangile, la méditation
de l'Évangile, l'étude et la compénétration de
l'Évangile, doit être et est le prélude, l'accompagnement obligé, le contrôle et la récompense
d'une vie intensivement chrétienne. Pourquoi ? Parce que ce livre renferme, redit et re-
flète comme un testament, comme un phonographe, comme une photographie, l'image
quasi-adéquate, la personnalité presque entièrement rendue, en tout cas, les leçons et les
exemples de cet idéal supra-terrestre, vainqueur
du monde, surnaturel en un mot, que nous
cherchons à créer et à entretenir au cœur de
notre jeunesse, leçons et exemples appropriés
à toutes les circonstances et à tous les modes de
l'existence humaine.

Voilà pourquoi un éducateur comme le P. Didon écrivait à une jeune chrétienne qui voulait grandir dans la foi : « Le Nouveau Testament
est comme un beau fleuve où les éléphants
peuvent nager et les petits agneaux se désalté-
rer sans crainte. Vous êtes parmi les petits
agneaux ; allez au beau fleuve de l'Évangile (1)...

« Je ne vois rien de supérieur à l'Évangile.
Il reste le livre vivant et vivifiant au-dessus
de tous. Je l'expérimente chaque jour, et je me
demande par quel douloureux mystère il est
si délaissé de la foule, et même des esprits

_______

(1) *Lettres du R. P. Didon à M*<sup>lle</sup> *Th. V.* Paris, Plon,
p. 158-410.

qui regardent plus haut que terre et que la soif de l'Idéal tourmente. »

Trente ans plus tôt, un autre grand évocateur d'idéal en robe blanche, un superbe éveilleur d'âmes, Lacordaire, avait dit de même « au jeune homme » qu'il voulait initier à la vie chrétienne : « Vous commencerez donc par l'Évangile qui est Jésus-Chrit vivant... »

———

# L'ÉDUCATION DE LA JEUNESSE
## SELON L'ÉVANGILE

# CHAPITRE VI

## LA FORMATION PERSONNELLE DE L'ÉDUCATEUR OU DE L'ÉDUCATRICE A L'ÉCOLE DE L'ÉVANGILE

———

*Les 45 « bouquets spirituels » d'une institutrice chrétienne méditant l'Évangile.*

Supposez une institutrice chrétienne méditant chaque jour l'Évangile, et y cherchant toujours en vue de sa noble et délicate mission d'éducatrice, des secours pour son perfectionnement personnel. Supposez qu'elle résume et relie les pensées maîtresses en un « bouquet spirituel », selon le conseil de saint François de Sales. Voici peut-être les feuilles ou fleurs éparses que vous aurez.

Voici du moins de l'une d'entre elles la gerbe ou la cueillette.

### 1.

*Que mon serviteur me suive...*

Notre-Seigneur n'est point un tyran. Qui veut l'aimer, l'aime déjà; et qui désire le servir, déjà le sert et se sauve.

### 2.

#### *Celui qui s'humilie sera élevé...*

Une religieuse, pas plus qu'un prêtre, n'est jamais humiliée, au sens propre du mot. Quoi qu'il advienne elle obéit. Et rien ne grandit comme l'obéissance.

### 3.

#### *Pouvez-vous boire mon calice ?..*

Je me préparerai à être prêtre, disait le P. Olivaint, fût-ce dans une cave ou dans un grenier.

### 4.

#### *Priez et veillez...*

Prier c'est bien, travailler c'est mieux, souffrir c'est encore plus.

### 5.

#### *Et Jésus pleura sur Lazare mort...*

La foi nous dit que ceux qui meurent dans le Seigneur sont heureux ; et si elle nous *permet* les larmes, elle nous *commande* encore plus le courage pour les rejoindre....

### 6.

#### *Père, que votre amour pour moi soit en eux...*

Quand on manque à la charité, il faut relire le Discours après la Cène.

### 7.

#### *Celui qui met la main à la charrue et regarde en arrière n'est pas digne de moi...*

Donné en bloc à Notre-Seigneur, serait-ce grand de se reprendre en détail ?

## 8.

### *Marie assise aux pieds de Jésus écoutait sa parole...*

Quand on est aux pieds de Jésus, on est bien près de son cœur. (*Lacordaire.*)

## 9.

### *Jésus commença à être dans l'ennui...*

Les révoltes, les troubles, les inquiétudes sont dans l'ordre. C'est la monnaie courante avec laquelle s'achète peu à peu le ciel. Ce sont les épines qui, une à une, font la couronne sanglante et rayonnante aux fronts chrétiens. La vertu n'est qu'une victoire fréquente (pas même permanente) dans des escarmouches continuelles. Lestons bien notre navire, mettons le cap sur le phare, et puis à force d'énergie, quel que soit l'état de la mer, et quand même il ferait noir en notre âme comme dans les soutes à charbon, nous arriverons.

## 10.

### *Sans moi, vous ne pouvez rien faire...*

Offrir chaque quart d'heure à Notre-Seigneur à une intention particulière ; quart d'heure de silence, d'office, de travail, de repos. Renouveler cette offrande tous les quarts d'heure, et pendant tout le quart d'heure s'entretenir de cette pensée. Tout est là. C'est l'union intime, c'est la direction d'intention, c'est la vie en commun avec le doux Maître, c'est la pratique des belles paroles de saint Augustin : « Aimez bien le bon Dieu, et faites après ce que vous avez à faire. » Et alors, la vie passe gaie, tranquille et rapide ; et la mort vient douce et souriante, comme la conclusion et l'achèvement normal de cette union du cœur avec Notre-Seigneur, union sans cesse renouvelée à chaque quart d'heure de la vie.

## 11.

### *Qui donc pourra être sauvé ?..*

Toute âme de bonne foi et de bonne volonté, car devant le bon Dieu, on fait toujours le bien qu'on croit faire.

## 12.

### *Les disciples discutaient sur leur supériorité...*

Les supérieurs n'ont droit qu'à un sentiment de la part de ceux qui comprennent les choses, à la pitié, qui doit se traduire à leur égard par la déférence, une aide affectueuse et la prière.

## 13.

### *Attendez-moi ici...*

On ne faiblit que quand on veut. Tout ce qui tourbillonne autour des facultés ce sont les tentations, mais des tentations, qui n'en a pas ? Saint Paul en avait, et l'Agonie et la Passion, avec la défaillance humaine de Notre-Seigneur, sont dans l'Évangile. Cela, c'est la loi de la vie, et l'a. b. c. de la vie spirituelle. Il s'agit simplement de fixer la volonté une bonne fois dans l'amour du Maître, et ensuite de penser de toutes les tentations *qui ne sont pas de notre fait* ce qu'en disait saint François de Sales : « Laissez donc : si le diable fait tant de bruit à la porte, c'est qu'il n'est pas encore entré. »

## 14.

### *Les Apôtres réclamaient contre les disciples de Jean-Baptiste...*

Entre les âmes sincères, plus on se comprend, plus on s'aime. Il faut chercher à comprendre, à se faire une âme ouverte, non étroite, non mesquine, non confinée dans les bornes de sa volonté, de ses idées propres, capable de penser qu'en dehors de nous, voulant le bien comme nous, une autre âme élevée peut le vouloir par des moyens différents, et le vouloir mieux peut-être.

### 15.

*Vous ne savez pas quel esprit doit être le vôtre...*

Si vous êtes généreuse, soyez large ; si vous êtes forte soyez bonne ; si vous êtes ardente, soyez douce.

### 16.

*Jésus portant sa Croix...*

Faire des sacrifices, si sacrifices il y a. La vie n'est que cela.

### 17.

*Seigneur à qui irions-nous ?..*

La Sainte Vierge se donnait à trois ans, et elle ne s'est point reprise. Et même, en se donnant, elle faisait l'abandon de tout ce qui était le plus cher à une fille d'Israël : l'espoir d'être choisie pour être la mère du Messie attendu. Et justement elle fut choisie par des voies mystérieuses, elle et non une autre. Quel modèle de *générosité* et d'*abandon* ! Etre *généreuse* en étant aimable, non seulement dans le *fond* mais dans la *forme,* non seulement de *désir* mais dans la manifestation. Pratiquer l'*abandon* en voulant être confiante, et s'appliquant à éviter toute peine à la personne qui a droit à notre confiance, lors même qu'elle n'aurait pas toute notre sympathie.

### 18.

*Venez les bénis de mon Père...*

On ne peut être couronné, que si l'on a combattu.

### 19.

*Nous avons travaillé sans rien prendre...*

Jésus compte les efforts, même quand ils nous semblent inutiles.

### 20.

*Fiat !*.

Voyez Jésus dans son agonie. Il demande deux fois que le calice s'éloigne, et trois fois qu'il vienne, s'il plaît à son Père (*Pascal*).

### 21.

*Jésus avait trente ans...*

A trente ans, dit-on, le cœur se brise ou se bronze. La vérité est entre les deux. Le brisement du cœur qu'opère nécessairement le contact de l'idéal qui chante en nous, avec les vulgarités d'une expérience qui s'allonge, doit en faire quelque chose de plus vif, de plus chaud, non pas de plus inerte.

On casse le charbon à coups de marteau, et de la poussière on fait des briquettes qui ont un pouvoir calorique supérieur. Tel doit être le cœur à trente ans, et plus à trente-cinq, et de plus en plus.

Dans nos peines, dans les grandes et aussi dans les petites de tous les jours, redisons avec Victor Hugo, chrétiennement :

Je viens à vous, Seigneur, Père auquel il faut croire :
Je vous porte, apaisé,
Les morceaux de ce cœur tout plein de votre gloire
Que vous avez brisé !

### 22.

*Levez vos fronts...*

En haut les cœurs ! Humilions-nous certes, mais redressons-nous, ressaisissons-nous.

Résignation, constance, humilité et sacrifice de nous-mêmes.

### 23.

*Levez-vous, allons...*

De l'énergie, de la vigueur, de la générosité pour être douce, patiente, tolérante, charitable, pleine de délicatesse souriante et d'affectueuse tendresse. Ne soyons pas de cette poussière qui est toujours prête à devenir boue... (*de Bonald*).

### 24.

*Qu'ils soient un...*

Ma grande pénitence, c'est la vie de communauté, disait saint Bernard.

### 25.

*Que votre lumière brille...*

S'il fait noir en notre âme, ouvrir les fenêtres, donner de l'air et du soleil.

### 26.

*Bienheureux les doux...*

Un poète, Sully-Prudhomme, a fait un ouvrage sur le *Bonheur*. Il fait courir son héroïne dans tous les mondes à la recherche du bonheur.

Elle ne le trouve à la fin que dans la charité ! Notre-Seigneur l'avait dit avant lui : « Bienheureux les doux, ils posséderont la terre. » Ce sont les doux qui sont les forts, forts contre eux-mêmes, forts pour aimer, servir et édifier les autres.

### 27.

*Dites-le à ses disciples et à Pierre...*

Les supérieurs doivent être instruits, sauf à ceux qui les instruisent à soumettre d'avance leur jugement.

## 28.

### *Combien de fois pardonnerai-je ?,.*

Sachons beaucoup pardonner. Pardonner c'est mieux que se donner ; c'est se donner deux fois , car c'est se redonner après l'offense.

## 29.

### *Après ta conversion affermis tes frères...*

On a plus tôt fait de se réformer soi-même que de réformer les autres.

## 30.

### *La Paix soit avec vous !..*

Il faut être bonne  pour retrouver le calme et la paix.

## 31.

### *Mon joug est suave et mon fardeau léger...*

Oui je bénis les fers qui me font ton esclave,
Car ton joug est léger et ton sceptre est suave.

## 32.

### *Jésus tomba  en agonie...*

Pascal méditant l'agonie du jardin des Oliviers, qu'il appelle *le Mystère de Jésus,* disait : « Jésus sera en agonie jusqu'à la fin du monde. Il ne faut pas dormir pendant ce temps-là ». (Allusion au sommeil des Apôtres). Que faut-il pour que cet état de veille  devienne parfait ? Il faut que de passif il devienne actif, c'est-à-dire qu'il joigne l'amour à la souffrance.

Aimer en souffrant...

### 33.

#### *Voilà votre mère...*

*O Marie, o ma Mère, si je dois être damné*, que je vous aime au moins au maximum, par compensation, dans cette vie, disait saint François de Sales.

### 34.

#### *Pierre ne savait ce qu'il disait...*

Faire tous ses exercices de piété, fût-ce sans attrait, sans goût et même avec dégoût, brutalement, *bêtement* comme disait David au Seigneur : « Voilà que je deviens devant vous comme une bête de somme, qui ne sait qu'endurer et ne rien dire ; seulement je suis tout de même toujours avec vous. »

### 35.

#### *Que votre cœur ne se trouble point...*

Quand un malade est désespéré, il ne sent plus son mal.

### 36.

#### *Mon Dieu, mon Dieu, pourquoi ?..*

La patience, l'énergie, la générosité en union avec le Maître et pour lui, sans recherche de la consolation, et même parfois dans le désarroi universel de notre pauvre nature — c'est là le dur mais beau Calvaire des âmes religieuses.

### 37.

#### *Je ne vous laisserai point orphelins...*

Pour Dieu et pour les âmes il n'y a point d'hommes indispensables. Notre-Seigneur se sert de qui il veut à son gré. Ici aujourd'hui, là demain, il nous donne sa grâce, si nous la lui demandons, sous une forme ou sous une autre. Mais jamais il ne nous délaisse. Ce serait lui faire injure que de le supposer, et introduire des préoccupations moins élevées, là ou doit régner seule l'intime volonté de se confier à lui et de faire son œuvre. Ici ou là Notre-Seigneur donnera toujours le soutien qu'il nous faut, et comme il nous le faut.

## 38.

### *Vous dites que l'été est proche...*

Comment sanctifier le mois de mai ? Les fleurs à l'autel sont elles dociles et souples, sont-elles sacrifiées et ouvertes, sont-elles gaies et odorantes ? Eh bien ! supposons que notre être est un bouquet...

## 39.

### *Le royaume des cieux souffre violence...*

L'Ascension doit nous faire penser au ciel, mais comme à la capitale conquise *après la victoire*, et non pas comme à la halte et au repos *avant le combat.*

## 40.

### *Il les emmena à l'écart sur une montagne...*

Que de fois, montant des sentiers abrupts, on a cru gravir un Calvaire, et tout d'un coup, sans s'en douter, c'est au Thabor qu'on était arrivé. Dans l'ordre de la Rédemption et de la Sanctification, la Providence ne fait qu'une chose. Elle tire sa ligne droite au milieu des lignes courbes des hommes. Le plus droit et le plus court chemin pour la perfection et le bien à faire, et maintenant et plus tard, passe par X... où présentement l'obéissance nous a placés.

## 41

### *On vous reconnaîtra pour mes disciples à votre charité fraternelle...*

Qui a dit cela ? Et qu'est-ce que cela veut dire ? Sinon de porter notre velours au dehors, de mettre nos fleurs à l'extérieur et nos épines au dedans, d'avoir un cœur très large, très haut, très bon, où les petites choses ne fassent pas tort aux grandes, où les piqûres ne font que faire couler le sang de la générosité, qui nous fait ne juger et ne condamner que nous-mêmes, et ne regarder les autres qu'avec une affectueuse charité.

## 42.

### *Vous devez vous laver les pieds les uns aux autres...*

Voyez un tapis-brosse à la porte des appartements. On marche dessus, on y essuie ses chaussures. Il plie, il se courbe. Quand on est passé, il se relève, prêt à recommencer. Ce n'est pas un rôle très voyant, mais c'est un rôle très utile. Il y a bien des saints qui sont au ciel, simplement pour avoir été des tapis-brosses

Toutefois ce rôle passif ne doit pas être uniquement le nôtre. Il faut agir, il faut travailler, il faut se dévouer, il faut faire le plus de bien possible, sans regard sur nous-mêmes, alors même que les choses sont autres que nous le voudrions, alors que ce que nous ferons tournera contre nous.

## 43.

### *Un des soldats lui ouvrit le côté d'un coup de lance...*

*La Fête des Cinq Plaies !* Et nous, combien en avons-nous de plaies ! Faites par les clous, faites par les lances, faites par les épines de tous les jours, elles nous déchirent, elles nous cuisent, elles nous altèrent.... Dans les mains, dans les pieds, dans la tête, dans le cœur, dans la volonté surtout, jusqu'au fond de notre personnalité, jusqu'aux extrêmes fibres de notre amour-propre, elles nous font cruellement souffrir. Et de qui viennent-elles ? — Oh ! les autres, les autres, cet affreux prochain racheté comme nous par le sang des premières plaies, et nos sœurs, ces âmes religieuses, nées comme nous des vertus du Cœur ouvert de Jésus, comme elles nous font souffrir ! Comme, du haut de notre croix, nous allons trouver un peu de soulagement en les maudissant — en les maudissant à l'exemple de... — Mais, de fait, à l'exemple de qui les maudirions-nous ? A l'exemple de qui nous plaindrions-nous ? Le Premier Martyr dans ses cinq plaies, et dans bien d'autres, s'est-il révolté, a-t-il maudit, a-t-il dévoré rageusement en silence ses outrages, s'est-il renfermé dans une inertie systématique, qui le fit manquer aux détails de la vocation qu'il avait librement assumée ?.. Au contraire, dans ses angoisses, une prière : « Mon Dieu, mon Dieu, pourquoi m'avez vous abandonné ? » Sous les outrages, une parole d'énergie, de dévouement : « J'ai soif, soif des âmes. » Une parole de pardon — une parole d'espérance — une parole d'abandon. Saint Paul écrira plus tard, à l'usage de tous les chrétiens, spécialement des âmes religieuses : « Jésus-Christ s'est fait pour nous obéissant jusqu'à la mort, et jusqu'à la mort de la croix ». Quand nous serons entrés dans cet esprit, tout ira bien.

44.

### *Demeurez dans mon amour...*

Réflexion pour l'action de grâces persévérante après la communion quotidienne : « Un corps qui se nourrit d'hosties ne peut-être que victime... » — Se rappeler la parole du P. Olivaint : « Tous les matins, à la messe, c'est moi le Prêtre, et c'est Jésus la Victime ; toute la journée, c'est moi qui serai la victime, et Jésus le Prêtre. »

45.

### *Je m'en vais vous préparer une place...*

Là-haut les voyez-vous comme un père, une mère, des frères aînés, arrivés avant nous à la maison paternelle, et qui de la main, du regard, du sourire, nous font signe, et nous invitent à monter jusqu'à eux !...

# CHAPITRE VII

## LA FORMATION PÉDAGOGIQUE DE L'ÉDUCATEUR SELON L'ESPRIT DE L'ÉVANGILE (1)

---

## LETTRE A UN FUTUR PROFESSEUR

---

*L'éducateur et l'hygiène. — L'éducateur et le travail. — L'éducateur et la vie commune. - La règle. — La prière. — L'éducateur et la responsabilité des âmes devant Dieu L'éducateur en classe. — Ses enfants marchent dans la vérité.*

Mon cher enfant,

Vous avez dix-huit ans, vous achevez vos études secondaires, et vous entrevoyez dans six ans la possibilité de revenir dans votre chère maison, en qualité de professeur.

Vous désirez dès maintenant orienter votre

(1) Le mérite de ce chapitre — celui-là du moins en a — revient à l'un de nos maîtres les plus vénérés, le R. P. Ligneul, de la Société des Missions-Étrangères de Paris, missionnaire apostolique à Tokio.

vie lévitique vers ce but désiré. Vous avez vu dans la manière de faire de tel ou tel de vos maîtres, votre idéal tout particulièrement réalisé. Et vous soupçonnez qu'il doit y avoir à la vocation d'éducateur-sacerdotal une préparation lointaine, préparation d'extérieur et de santé, et surtout préparation intérieure d'esprit, de cœur et d'âme.

Vous avez raison. Rien de beau ni de bon ne s'improvise. Cette préparation est nécessaire. Ceux que vous jugez les meilleurs parmi vos maîtres, se la sont imposée à eux-mêmes. Et peut-être, en lisant les quelques conseils sans prétention que vous me demandez, vous semblera-t-il retrouver leur image...

*
* *

D'abord il faut vivre. Ne vous privez pas du nécessaire pour mieux étudier, c'est déraisonnable. Ne jeûnez pas avant l'âge ; prenez ce que vous aurez avec simplicité : il y a souvent plus de mérite à faire comme tout le monde. Contentez-vous de faire le plus utile et le plus saint usage de vos forces ; vous n'êtes pas exposé de longtemps à en avoir trop.

Que le temps du sommeil et celui de la récréation vous soient sacrés ! L'étude absorbe le plus pur de la vie ; plus l'application est prolongée et intense, plus une réaction énergique est nécessaire. Autrement le sang s'appauvrit, l'estomac s'affaiblit, la poitrine se fatigue ; on devient incapable de tout travail ; et bientôt, faute de santé, le talent, la science, la vertu même, dans une certaine mesure, sont inutiles.

Que de bonnes œuvres et de salutaires inspirations il y a dans une partie de balle ou de brouette répétée régulièrement tous les jours!

Tenez toujours de l'air pur dans votre chambre. En lisant, en parlant, en écrivant, en marchant, ne vous pâmez pas. Allez-y modérément; tenez-vous droit, la poitrine dilatée, et respirez naturellement.

Gardez aussi vos yeux. Éclairez-vous suffisamment; ne laissez pas la lumière frapper l'œil; tournez le dos ou au moins l'épaule à la fenêtre. Ne lisez jamais au soleil, et rarement en marchant.

Autant que vous pourrez, ne tendez pas votre esprit après le repas, et n'étudiez pas avec le froid aux pieds.

Pendant la récréation, si l'on est obligé de parler, que ce soit sans contention; et, quelle que soit la conversation, il faut qu'elle soit assez égayée pour pouvoir être un repos.

*<br>* *

Rien de plus facile à sanctifier et de plus agréable que la vie au Grand Séminaire. Vous prenez la règle entre Dieu et vous, et vous en suivez modestement la direction en présence de Dieu, pieusement uni de cœur avec lui. Les journées sont moins coupées qu'au Petit Séminaire, et les études distraient moins; au contraire elles recueillent. Elles n'ont même tout leur intérêt qu'autant qu'elles sont faites devant Dieu, qui est comme le soleil naturel de ces sciences divines.

Pour l'ordre à garder dans votre travail, suivez celui des classes. A part quelques lectures édifiantes ou récréatives, si on vous en permet, n'en faites que pour éclairer, compléter, ce que vous apprenez en classe. C'est le plus sûr pour bien savoir et ne rien perdre.

Plus tard, étudiez d'abord ce qui vous sera nécessaire pour l'accomplissement parfait de votre ministère ; c'est le secret de le rendre intéressant pour vous, et utile pour les autres. Et vous verrez que simplement, en se rendant compte de chaque chose, à mesure qu'on la rencontre sur sa route, on a encore en peu de temps l'occasion d'apprendre beaucoup. Cependant il faut savoir et repasser de temps en temps les éléments des choses que tout le monde connaît aujourd'hui.

Comme plan général de vos études, vous avez la théologie et l'histoire ecclésiastique. Dans la théologie : 1° Dieu et ses œuvres, — 2° l'homme et sa conduite morale, ses œuvres — 3° l'Incarnation, avec les sacrements — 4° l'Église, ou le moyen de réunir l'homme à Dieu.

Dans l'histoire ecclésiastique : le développement dans le temps de l'action de Dieu et de l'action de l'homme, aboutissant, par l'Incarnation, au règne éternel de Dieu sur l'homme, puni ou récompensé selon ses œuvres. Vous avez déjà reconnu là le plan de saint Thomas, de Rohrbacher et de Bossuet. Toutes les études particulières d'histoire, de sciences, d'arts quelconques, ont leur place naturelle dans cet ensemble. Vous ne saurez jamais tout, mais vous pourrez étudier toute votre vie sans sortir de ce cadre.

Ne négligez pas la science des saints : les autres vous seraient inutiles sans elle. Lisez sans cesse les Saintes Écritures, saint François de Sales, saint Liguori de préférence.

Quant à la manière d'étudier, ne poursuivez ni trop vite ni trop longtemps la même étude. Apportez une attention forte, mais tranquille. Laissez votre intelligence entrer à fond, et ce que vous comprenez devenir comme la forme naturelle de votre esprit, afin qu'il puisse le retrouver et le reproduire comme de lui-même, de sa propre substance. Variez une étude par une autre ; les choses abstraites fatiguent, dessèchent et passionnent. Rien n'épuise plus vite. Sachez vous interrompre par quelque lecture où le cœur et l'imagination ait plus de part, afin de reposer la tête, et entretenir toutes les facultés de votre âme ; cela n'empêche pas de suivre un ordre constant en étudiant.

Je vous ferais injure en vous disant de ne pas vous rechercher vous-même, mais la seule vérité ; d'arguer pour vous éclairer, non pour avoir raison. C'est déjà avoir réussi en parlant, en écrivant, en dissertant, que de savoir s'oublier soi-même.

N'abordez les études dangereuses que quand elles vous seront absolument nécessaires. C'est un point sur lequel on se fait aisément illusion. On prend pour zèle et désir de profiter de ses lectures, le secret plaisir qu'on a d'en être occupé.

*<br>* *

Avec vos supérieurs, continuez d'être comme vous êtes, bien soumis, transparent et discret, sans vous préoccuper de l'estime qu'ils feront de vous, tant que votre conscience vous rendra bon témoignage, libre dans vos rapports avec eux, affectueux et pourtant réservé, de crainte d'être une occasion de mauvais esprit.

Si l'on vous persécute, voyez en quoi vous avez manqué ; observez-vous avec plus d'humilité et de prudence, sans modifier votre conduite en mal. Autrement vous seriez méprisé, les langues n'en iraient pas moins, et vos fautes vous resteraient.

En cas de chute, Dieu vous en garde ! mon cher enfant, courez vous jeter plus humblement et plus tendrement entre les bras de Notre-Seigneur.

Évitez toute rivalité de personnes ou de maisons. Paraissez avec simplicité et confiance quand vous le devez, puis effacez-vous : ce n'est pas le succès qui offense, c'est l'orgueil.

Soyez toujours attentif à deux choses : à obliger les autres, et à ménager leur amour-propre.

Ne paraissez pas supposer qu'il soit possible de médire ni de mal parler d'autrui. Tournez la médisance en plaisanterie, présentez naïvement le bon côté des personnes, et transportez la conversation ailleurs.

Sur la décence dans les paroles, même sous couleur de moralité, ne vous permettez rien, j'ai dit plus haut pourquoi; et, de plus, il y a presque toujours un danger pour l'imagination à votre âge.

Au dehors, marchez avec la conviction intime que bien peu de gens s'occupent de vous, et que ceux qui vous veulent du bien ne peuvent vous aimer que modeste.

*
* *

Si l'esprit de foi et de piété est nécessaire dans les études, il l'est bien plus dans tout ce qui a rapport au culte divin. Vous n'estimerez jamais trop les moindres cérémonies de l'Église, et n'y apporterez jamais trop d'attention, de dignité et de respect.

Prêtre, continuez tant que vous pourrez la vie du Séminaire. Soyez un homme de règle et de foi. La règle est la forme extérieure d'une vie sainte : la foi en est l'âme. La régularité s'entretient par l'examen de chaque jour ; l'esprit de foi se fortifie par les exercices religieux et les études ecclésiastiques. Quelles que soient vos occupations, que le monde surnaturel soit toujours le lieu ordinaire de votre âme.

Il faut de la réflexion assez pour fixer et régler l'esprit, et assez de piété pour occuper le cœur. Presque tous nos dangers viennent de l'un ou de l'autre. Je suppose que vous serez assez occupé pour n'avoir pas à craindre le désœuvrement. Dans l'ennui, le seul remède est la prière, qui porte bientôt d'elle-même à une occupation utile.

Il y a plusieurs méthodes d'oraison. Celles de saint Ignace et de Saint Sulpice sont très belles ; mais dans bien des cas la seule que vous aurez la force de pratiquer est celle de saint Aphonse, laquelle consiste à parler à Dieu dans l'intimité de ce qui vous préoccupe ou vous afflige, de ce que vous méditez pour sa gloire et pour votre avancement, de ce que vous devez faire ce jour-là, combinant avec lui les moyens d'y réussir, lui demandant la volonté, la bonté, la constance dont vous aurez besoin. Un secret que vous ne connaîtrez jamais trop tôt, c'est qu'il faut demander pour bien agir. Nous n'avons pas toujours la possibilité actuelle d'accomplir le bien que nous voudrions, et même que nous devons ; nous n'avons souvent que la possibilité d'en demander le moyen ; mais celle-là, nous l'avons toujours, avec la certitude que demandant nous serons exaucés. Autrement Dieu exigerait de nous des choses imposibles ; ce qui n'est pas.

Cette manière de faire oraison est la plus simple. C'est celle qui habitue le mieux l'âme à se tenir avec Dieu toujours, demande le moins de contention, et permet de prier presque toujours.

Vous ne croirez jamais, je suppose, que pour être un bon prêtre, il faille être plus ou moins profane, craindre de paraître pieux, laborieux, soumis au moindre désir de ses supérieurs, et zélé pour son salut et celui des autres. Il faut au contraire que, sans froisser personne, naturellement, vous soyez tellement plein de l'esprit de votre état, qu'en toutes choses vous soyez et paraissiez toujours prêtre.

*<br>* *

Quant à la classe, mon cher enfant, vous me forcez de toucher un point sur lequel il m'en coûte de revenir. Je ne sais pas comment je vous la faisais ; je ne m'en suis pas rendu compte. Je vous aimais, après Dieu, autant que je pouvais. J'avais à côté de vos notes une image de Notre-Seigneur avec son Cœur ; je la regardais souvent ; je vous regardais après, tantôt l'un, tantôt l'autre : nos yeux s'ajustaient si bien ensemble ; vous étiez toujours souriants ; et nos âmes ont passé ainsi l'une dans l'autre, sans s'en apercevoir. Je ne connais pas d'autre secret du bonheur que nous avons eu, et du souvenir que nous nous gardons.

Professeur, n'oubliez jamais que vous travaillez sur des âmes dont vous êtes responsable devant Dieu. A ce point de vue, toutes les classes ont leur importance et leur mérite : la plus humble n'a rien qui ne soit grand. Ne vous proposez jamais autre chose que de remplir votre devoir. Que vos élèves le sentent à votre exemple, à votre zèle, à votre désintéressement. Aimez-les, sans chercher à dominer sur leur affection ; qu'ils le reconnaissent à votre complaisance, à votre indulgence, dans les limites de la règle, à l'aménité digne et aimable avec laquelle vous les traiterez toujours.

Les enfants, surtout les jeunes gens, ne veulent être ni humiliés ni pincés ; ils veulent être remontrés paternellement, sans finesse — on les rendrait rusés et hypocrites — avec un fond de bonté inépuisable, sur lequel ils sentent qu'ils peuvent compter toujours. Ils veulent qu'on ait confiance en eux, qu'on les encourage par ce qu'ils ont de bon, qu'on leur montre leurs défauts et leurs fautes, comme des taches faciles à enlever dans une bonne nature. Ne croyez pas à la mauvaise volonté ; très rarement elle existe ; et le seul moyen de la faire cesser serait de n'y pas croire. Tel qui fait la tête ne veut que défendre sa paresse, et se faire dire qu'il est capable de mieux : il sera votre ami après, et travaillera au moins quelquefois.

Ne posez pas en maître, afin d'avoir le droit de ne pas tout savoir, et de pouvoir vous tromper quelque jour.

Si vous êtes moins préparé ou mal disposé, avertissez-en bonnement votre petit monde : autrement la classe ira mal.

M. Dübner s'arrêta un jour dans son explication de Thucydide, demandant pardon à ses élèves de n'avoir pas eu le temps de préparer plus loin, et n'osant pas, lui, le grand helléniste, s'aventurer sans préparation immédiate. Voilà la conscience professionnelle.

Évitez à tout prix d'être monotone, sec et raide ; variez et intéressez sans cesse par des remarques, des rapprochements, des applications, des exemples. Soyez bon, ingénu, facile, enjoué même, si la classe est sérieuse. Cependant que la fermeté se fasse sentir derrière la bonhomie, assez pour n'avoir que rarement besoin de se montrer tout à fait. Qu'elle ne ressemble jamais à la colère, et qu'un reproche à faire ne trouble pas la classe plus que le temps de l'exprimer.

Sans parler très souvent de religion, soyez-en cependant si rempli qu'on en sente comme le reflet dans toutes vos paroles, profitant de tout pour placer une réflexion utile, ouvrir un aperçu intéressant et élevé.

Ne soyez ni mystérieux ni indiscret avec vos enfants ; dites bonnement ce que vous pouvez dire ; le reste, qu'il n'en soit pas même question. Les particularités réussissent rarement ; plus souvent elles gâtent ceux à qui elles s'adressent et nuisent au bon esprit de la classe. Saint Paul disait : « *Omnibus omnia factus sum* » il aurait pu ajouter : « *et singulis totus* », car telle est la vraie charité. Vous vous demanderez alors pourquoi je vous écris. C'est parce que je ne pourrais pas plus m'empêcher de répondre aux autres dans leur sens.

Avec vos confrères et collègues, vous n'aurez jamais trop de prévenances, d'égards, de déférence. Ne parlez jamais d'eux, surtout à leurs élèves, qu'avec estime, respect et amitié. Ne manquez pas le moment de leur être agréable et de leur rendre service, et ôtez-vous si bien de partout qu'ils ne vous heurtent jamais sur leur chemin. Offrez-vous rarement —

vous auriez l'air de vouloir tout faire — mais qu'on vous sache si bien prêt à tout, qu'on ne compte même pas avec vous. Soutenez votre avis avec modération, et exécutez loyalement, sans réflexion aucune, ce qui aura été décidé en commun.

*Super autem omnia pacem et caritatem habete !* C'est l'âme d'une maison. Son véritable esprit, c'est celui qui anime les maîtres eux-mêmes. Les exceptions, quand il y en a, ne sont que des individus isolés.

*<br>* *

Vivez surtout de votre piété. Qu'elle soit douce et aimable comme ceux qui en sont l'objet : la Sainte Vierge, la Sainte Eucharistie, le Sacré-Cœur. Ce qu'il faut croire, mais d'une foi d'apôtre et de martyr — car il ne faut rien moins pour former des prêtres — ce qu'il faut prêcher sans fin, c'est : 1° Notre-Seigneur, en qui tout se résume, la religion et l'histoire, la terre et le ciel ; 2° l'Église qui poursuit son ouvrage en ce monde ; 3° le Pape qui continue à le représenter parmi les hommes. Je ne puis recommencer à vous prêcher moi-même ces trois noms sacrés, mais comme je suis heureux, en finissant votre éducation préparatoire, de vous les recommander une fois de plus, Notre-Seigneur, le Souverain Pontife et l'Église...

Voilà, mon cher enfant, en résumé, quelques-unes des choses que vous trouverez dans d'excellents livres, et que des bouches autorisées, je le souhaite, vous rediront souvent. A vous voir par avance dans votre mission d'éducateur, votre vie même de lévite et de jeune prêtre ne peut que gagner beaucoup. Vos élèves futurs vous sont encore inconnus ; mais une chose est certaine, c'est qu'ils seront vos imitateurs. Pour eux, à leur intention, vous serez d'abord, vous, l'imitateur du Christ Jésus. Pour eux, vous vous sanctifierez, vous vous dévouerez, vous vous travaillerez, afin qu'ils soient eux-mêmes sanctifiés dans la vérité.

Et de tout cela, quand vous aurez un peu vieilli, votre récompense, la meilleure, la plus douce et la plus grande, sera pour vous aussi de voir vos enfants marcher dans la vérité...

# CHAPITRE VIII

## L'ÉDUCATION DE L'ESPRIT D'APRÈS L'ÉVANGILE

*Le programme des études dans le collège apostolique. — Les dif-
ficultés. — La méthode. — La fontaine qui s'épanche...
— Le père sous le maître. — L'inflexibilité quand il faut.
— « Comme l'esprit a son ordre, le cœur a aussi le sien. »
— Jésus enseigne partout, toujours, à l'occasion de tout. —
L'enseignement c'est l'amitié.*

Quelle que soit notre vocation, vocation
commune ou vocation privilégiée, appel de
Dieu à la vie ordinaire ou à une forme d'existence supérieure, il y a trois choses que le chrétien doit avoir excellemment formées en lui,
car ces trois choses constituent, dans son entier, l'homme et le saint. C'est l'esprit, c'est le
cœur, c'est le caractère.

Or il y a dans l'Évangile tout ce qui concerne cette triple éducation.

Notre-Seigneur Jésus-Christ ne forma-t-il pas
lui-même les premières vies chrétiennes, les
premiers esprits chrétiens, les premiers cœurs
chrétiens, dans la personne de ses Apôtres ? Le
collège apostolique, en effet, était une école,

un catéchisme, dans toute la force du mot. On y venait pour s'instruire. C'était même l'école préparatoire à la plus haute et à la plus difficile des carrières, c'est-à-dire à la vie morale.

Aussi est-il intéressant de voir quels y étaient le programme des études et la méthode d'enseignement.

***

La mission des Apôtres exigeait une science surhumaine. A la fin de leurs trois années de catéchisme, de collège et de séminaire, ils devaient être établis les docteurs universels, les instituteurs du genre humain. Ils devaient aller dans le monde entier et prêcher l'Évangile à toute créature.

Pour répandre la bonne nouvelle, il leur fallait préalablement l'avoir approfondie, et par là l'on pressent l'immensité des connaissances requises. Il s'agissait tout simplement, pour eux, de comprendre une multitude de choses très difficiles, et de croire, sans les comprendre, des choses plus difficiles encore.

Or ils étaient à peu près tous dépourvus de toute culture même élémentaire. Le peu qu'ils connaissaient de la religion juive, loin d'élucider leurs idées, n'allait servir qu'à les confondre. De plus ils étaient presque tous âgés, capables de sentiments moins vifs, d'une mémoire moins ouverte, d'une perception moins active que dans la jeunesse où nous formons, nous, notre intelligence de chrétiens.

Leur seul avantage était d'avoir pour maître un Dieu en personne qui les aimait.

Somme toute, la divinité de leur maître mise à part, c'était donc dans des conditions inférieures aux nôtres qu'ils abordaient un programme qui, dépassant l'horizon des systèmes philosophiques les plus élevés, les jetait au sein des mystères les plus profonds des sciences divines.

C'était l'ensemble, harmonieux sans doute mais écrasant, du dogme et de la morale, qui s'offrait à eux.

Dieu en lui-même, dans son unité d'essence et sa trinité de personnes ; Dieu dans ses œuvres : les Anges et l'homme ; l'homme innocent d'abord, pécheur ensuite, puis restauré par les mérites d'un Dieu Incarné, et finalement revenant purifié par la grâce, par les sacrements, par la prière, à son point de départ qui est Dieu toujours : tel était l'objet de leurs études.

De plus, à l'activité humaine des lois nouvelles étaient posées, et leur esprit et leur cœur devaient se familiariser avec des vertus que le monde n'avait point soupçonnées, avec les pratiques d'une perfection qui dépassait la terre.

*<br>* *

Aussi les Apôtres n'y satisfirent-ils point ni tout d'un coup, ni sans peine. Mille traits, dans l'Évangile, témoignent, au contraire, de la lenteur de leurs progrès.

Tantôt leur esprit se ferme au sens naturel des choses, avec une naïveté qui nous étonne. Jésus vient d'apprendre la mort de Lazare et il l'annonce, en ces termes, à ses disciples : « Retournons à Jérusalem : notre ami Lazare est endormi, et je veux aller le réveiller. — Mais, Seigneur, disent les Apôtres, s'il dort, il est sauvé. » Et l'Évangéliste ajoute : « Jésus parlait de sa mort, et eux pensaient à un sommeil naturel. »

Un autre jour, il leur dit : « Prenez garde au levain des Pharisiens qui est l'hypocrisie. » Ce mot de « levain » les met en éveil, ils se regardent les uns les autres et se disent : « En effet, nous avons oublié de prendre du pain. » Et Jésus leur reproche l'aveuglement de leur cœur.

S'ils se trompaient sur des données si claires, à plus forte raison des enseignements plus élevés passaient souvent par dessus leurs têtes.

Notre-Seigneur leur avait annoncé trois ou quatre fois d'une façon très expresse qu'il ressusciterait pour remonter vers son Père. Il y fait allusion quelques jours avant sa mort. Et qu'arrive-il ? Ils sont scandalisés. « Mais qu'est-ce que cela veut dire ? Nous n'y comprenons rien. » Et en effet ils n'y avaient rien compris jusque-là. Et ce qui est plus surprenant, ils comprennent si peu encore qu'au seuil même du tombeau où il va le constater, saint Jean avoue n'avoir pas saisi auparavant la parole de la Sainte Écriture touchant la résurrection de Jésus.

Quelquefois la persistance de cette ignorance ou de cette légèreté arrache des exclamations de peine au Sauveur. « Comment, leur dit-il un jour, il y a si longtemps que je suis avec vous, et vous ne me connaissez point ! » Jusqu'après sa résurrection, il leur reprochera leur défaut d'intelligence et de foi : « Ô cœurs épais et lents à croire !... »

La conduite du Sauveur dans le labeur si rude, et quelquefois si peu fécond apparemment, de l'enseignement, est bien l'éternel encouragement des maîtres selon l'Évangile. Mais la persévérance vaillante des Apôtres, malgré la lenteur de leur marche, est une leçon pour tous les chrétiens au point de vue de leur formation intellectuelle, de l'étude de la religion, de la connaissance du Christianisme, et même de toutes les autres études.

Rien, nous disent-ils, n'est impossible au secours de Dieu et au travail de l'homme. Si rude que soit la tâche, Dieu la surveille et la bénit ; si dure que soit la pierre, elle renferme une étincelle. Pour la tirer, il suffit de frapper comme il faut.

*<br>* *

C'est ce qui arriva pour eux. À la hauteur de son programme Notre-Seigneur adapta la méthode d'enseignement la plus efficace.

Dans ses instructions intimes, il sut allier la grâce à la vérité. Jamais personne ne se plia mieux à l'infirmité de la nature humaine. Jamais maître ne ménagea mieux les forces de ses élèves, et n'évita davantage ce qu'on est convenu d'appeler « le surmenage intellectuel ».

Sans doute dans son ministère public il sut, selon le besoin, étonner les plus savants et confondre les plus subtils. Mais, dans l'intimité de la vie apostolique, on ne peut qu'admirer, comme dit Bossuet, la condescendance avec laquelle il tempère la hauteur de sa doctrine. Loin d'inonder les âmes d'un seul coup du flot de ses connaissances, ce qu'il possède sans mesure, il le déverse avec mesure. Ce n'est point un torrent qui déborde ; c'est une fontaine toujours pure et toujours pleine qui épanche son eau précieuse, dont il ne faut rien perdre. Ainsi on le voit varier, graduer ses enseignements, selon la capacité ou les dispositions des Apôtres. « J'aurais encore beaucoup de choses à vous dire, leur répète-t-il, mais vous ne pouvez les supporter maintenant. Quand l'Esprit-Saint sera venu, il vous enseignera toute vérité. » O l'éducateur sublime ! Et quel Père sous ce Maître !

Toutefois cette indulgence même lui donnait le droit d'être inflexible, quand il s'agissait d'une vérité indispensable. Oh ! alors tout, plutôt qu'une atténuation quelconque. Il abaisse sa doctrine, mais il veut au moins l'hommage d'un effort pour monter jusqu'à elle. Aussi, dût-il perdre une partie de ses disciples, il n'en retranchera pas un iota.

Il venait de promettre en termes expressifs l'institution de la Sainte Eucharistie. « Ma chair, avait-il dit, est véritablement une nourriture, et mon sang est vraiment un breuvage. Celui qui mange ma chair et boit mon sang, demeure en moi et moi en lui. » Manger la chair et boire le sang de quelqu'un : avait-on jamais dit chose pareille ! Voilà une grande partie de ses disciples scandalisés. Ils s'en vont. Ils le quittent. Jésus va-t-il les rappeler, en diminuant une vérité qu'ils ont très bien comprise ? Non pas. Il les laisse partir, et s'adressant à ceux qui demeuraient fidèles : « Et vous, leur dit il, vous qui avez entendu la doctrine imposée à votre foi, voulez-vous aussi vous en aller ? »

« Je suis la Vérité », avait-il dit un jour, et il voulait avant tout que les âmes lui fussent ouvertes. Mais alors quand la foi et l'amour les avaient rendues bien diaphanes, il s'ingéniait de mille façons pour leur faire parvenir ses divins rayons.

*<br>* *

Dans le collège apostolique, l'idéal de toute école chrétienne, florissait la vie de famille. Le Maître ne pensa jamais à faire un cours suivi de doctrine. Il enseignait toujours et à propos de tout. Souvent même il se contentait de se laisser voir. Les Apôtres n'avaient point de livres. Leur ignorance les aurait rendus inutiles. Ils n'en avaient qu'un qu'ils pouvaient comprendre sans savoir lire, mais qui était toujours ouvert : c'était la vie même de leur Maître.

Pour avoir la physionomie complète de cette école, de ce catéchisme, de cette prédication,

comme on voudra l'appeler, se demandera-
t-on quel était le local où se donnaient les leçons? Il n'en était point de fixe. Aussi bien
toute occasion et tout endroit n'étaient-ils pas
bons pour les enseignements d'un Maître dont
la terre n'était point la patrie ?

Les Apôtres suivaient-ils les magnifiques voies
romaines qui traversaient la Pérée et la Galilée,
Jésus leur parlait de la voie large et facile qui
mène à la perdition. Avaient-ils à gravir un sen-
tier escarpé, il lui comparait la voie rude par laquelle on monte au ciel. Voyaient-ils des passereaux sur un toit et des lis dans un champ, il
leur faisait remarquer l'insouciance des uns et
la belle parure des autres, et il excitait ainsi
leur confiance dans leur Père céleste. Se repo-
sait-il sous un figuier de Judée, il leur faisait
voir l'image de l'Église dans la petite graine
qui devient un grand arbre.

S'ils traversaient les riches vignobles de la
Palestine, sous cette belle parole : « Je suis la
vigne et vous êtes les branches », il leur apprenait le dogme si important de la nécessité et de
l'efficacité de la grâce. Quand ils sentaient sur
leurs têtes ce beau soleil des régions méridio-
nales, tant chanté par les poètes, il leur rappelait qu'ils étaient les enfants de la lumière.
Voyaient-ils près de la mer de Tibériade les pêcheurs tirer leurs filets au rivage, il leur faisait compter les poissons, et leur disait qu'ainsi,
pêcheurs d'hommes, ils jetteraient leurs filets
par le monde, et prendraient à son profit des
âmes de toutes sortes. Revenus à Jérusalem,

lui faisaient-ils admirer les solides assises du Temple, il leur parlait avec émotion des temps prochains où il n'en resterait pas pierre sur pierre, où Jérusalem serait détruite, figurant la fin du monde. Il multipliait les pains devant eux, et il élevait leurs esprits vers la vraie nourriture de nos âmes, l'Eucharistie. Il rencontrait un petit enfant, et, le plaçant au milieu d'eux, il leur défendait le scandale et leur recommandait l'innocence et l'humilité, conditions d'entrée dans le royaume des cieux.

Que dirais-je encore ? Jamais maître comprit-il à ce degré le véritable enseignement oral, celui qui ne se trouve point dans les livres, qui jaillit, à tout moment et à toute occasion, de l'esprit ou plutôt du cœur de l'éducateur ?

*
* *

D'ailleurs, il ne néglige rien pour captiver leur attention et faciliter l'intelligence des choses qu'il leur révèle. Ordinairement il affirme, il enseigne, soit explicitement, soit sous forme de paraboles. Mais souvent aussi il procède par la voie interrogative. Il les fait parler eux-mêmes. Il excite leur émulation, en s'adressant à tous pour provoquer une réponse que la foi de saint Pierre est toujours la première à trouver. Il prévient leurs demandes. Il répond même à leurs pensées. Il va jusqu'à leur tendre des pièges aimables, il les sonde à leur insu, il leur fait subir une sorte d'examen.

Surtout il excite leur confiance : « Aux autres,

leur dit-il, je parle en paraboles, à vous à cœur ouvert. Il vous est donné de connaître les mystères du royaume de Dieu. » Il les félicite d'une belle réponse. Il les en récompense. Saint Pierre lui a dit : « Oui ! vous êtes le Christ, fils du Dieu vivant. — Et moi, reprend Jésus, je te dis que tu es Pierre et que sur cette pierre je bâtirai mon Église. »

Quelle différence entre cette méthode d'enseignement si chaude, si vivante, si palpitante, et le ton doctoral et sec d'un sophiste ou d'un mercenaire ! C'est la méthode de la famille. C'est la méthode de la mère envers ses enfants. C'est la méthode des prônes apostoliques et des catéchismes de persévérance bien faits. C'est celle de nos collèges chrétiens, de nos pensionnats et de nos séminaires. C'est celle dont Pascal disait : « Comme l'esprit a son ordre, le cœur a aussi le sien. Et le cœur a ses raisons que la raison ne connaît pas. »

Mais cet art infini qui présida à l'éducation intellectuelle des Apôtres porta-t-il ses fruits?

Oui, ils en profitèrent si bien qu'ils réalisèrent le programme, malgré ses difficultés. Ils subirent avec succès leur examen de sortie. La descente du Saint-Esprit sur eux confirma et étendit leurs connaissances. Enfin ils reçurent du Maître lui-même leur diplôme, je veux dire l'investiture officielle de leur mission. Et ils allèrent répandre par le monde les vérités qu'ils avaient apprises à son école, sur ce programme et d'après cette méthode. Et savez-vous ce qui arriva ? Leur enseignement se trouva si fécond que le monde, après vingt siècles, en vit encore et qu'il n'est point épuisé.

Peut-être n'est-il pas difficile de tirer de là quelques conclusions pour nous-mêmes, et pour ceux que nous formons.

A quelles conditions ces premiers élèves du divin Maître durent-ils leur succès dans cette grande opération, qui était l'éducation chrétienne de leur esprit, d'ailleurs si peu préparé ? Ils furent dociles, ils furent persévérants surtout ; ils aimèrent leur Maître, qu'ils voyaient face à face, qu'ils écoutaient tête à tête, qu'ils pénétraient cœur à cœur.

Le prêtre-éducateur, l'éducateur chrétien, quel qu'il soit, ne peut-il pas rendre aux siens, à travers son âme et à travers sa vie, cette vision et même ce contact ? Pour lui aussi l'enseignement c'est l'amitié, l'amitié tendre, inlassable, quoique dignement austère. Il s'efface et ne laisse voir — et aimer pour lui-même --- que Celui qu'il représente. Il ne veut pas que ses disciples soient ceux d'Apollon ou de Paul, mais ceux du Christ. Il est en travail sans cesse pour eux, jusqu'à ce que le Christ soit de nouveau formé en eux. Et ainsi, chose singulière, il arrive que les aimant plus, il les instruit même davantage et mieux. La voie, la vérité et la vie sont unes, et le meilleur chemin pour la vérité sera toujours de la vivre et de la faire vivre.

# CHAPITRE IX

## L'ÉDUCATION DU CŒUR D'APRÈS L'ÉVANGILE

*« Je suis née non pour haïr, mais pour aimer ». — « Si vous n'aimez que ceux qui vous aiment, c'est peu ». — Ce que c'est que « faire la charité ». — L'amour des âmes. — Les vocations au service des âmes. — L'amour des parents dans l'Évangile. — Les amitiés de Jésus. — « Il sacra de ses pleurs l'amour de la patrie ». — Le Code de l'altruisme ou de la solidarité.*

Une des plus touchantes parmi les héroïnes antiques, Antigone, disait : « Je suis née non pour haïr, mais pour aimer. » Ainsi Notre-Seigneur ne se contenta pas d'élever l'intelligence de ses disciples. Il fit l'éducation de leur cœur.

Aussi bien, c'était là la partie la plus importante de sa mission auprès d'eux. Pour eux-mêmes, il devait les rendre dignes et capables d'être les chefs de la religion nouvelle qu'il venait fonder, et qui est tout entière établie sur l'amour, sur l'amour de Dieu pour les hommes, et sur l'amour des hommes pour Dieu. Pour les autres, il voulait et il avait besoin que leur influence fût universelle et souveraine. Or cette influence dépendait de leur valeur morale. Ce qui, en effet, distingue un démon d'un ange, ce n'est point la science, c'est la grâce. Ce qui fait apprécier les hommes au point de vue pratique, c'est beaucoup moins le génie ou le talent que la bonté. Le monde, quoi qu'il semble parfois, n'est pas conquis par l'esprit, mais par le cœur. *C'est là*, dit l'Évangile, *la béatitude de la douceur : elle gagne et possède la terre.*

Si l'humanité n'avait vu dans les Apôtres que des savants, elle les aurait laissés passer, admirant peut-être leur talent, mais ne s'attachant point à eux. Il fallait lui montrer des saints, pour qu'elle pût les aimer et les suivre. Or, pour avoir des saints, il était nécessaire que Notre-Seigneur les formât pour ainsi dire de toutes pièces. Tellement c'était alors une chose inconnue ! Il réalisa cette œuvre aussi nouvelle que laborieuse, par un moyen nouveau. Et l'on sait quel fut ce moyen : *Je vous donne une loi nouvelle, c'est que vous vous aimiez.*

*

La nouveauté de l'amour évangélique se manifeste d'abord en son principe. C'est la grâce qui l'inspire, et qui multiplie sur ce point les forces ou l'attrait de la nature. Il faut s'entr'aimer et s'entr'aider, non plus seulement par égoïsme inconscient ou réfléchi, selon la formule du *Do ut des*, non plus seulement en vertu des maximes positives et négatives de la solidarité, qui sont bonnes mais insuffisantes, étant

10

toujours combattues en nous par des tendances contraires : *Fais aux autres ce que tu voudrais qu'ils te fassent.* — *Ne fais pas aux autres ce que tu ne veux pas qu'il te fassent* etc... Il faut s'entr'aimer et s'entr'aider, parce que nous avons tous le même Père qui nous a créés du même limon, et qui nous attend là-haut au même rendez-vous, parce que nous avons le même Frère aîné qui nous a rachetés tous du même sang, qui s'identifie avec chacun de nous, et qui nous a aimés et servis, comme il veut que nous nous aimions et servions.

Pour l'amour ainsi compris, il n'y a plus de limites ni d'exclusions, soit par le fait des frontières, soit par le fait de l'erreur, de la misère ou de la culpabilité.

Aimer son frère est bien, mais un païen le peut.
Si vous n'aimez que ceux qui vous aiment, c'est peu :
Aimez qui vous opprime et qui vous fait insulte !
Septante fois sept fois pardonnez ! C'est mon culte
D'aimer celui qui veut décourager l'amour. —
Moi je vous montrerai comment on aime un jour... (1)

Les pécheurs, les pauvres, les petits sont, au contraire, les objets préférés de cet amour. Pourquoi? Parce qu'ils sont les membres souffrants de Jésus-Christ. A ce titre, le catholicisme leur a élevé des asiles qu'il a appelés des Hôtels-Dieu, des « maisons de Dieu ». Et sans cesse la charité s'en va répétant avec F. Coppée :

(1) Edm. Rostand, *La Samaritaine.*

> Sur le pauvre pourtant, Jésus, est ton stigmate,
> Et dans la main tendue où nous mettons un sou,
> Nous devrions tous voir la blessure et le clou.

L'amour des hommes ainsi compris, à la lumière de l'Évangile, ne s'appelle plus seulement « l'Altruisme » ou la « Philanthropie » ou la « Solidarité ». Il s'appelle la Charité, c'est-à-dire l'amour des hommes fondé sur l'amour de Dieu.

La charité fonde, précise, étend le domaine de la solidarité. Et c'est elle qui, au sujet de l'assistance affective et effective, inspirait à M<sup>gr</sup> Gay ces suaves conseils qu'on dirait empruntés à saint François de Sales et qu'il donnait à sa sœur : « Ce n'est pas tant de faire l'aumône qu'il s'agit, car pour ceux qui sont naturellement bons, c'est une joie ; il s'agit de *faire la charité.* Saint Paul disait : « Quand je distribuerais, pour nourrir les pauvres, tout ce que je possède, si je n'ai pas la charité, cela ne me sert de rien. » Or la charité, c'est l'amour de Dieu, et l'amour des hommes en Dieu. Il faut donc, pour que l'aumône soit la charité, qu'elle soit faite avec amour et par amour.

« La charité ainsi comprise est l'âme de l'aumône. Donne donc, non pas comme donnant ton propre bien, mais comme donnant le bien du bon Dieu ; et rapporte à Dieu tout ce qui te sera rendu de reconnaissance. Prie pour ceux dont tu soulages la misère, afin que le Seigneur leur donne le pain qui fait vivre l'âme, en même temps que tu leur donnes le pain dont le corps vit. S'il y a lieu, sans indiscrétion mais avec simplicité, profite de ce que tu es messagère de grâce pour faire l'aumône à l'esprit et au cœur de ceux que tu assistes ; joins à l'argent la consolation toujours, et le conseil quand tu pourras ; sois l'ange de Dieu, fais-le bénir. Et puis, ne fais pas l'aumône par habitude ; fais-la d'esprit et de volonté ; prive-toi quelque peu en la faisant... Voilà la vraie, la seule aumône, celle qui enrichit encore plus le riche qui donne que le pauvre qui reçoit. »

Une des conséquences de la transformation de l'amour humain par l'Évangile, un des fruits immédiats de la charité évangélique, une des nouveautés de l'amour, c'est cet attrait inouï en effet qu'on a appelé « l'amour des âmes, la soif des âmes ». Jésus est venu pour que les hommes aient la vie, la vie de l'âme, la vie surnaturelle, et pour qu'ils l'aient dans sa plénitude. A ses fidèles, c'est-à-dire à tous ceux qui ont cru et croiront en lui, et qui ainsi sont « nés de Dieu », il a donné le pouvoir d'être les enfants de Dieu, d'en avoir non seulement le nom, mais la réalité. C'est là pour le croyant le bien suprême. Cette vie de Dieu, cette vie déiforme et déifiante, c'est la grâce en ce monde, c'est la gloire dans l'autre. C'est la fin de l'homme conquise, et donc son bonheur, et son bonheur éternel.

Dès lors aimant les hommes, tous les hommes, petits ou grands, riches ou pauvres, sauvages ou barbares, libres ou esclaves, noirs, blancs ou jaunes, les aimant comme Jésus les a aimés, les aimant par lui, les aimant pour lui, le disciple de l'Évangile aimera avant tout leurs âmes. Il les aimera, ces âmes — et la sienne tout d'abord — jusqu'au sacrifice, jusqu'à la passion, jusqu'à la mort. Dès lors vous avez saint Paul, vous avez saint François-Xavier, vous avez sainte Thérèse. Vous avez les apôtres et les martyrs qui se comptent et qui se voient. Vous avez le nombre infini et le travail silencieux et incessant de ceux qui prient, souffrent, travaillent et se consument pour les âmes, sans qu'on les compte et sans qu'on les voie même.

*<br>* *

A l'amour humain voilà le principe nouveau que l'Évangile a posé. Par suite, aux vieux objets de l'amour humain, aux objets naturels et traditionnels, sur lesquels se porte notre cœur, quelle intensité inconnue il a donnée de coloration et d'attraits !

Il faut aimer tous les hommes pour Dieu, c'est entendu ; il faut aimer dans les hommes d'abord leurs âmes, c'est commandé. Mais notre cœur, si puissant que nous le fassions de contenance et de chaleur, restera malgré tout borné dans sa capacité et son rayonnement. Autour de lui s'établissent d'eux-mêmes des cercles concentriques de plus en plus rapprochés du centre et du foyer, et dans lesquels se fixent, selon l'ordre que leur attribue la nature ou notre choix, les objets divers de notre affection. Or, à l'intérieur du premier cercle concentrique, la philosophie toute seule a placé les parents, les amis, la patrie.

Loin de contredire cet ordre, les leçons et les exemples de l'Évangile le confirment, l'illuminent et le transfigurent.

Jésus a condamné l'idolâtrie de la famille, comme toutes les autres idolâtries. « Celui, dit-il, qui aime son père ou sa mère plus que moi, n'est pas digne de moi. Celui qui, à cause de moi, aura quitté son père, sa mère, son épouse, ses frères ou ses sœurs, recevra le centuple dans ce monde, et dans l'autre la vie éternelle. » Au Temple de Jérusalem, aux noces de Cana, il sait mettre dans ses réponses filiales, non pas certes une dureté dont son cœur est incapable, mais la réserve que demande la sainteté de sa mission. Mais, loin de proscrire les affections légitimes, il les recommande, il les encourage, il les bénit. Il les consacre par son premier miracle, au mariage de l'un des membres de sa parenté, et quelque temps après, par la guérison de la belle-mère de saint Pierre. Jamais les Apôtres, témoins de ses prodiges, ne le virent refuser les manifestations de sa puissance, quand elle fut sollicitée au nom des liens du sang. Qu'un père vienne le supplier pour son fils malade, à l'agonie, comme le centurion, ou, comme le père du pauvre enfant lunatique, pour son fils tourmenté affreusement par le démon ; qu'un chef de synagogue, comme Jaïre, appelle son secours sur sa petite enfant morte ; qu'une étrangère même, comme la Chananéenne, intercède pour sa fille possédée ; qu'il rencontre le cercueil dans lequel la pauvre veuve de Naïm vient d'ensevelir son fils unique et son unique espérance ; que Marthe et Madeleine, se jetant à ses pieds, lui reprochent humblement la perte de Lazare ; toujours Jésus fait reculer la maladie, la mort ou le démon, devant la piété filiale ou la tendresse paternelle, ou maternelle, ou fraternelle.

Marie-Salomé, la mère de saint Jacques et de saint Jean, lui fait pour ses deux fils une demande pleine d'égoïsme et d'ambition. Manifestement l'amour l'égare. Mais c'est l'amour maternel. Jésus ne sait pas le condamner. Il feint seulement de ne pas l'entendre. Et quant aux sentiments du père de famille attristé par les égarements d'un fils aimé et jeune, nous savons tous combien Jésus les a partagés, nous qui avons lu la parabole de l'Enfant Prodigue.

S'il était si sensible aux affections de la famille, c'est qu'il les connaissait bien. Le plus beau des enfants des hommes, comme l'appelle la Sainte Écriture, en avait surtout été le plus aimant. Lui aussi s'était donné un père nourricier qu'il avait aidé de ses mains, dont il avait pieusement fermé les yeux. Lui surtout avait une mère, la meilleure des mères pour le meilleur des fils.

Trois années entières, les Apôtres virent la Très Sainte Vierge au premier rang de ces femmes admirables qui secondaient le Sauveur dans les fatigues de son ministère. Leçon vivante pour eux que cette présence ! Car Marie respectant Jésus disait à leur foi comment on respecte un Dieu, et Jésus aimant Marie apprenait à leur cœur comment, pour lui plaire, il faut aimer ses parents.

Il faut les aimer jusqu'aux miracles de tendresse, de travail et d'énergie, s'ils en ont besoin. Notre-Seigneur ne faisait-il pas les siens à la prière de sa mère ? Il faut les aimer pratiquement, soutenant leur courage et leurs forces, comme fit Jésus quand il rencontra Marie au chemin du Calvaire, comme il fit sur la croix, comme il pourvut, même après sa disparition, à la survivance honnête de la Très Sainte Vierge confiée à saint Jean.

De par l'Évangile, nous sommes ainsi les disciples d'un Dieu qui eut pour sa mère sa dernière pensée et sa dernière parole. Ne l'oublions jamais.

*
* *

Admirons aussi cette sublime adoption qui achevait d'instruire les Apôtres, car elle unissait les devoirs de la famille à ceux de l'amitié ; et admirons aussi cette prérogative de l'amitié qui fut trouvée digne de recevoir en dépôt la mère d'un Dieu.

Notre-Seigneur, en effet, faisant l'éducation de leur cœur, sut bien pénétrer ses disciples de la nécessité et des avantages de l'amitié. Cet « accord bienveillant de plusieurs volontés sur le même bien » lui sourit. Sa nature si délicate et si expansive se portait d'elle-même aux effusions de l'intimité. Aussi ses élèves devinrent-ils les familiers de son âme, si bien, dit l'un d'eux, qu'il les aima jusqu'aux limites extrêmes du possible, *in finem dilexit eos.* « Je ne vous appellerai plus mes serviteurs, leur répète-t-il ; je vous ai appelés mes amis... Aimez-vous mutuellement comme je vous ai aimés. L'affection fraternelle, voilà le signe auquel le monde vous reconnaîtra pour mes disciples. »

Les Apôtres furent si fidèles à ces enseignements que bientôt la communauté chrétienne, instruite par eux, ne formait, disent les *Actes*, qu'un cœur et qu'une âme. Les païens émerveillés s'écriaient : « Voyez donc ces gens-là : comme ils s'aiment ! » En effet, l'amitié chrétienne produisant l'union et la concorde entre les individus et entre les peuples, et surtout, sous la forme de l'assistance sociale, répandant sur les misères humaines des bienfaits désintéressés et intelligents, c'est-à-dire qui visent d'abord à détruire les *causes* intérieures ou extérieures de misère, cette amitié chrétienne au cadre élargi, fut toujours la meilleure apologie et la plus pure gloire de l'Église, c'est-à-dire de Jésus-Christ lui-même.

Combien à ce sujet avaient été expressives ses paroles ! Mais combien surtout ses exemples !

En dehors même de son entourage immédiat, son affection avait distingué des personnes qui en étaient particulièrement dignes, chez lesquelles même il acceptait des invitations dans un but d'apostolat, et cela, sans que jamais la malice aux insinuations si promptes ait osé seulement l'effleurer, sans que la calomnie ait seulement commencé contre lui ce qu'elle a pourtant tenté contre tous les autres hommes, même grands et même saints, je veux dire son sournois et imperceptible cheminement. Ainsi il fut reçu chez Simon le Pharisien, chez Simon le Lépreux, au Cénacle à Jérusalem, chez Zachée à Jéricho. Une famille surtout eut une place à part dans les prédilections du Sauveur. Elle habitait Béthanie, tout près de Jérusalem, et Jésus y allait souvent pour y porter à Marthe, à Madeleine et à Lazare, les joies de l'amitié. Un jour il revint tout triste. Pendant son absence, Lazare était mort. Il était depuis quatre jours dans le tombeau. Ses deux sœurs accourent au-devant du Sauveur : « Seigneur, si vous aviez été là, notre frère ne serait pas mort ! » Et devant cette douleur, Jésus ne peut plus contenir la sienne ; il blémit, dit l'Évangile, il frémit dans son esprit, il se trouble, il pleure. *Et lacrymatus est Jesus.* Et les Juifs dirent : « Voyez comme il l'aimait ! » Si bien qu'un poète chrétien Victor de Laprade, s'écriait devant ce spectacle :

Merci, mon Dieu, merci de l'éternel baptême
A l'amitié donné par les yeux de Dieu même !

*
* *

Est-ce tout ? Non pas. Notre-Seigneur, qu'on ne vit jamais rire, pleura trois fois, une fois sur son ami Lazare et deux fois sur sa patrie, Jérusalem. Ce qui fait dire au même poète :

> Ah ! loin de l'abolir comme une idolâtrie,
> Il sacra de ses pleurs l'amour de la patrie.

Avec le culte de la famille et le dévouement de l'amitié, les Apôtres apprirent donc de leur Maître le patriotisme, non pas un patriotisme exclusif et chauvin, mais un patriotisme profond et sincère.

Sans doute il leur avait assigné le monde entier comme domaine de leur action et comme objet de leur conquête. Le royaume qu'il fondait était avant tout catholique, c'est-à-dire universel et sans frontières. Toutefois le Dieu qui mit en nos âmes tous les nobles amours, pouvait-il ne point éprouver celui qui nous attache à ce coin de terre où vécurent nos pères, où reposent leurs cendres, où vit leur mémoire, à ce trésor commun de traditions, de souvenirs, d'intérêts, de gloire, de malheurs et d'espérances, que nous appelons du nom sacré de la Patrie ?

Jésus aima la sienne. C'est à elle qu'il offrit les prémices de sa doctrine, à elle qu'il emprunta ses coopérateurs. Bien que réellement il ne pût être le sujet de personne, il voulut d'abord respecter ce qui était le gouvernement de fait, et ensuite observer les lois de son pays, même au prix d'un miracle. Un jour en effet qu'il n'avait point d'argent pour payer l'impôt exigé par le fisc romain, il envoie Pierre à la mer. « Va, lui dit-il, tire ton filet, ouvre la bouche du premier poisson que tu auras pris, tu y trouveras la monnaie du tribut. » L'Évangile nous le montre encore le jour des Rameaux, dans sa marche triomphale, arrivant en vue de la ville sainte. A l'aspect de Jérusalem, il songe à la fois à la prospérité, à la gloire même, qui aurait pu récompenser la fidélité de son pays, et à la ruine prochaine qui va punir sa persévérante ingratitude. A ces pensées, son cœur se fond. Il pleure. *Et ut appropinquavit videns civitatem, flevit super illam.*

> C'est ainsi qu'oubliant la croix qui le menace,
> Il donnait tous ses pleurs à sa ville, à sa race.
> Nouvel Adam en qui l'humanité se fonde,
> Lui seul a droit au nom de citoyen du monde.
> Il aima cependant, il aima jusqu'aux pleurs
> La terrestre Sion, pays de ses douleurs. (1)

« Tout l'amour, dit Bossuet, qu'on a pour soi-même, pour sa famille et pour ses amis, se réunit dans l'amour qu'on a pour sa patrie, où notre bonheur, celui de nos familles et celui de nos amis, est renfermé. C'est pourquoi les séditieux qui n'aiment point leur pays et y portent la division, sont l'exécration du genre humain. Jésus-Christ se faisait reconnaître pour bon citoyen, et c'était une puissante recommandation auprès de lui que d'aimer la nation judaïque: témoin le centurion romain pour qui il fit un miracle. Il fut, et durant sa vie et à sa

(1) Victor de Laprade.

mort, exact observateur des lois et des coutumes de son pays, même de celles dont il savait être le plus exempt. Il était soumis en tout à l'ordre public, faisant rendre à César ce qui était à César et à Dieu ce qui est à Dieu. »

*
* *

Devant cette esquisse imparfaite et devant tous les développements qu'elle suppose et qu'elle appelle, plaçons maintenant le cœur de la jeunesse et la conscience de ceux et de celles qui le forment. Prenons un élève de Seconde, de Première, à plus forte raison un élève de Philosophie ou de Mathématiques, et même une jeune fille sérieuse, ou un ouvrier intelligent de nos Cercles d'études, et demandons-leur ce qu'ils pensent de ces nouveaux fondements, et de cette illustration sans pareille apportée par l'Évangile à la grande loi d'amour qui régit l'humanité. Dans la discussion de la loi de Séparation au Sénat, quelqu'un lança à l'universitaire éminent qui était à la tribune cette interruption : « Vous parlez comme un Père de l'Église. — Monsieur, répondit M. Charles Dupuy, les Pères de l'Église pourraient fournir pas mal de copie à vos amis, les socialistes. » Or les Pères de l'Église ne sont que les commentateurs de l'Évangile. Là est la source et le foyer de la morale sociale.

Il y a longtemps que M. de Mun l'a dit, les tressaillements des travailleurs vers un renouveau d'être, et même vers des progrès chimériques, ne sont au fond que d'inconscientes aspirations vers le christianisme oublié. Ceux-là qui nous parlent de solidarité philosophique, à l'exclusion de la charité, ne font que débaptiser nos mots et démarquer notre vieux livre. Enfants qui tournent le dos au soleil, et qui ne remarquent pas qu'ils voient tout, toujours et quand même, à sa lumière, et que le meilleur d'eux-mêmes, pensées, paroles ou actes, vient encore de l'Évangile par infiltration et rayonnement.

Devant ce code incomparable de l'Altruisme et de la Solidarité, de toutes ces belles choses où l'étiquette barbare des mots ne peut dénaturer l'essence évangélique, plaçons donc résolûment le cœur de la jeunesse. Dans les méditations, dans les lectures spirituelles, dans les entretiens particuliers, dans les catéchismes de persévérance, dans les conférences d'études, dans les réunions de congrégations, dans la familiarité de ces épanchements que connaît l'enseignement libre, et par lesquels, bien avant les circulaires ministérielles, nous avons pris l'habitude de couper les classes longues et arides, pour donner à la fois cinq minutes de repos à l'esprit de l'élève et une longue provision de morale diffuse à son cœur, dans toutes les occasions qui peuvent se présenter d'elles-mêmes ou que peut toujours susciter un éducateur averti, sachons et osons lui montrer le royaume de Dieu où il est. Or, n'est-il pas vrai qu'il est là ?

*
* *

Faisons plus encore. Prolongeons le regard, prolongeons le contact. Ses paroles sont esprit et vie. Infusons à haute dose cet esprit et cette vie.

Dussions-nous restaurer le genre trop oublié de Châteaubriand, donnons des sujets littéraires, même et surtout sur l'Évangile. Quelles matières de compositions, de narrations, de poésie même nous trouverons-là ! Vous voulez des exemples sur le sujet qui nous occupe ?

1. De l'Évangile considéré comme le code de la Solidarité humaine. Comment il fonde, précise, étend cette solidarité.

2. Le rôle moral et social de la famille entrevu à travers l'Évangile.

3. Les caractères de femmes dans l'Évangile.

4. Les défauts et les vertus des jeunes gens dans l'Évangile.

5. De l'Évangile considéré comme source de pitié.

6. L'amitié dans l'Évangile ; en rapprocher ce qu'on connaît de l'amitié dans l'histoire ancienne, dans Homère, dans Sénèque, dans Virgile, etc...

7. Quelle idée vous faites-vous, d'après l'Évangile, du vrai patriotisme ? Ce qu'il n'est pas.

8. On a repris récemment, à Paris, le *Pour la Couronne* de F. Coppée. Vous connaissez la scène entre Constantin et Militza. Que pensez-vous de ce vers :

Qui t'a rendu si bon ? -- Ma mère et l'Évangile.

9. Dans *les Chants du soldat* et *les Chants du paysan* de P. Déroulède, que retrouvez-vous de l'Évangile ?

10. La charité de l'Évangile dans *la Samaritaine* de Rostand.

11. Est-il vrai qu'on ne trouve dans l'Évangile qu'une vieille chanson pour bercer la misère humaine ?

12. Analysez le sermon de Bossuet *sur l'Éminente dignité des pauvres dans l'Église*, en y recherchant l'esprit et la lettre de l'Évangile.

13. Vous avez entendu les grands orateurs catholiques. En quoi vous semblent-ils évangéliques ?

14. Que pensez-vous de cette parole de F. Coppée, dans *la Bonne Souffrance* : « L'Évangile a fondé la plus forte école de bonté que le monde ait connue. »

15. Quelle illustration l'Évangile a-t-il donnée à cette parole de Bossuet : « Quand Dieu fit le cœur de l'homme, il y mit premièrement la bonté » ?

Nous pouvons aller ainsi jusqu'à l'infini. Ne craignons pas surtout que le baccalauréat s'en ressente. Il s'en ressentira, oui, mais excellemment. Si nous le voulions, on en trouverait des preuves même en certaines statistiques. Mais, *à priori*, un cœur affiné, délicat et tendre n'a jamais nui à rien ; la piété qui est utile à tout, quand elle est bien dirigée, peut l'être même à la culture littéraire ; et si nous faisons à nos enfants une belle âme, nous les aurons mis, n'est-ce pas, dans une assez bonne condition pour avoir du goût.

Encore une fois, prolongeons le regard, prolongeons le contact. L'*intuitus dilexit* est réciproque. Les deux regar!s se cherchent, celui de Jésus et celui de la jeunesse ; les deux cœurs s'appellent. L'un, c'est le besoin ; l'autre, c'est la plénitude. Ce sont deux abîmes : ils sont harmoniques. Le bien tend à se répandre, comme le vide tend à se remplir. L'un est le complément de l'autre. Mettons une âme baptisée éprise d'idéal, en face de Celui qui est l'Infini en bonté, vérité et beauté. Tout de suite, nous avivons en elle un attrait, une aspiration insatiable jusqu'au sacrifice d'elle-même, jusqu'à la possession de son divin objet. Nous mettons en présence deux courants divers qui veulent se fondre : voyez quel éclair !

A Jean-Baptiste, un vrai éducateur celui-là, rempli d'oubli de soi et d'esprit surnaturel, la Providence amène quelques pauvres Juifs d'apparence vulgaire. Il lui suffit de leur montrer de loin l'Agneau de Dieu, c'est-à-dire Jésus qui passait. Les voilà partis, eux aussi. A peine s'ils étaient pénitents de cœur. Les voilà devenus apôtres.

# CHAPITRE X

## L'ÉDUCATION DU CARACTÈRE D'APRÈS L'ÉVANGILE

*L'idéal d'un beau caractère. — Cet idéal, l'Évangile le montre dans le Père céleste « qui est parfait ». — La confiance dans le Père. — La prière. - Le « Notre Père ». — La loyauté. — « Nous avons écrit par terre... » — La réflexion et la discipline de l'énergie. — La culture de la volonté. — Les égards envers le prochain. — L'amabilité. — L'idéal moral : son foyer, son reflet, son miroir....*

Après la formation de l'intelligence et du cœur, il est intéressant de voir dans l'éducation des Apôtres, type de toute éducation chrétienne, comment Notre-Seigneur entreprit la culture de leur caractère.

Le caractère, comme le mot l'indique, c'est le pli distinctif que prend tout l'être d'un homme ; c'est la marque de sa personnalité ; c'est la forme qu'il donne à son activité ; c'est le signe incessible et le sceau révélateur de ses tendances, de ses facultés, de ses opérations individuelles.

Or un maître (1) a écrit : « Avec quatre traits

(1) J. Guibert, *Le Caractère*, p. 54. Paris, Poussielgue.

seulement, nous dessinerons l'idéal d'un beau caractère :

La droiture de conscience, qui fera son honorabilité ;

La force de volonté, qui lui donnera sa valeur ;

La bonté de cœur, qui en sera le charme ;

La tenue, qui relèvera sa dignité. »

C'est sur ce modèle que Jésus travailla les siens, aimant encore mieux forger leurs âmes que les meubler. C'est sur cette esquisse que, sous le ciseau de ce rude sculpteur, la statue intérieure se dégagea peu à peu en eux du bloc vulgaire. Peu à peu on les vit devenir pleins de loyauté, pleins d'énergie, pleins de cordialité, pleins de distinction. Tels ils apparurent au monde, au soir de la Pentecôte. Sous l'illumination puissante du Saint-Esprit, c'était le resplendissement des résultats silencieux, de la patiente élaboration de leurs trois années d'école.

Et nous, si nous pouvons mettre aussi sur le front de notre jeunesse ce quadruple fleuron — loyauté, énergie, cordialité, distinction — ne croyez-vous pas que nous aurons bien mérité encore des causes qui demandent toujours de vrais hommes et de vrais chrétiens ?

*<br>* *

Voyons comment Jésus s'y prend.

Le modèle qu'il propose à la conscience de ses disciples, c'est Dieu, Dieu considéré non pas comme l'objet théorique de leur culte, mais comme la règle pratique de leurs pensées et de leurs actions.

Devant lui, point d'ostentation ni de simulation. Il voit dans le secret. Loin de lui les oraisons à la Tartufe ou à la Pharisienne — ce qui est la même chose — et les aumônes fastueuses, et les jeûnes à coups de trompette, et les longs phylactères, et les « Rabbi » susurrés dévotieusement à la ronde, et le haut bout des tables usurpé par arrogance, et le blanc des yeux levés au ciel, pendant qu'à l'intérieur l'envie chante son hymne mauvais. Arrière les sépulcres blanchis ; arrière le mauvais levain, le levain d'hypocrisie, le levain des Pharisiens. Son culte est chose droite et franche. Il ne s'agit pas de nettoyer seulement le bord de la coupe et du plat. Il ne s'agit pas de mettre, sur les épaules des petits, des fardeaux que soi-même on ne veut pas toucher du doigt. Si c'est oui, c'est oui ; si c'est non, c'est non ; le reste vient du mauvais principe. Et pourquoi devant lui feraient-ils des façons et des minauderies ? Il savait ce qui était dans l'homme. Et à la manière dont souvent ils le voyaient répondre *à leurs simples pensées*, ou deviner les vies, comme celle de la Samaritaine, ils comprenaient que devant Celui qui est la Vérité, on ne devient libre que par elle. D'ailleurs, sans plus, un mot résume tout : « Soyez parfaits comme votre Père céleste est parfait. D'abord, et avant tout, cherchez le royaume de Dieu et sa justice. »

Et après ? Après, tout le reste vous sera donné par surcroît. Loyaux envers Dieu, vous le

trouverez loyal envers vous. Ce n'est pas son habitude de se laisser vaincre en générosité. « Et
puis — est-ce que cela ne vous suffit pas ? —
mon Père vous aime. Et je prie pour vous, et j'ai
prié pour vous, et je prierai encore pour vous. »

Dans la carrière pénible où ils s'engagent,
dans la lutte contre eux-mêmes d'abord, et dans
la conquête du monde ensuite, les jours d'é-
preuve viendront nombreux. Oh! alors, point
de désespoir. En haut les yeux et les cœurs !
La confiance filiale dans la Providence est tout
ensemble un droit et un devoir. « Petit troupeau, leur dit-il tendrement, ne craignez pas.
Il a plu à votre Père de vous donner un royaume.
Craindre ! Et pourquoi ? Voyez donc les passereaux : vous en achetez une couple pour une
monnaie infime, et cependant votre Père veille
si bien sur eux, qu'aucun ne tombe à terre sans
sa permission. Ne valez-vous pas mieux que
des passereaux ? Voyez les lis des champs. Ils
ne sèment ni ne moissonnent, et pourtant
Salomon dans toute sa gloire n'a jamais été
vêtu comme l'un d'eux. »

Mais cette confiance en Dieu, ne l'ayez pas
seulement dans l'esprit et dans la tête. Faites-
la passer dans votre cœur et sur vos lèvres.
« En vérité, en vérité, je vous le dis, si vous
demandez quelque chose à mon Père en mon
nom, il vous le donnera, sans même que j'aie
besoin d'intercéder autrement ; car, encore
une fois, mon Père vous aime. »

Et s'il faut une formule pour exprimer très
simplement leurs vœux au ciel, le Maître s'em-

pressera de la leur donner. Un jour, il était en prière dans un lieu retiré. Quand il eut fini, un disciple qui l'observait s'approcha et lui dit : « Seigneur, montrez-nous donc à prier, comme Jean-Baptiste l'a montré aux siens. » Béni soit cet homme de bonne volonté, car c'est à lui que nous devons ces paroles sublimes, tombées du Cœur de Jésus, sur lesquelles notre mère essaya notre langue balbutiante encore, et qui résument, sous une forme si franche qu'elle est accessible à tous, les droits de Dieu et les besoins de l'homme. « Vous, répondit le Sauveur, quand vous priez, parlez ainsi : Notre Père qui êtes aux cieux, que votre nom soit sanctifié, que votre volonté soit faite... »

L'imitation du Père céleste, c'est-à-dire son amour pratique, la confiance envers lui s'échappant en prière, et produisant la droiture de conscience, la loyauté des pensées et des sentiments, la franchise délicate dans les relations sociales, de manière à idéaliser ce qu'il y a de plus beau dans la nature humaine, c'est à la fois l'enseignement le plus essentiel et la meilleure apologie de l'Évangile.

C'était ce que voulait dire ce général écrivant un jour, après un entretien qu'il avait eu avec le grand chrétien qu'était de Sonis : « Je viens de voir le général de Sonis : c'est l'honneur. »

C'est ce que voulait dire ce prêtre qui écrivait dans son *Journal de retraite* :

« Je sais que les prêtres sont nombreux qui gardent leurs exercices de piété, qui désirent le bien, qui ont d'excellentes intentions ; et je prie Dieu qu'il me fasse la grâce de leur ressembler. Mais je prie aussi afin qu'il me donne la force d'écarter de moi tout esprit d'intérêt ou d'égoïsme, tout sentiment d'envie ou d'illégitime ambition ; qu'il me garde l'esprit ouvert et l'âme droite, fidèle à ma parole, toujours discret et délicat ; qu'il éloigne de ma pensée tout jugement téméraire, de mes lèvres toute parole de dénigrement ! Avoir de bonnes habitudes de piété c'est bien, c'est nécessaire ; mais fasse le ciel que, pour m'être trop fié à ces habitudes, je ne vive pas dans une fausse sécurité, m'exposant à violer certains principes de la loi naturelle, parce que je me crois établi solidement dans le surnaturel (1) ! »

C'étaient, je crois bien, des sentiments analogues qui inspirèrent un jour de grands élèves. Ils composaient en histoire. Or, en cette matière, ils savaient qu'un de leurs camarades n'était pas délicat. Disons le mot : il trichait. Rentré à l'étude, il tricha ce jour-là. Deux heures après, en recevant les copies, le professeur en compta une qui était entièrement faite — trop bien même — et vingt qui étaient toutes blanches, sauf la date et la signature. Le professeur manda le titulaire de la trop bonne copie. Tout de suite l'adolescent, qui n'était pas foncièrement mauvais, se troubla et avoua sa faute. Le premier en excellence fut

_______________

(1) *Le Journal de retraite d'un prêtre*, par l'abbé NAUDET, dans la *Revue du Clergé français*, 1ᵉʳ septembre 1901, p. 103.

appelé à son tour. « Monsieur, dit-il, voilà. Nous étions en face d'un problème de loyauté. C'est plus difficile à résoudre qu'un problème de géométrie. Loyaux, nous voulions le rester, en ne le dénonçant pas, même envers un camarade égaré ; loyaux, nous voulions l'être, envers vous, envers nos parents, envers nous-mêmes, en ne nous prêtant pas à un concours fictif où nous étions vaincus d'avance à armes inégales. C'est l'Évangile qui nous a donné la solution. Elle est au chapitre VIIIe de saint Jean. Nous avons écrit notre composition par terre... »

*
* *

L'énergie morale est amie, on le sait, du silence, de la réflexion et de la réserve. Les moutons vont en troupe quand les lions vont seuls. « La solitude, dit le P. de Ravignan, est la patrie des forts ; le silence est leur prière. »

Chez la jeunesse spécialement, combien de fautes viennent de l'irréflexion ou de l'extériorisation de soi-même, ou de la mollesse ! Ce sont les défauts de tout homme. C'étaient donc ceux des Apôtres. Aussi leur Maître leur demande-t-il de les combattre par l'attention et le courage.

« Réfléchissez donc avant d'agir, leur répète-t-il sans cesse. Voyez cet ouvrier qui veut construire une tour ; il se demande s'il a de quoi l'achever. Voyez ce roi qui va combattre ses ennemis ; il compare dans sa pensée les forces dont il dispose avec celles de son adversaire. »

Et il faut que cette discipline de l'esprit et de la langue soit une condition bien nécessaire à tout progrès intellectuel et moral, car sur ce sujet le Sauveur se montre inflexible. Le caractère des Apôtres, aussi généreux et aussi plein d'élan que l'est celui de la jeunesse chrétienne, répugnait particulièrement à cette contrainte. Toujours prêts à agir, sans peser les conséquences de leurs actes, ils ne pensaient souvent qu'après avoir parlé. Or à chaque fois Notre-Seigneur les rappelle strictement à l'empire sur eux-mêmes.

Saint Pierre surtout eut à se corriger de ses étourderies qui étaient aussitôt réprimées, et rien n'est instructif comme les leçons qu'il reçut. A la Cène, Jésus veut lui laver les pieds comme aux autres. Le voilà qui se récrie : « Non, Seigneur, jamais, jamais ! » Et son Maître sur un ton de reproche : « Tu ne sais pas ce que je fais : tu le comprendras plus tard. » De nouveau Notre-Seigneur annonçait qu'il serait trahi par l'un des siens. « Vous livrer, s'écrie saint Pierre, moi, mais je mourrais pour vous ! » Il paie bien cher cette apostrophe inconsidérée. Il reçoit un regard et un simple mot : « Toi, avant que le coq n'ait chanté trois fois, trois fois tu m'auras renié. »

Même quand il s'agit de choses bonnes, excellentes, il faut savoir les taire jusqu'à l'heure voulue par Dieu. Saint Pierre, saint Jacques et saint Jean avaient vu sa gloire au Thabor. Il leur est défendu d'en parler avant la résurrection, et l'Évangile constate qu'ils furent fidèles à cette prohibition. Une autre fois saint Pierre, sur une question de Notre-Seigneur, affirme qu'il est le Christ, Fils de Dieu. C'est la vérité. Cependant le silence lui est encore imposé. Enfin saint Jacques et saint Jean veulent faire tomber le feu du ciel sur la ville de Samarie qui les a mal reçus. Le Maître leur répond : « Vous ne savez pas sous quelle inspiration vous agissez. Le Fils de l'Homme n'est point venu perdre les hommes, mais les sauver. »

En toute occasion il combat la légèreté, même quand elle semble justifiée et généreuse. Il veut de la réflexion et du sang-froid. Et si vous ajoutez le courage proprement dit, c'est-à-dire une volonté forte qui n'a pas peur de la peine, qui va au bien sans crainte comme sans témérité, qui ne s'effraie pas du scandale ; une volonté qui ne craint pas celui qui peut perdre le corps, mais uniquement celui qui peut perdre l'âme et le corps dans la géhenne ; qui est toute prête à les pousser, souriants et sûrs de l'éloquence opportune et suggestive de l'Esprit-Saint, à porter leurs improvisations devant les synagogues et les tribunaux, quitte à en sortir ensanglantés, mais contents ; une volonté qui les conduira dans le monde, comme des brebis au milieu des loups ; une volonté qui les tiendra dans le monde, concassés et broyés comme la grappe sous le pressoir, et confiants quand même et toujours dans les définitives victoires, dont la sienne est le modèle et la cause ; une volonté qui se défie des reprises, des retours et des défaillances, car il s'agit de porter sa croix chaque jour, et de ne pas savoir où reposer sa tête ; une volonté qui a horreur des futurs et des conditionnels, formules infécondes des velléités pusillanimes ; une volonté qui postule sans cesse le sacrifice, comme étant son unique emploi adéquat ; une volonté qui sait au besoin faire respecter sa dignité personnelle quand l'honneur de Dieu le demande, et toujours allier la prudence du serpent à la simplicité de la colombe : vous reconnaîtrez la formule de cette thérapeutique divine par laquelle on débarrasse notre nature déchue de la faiblesse et de l'inertie, consécutives au péché originel ; vous reconnaîtrez combien faussement l'on a dit que l'Évangile prêche seulement des vertus négatives ; vous reconnaîtrez les procédés de cette psychologie à la fois rationnelle et expérimentale par laquelle on fait sa « cure d'âme » ; vous reconnaîtrez la source de cette énergie morale où s'abreuvent, depuis vingt siècles, les individus et les sociétés civilisées, et qui maintient seule, qu'on le veuille ou qu'on ne le veuille pas, la bonne santé du monde.

*<br>* *

C'est surtout dans nos rapports journaliers avec les autres que l'influence bonne ou mauvaise du caractère se fait sentir. Le Sauveur ne néglige rien pour inculquer à ses Apôtres la pratique des moindres attentions envers le prochain.

Loin de lui l'orgueil et la jalousie. Celui qui veut être le premier dans son royaume doit d'abord se faire le plus petit. A ses côtés, il n'y a d'autres privilèges que l'obligation commune de boire son calice. Arrière l'avarice, péché et ruine de Judas, les jugements téméraires, les cabales et les critiques. Ce qu'il exige avant tout, c'est l'obéissance envers les supérieurs et l'amabilité avec les égaux.

Pouvait-il en effet ne point prêcher l'obéissance, celui qui l'avait assez pratiquée, pour que trente ans de sa vie aient pu tenir en ces trois mots : « Il leur était soumis » ? Aussi le voyons-nous souvent appliqué à exercer la docilité des Apôtres, même dans les cas qui pouvaient leur sembler les plus extraordinaires. Il leur commande de jeter leurs filets à la mer, quoiqu'ils n'aient rien pris de toute la nuit. A deux reprises, il leur fait distribuer cinq pains et deux poissons entre plusieurs milliers de personnes. Sur des indications sommaires, sinon invraisemblables, il les envoie de Beth-phagé préparer son entrée triomphale du jour des Rameaux, retenir et accommoder la salle de la dernière Cène. Et dans ces diverses circonstances, ils sont émerveillés de voir combien facilement on réussit, quand on obéit à un Maître aussi puissant qu'il est bon.

Ce bon Maître, il faut non seulement lui obéir, à lui et à ceux qui le représentent, mais il faut aussi l'imiter dans sa douceur et son aménité. Les Évangiles aprocryphes nous apprennent que les compagnons de Jésus-Enfant l'avaient surnommé « la Suavité ». En effet le premier trait, le trait le plus saillant de son caractère, en même temps que l'autorité, c'est la douceur. Nous ne voyons pas pourtant qu'il ait jamais ri. La pensée du premier péché dont il portait le poids, et dont bientôt il paierait la rançon, mettait sur ses traits l'empreinte d'une gravité qui n'avait rien de rebutant d'ailleurs, puisqu'elle attirait invinciblement tout ce qui était faible ou souffrant ou pur, comme les petits enfants, la Samaritaine, Marie-Madeleine, les filles de Jérusalem même au chemin de la Croix.

A tout moment, il donnait à ses disciples, natures plutôt rudes, le précepte de l'amabilité : « Soyez miséricordieux, leur disait-il, comme votre Père céleste est miséricordieux. » Et il ne manquait point d'y ajouter l'exemple. Condamnant à l'avance ceux qui voudraient défigurer sa religion par une rigueur excessive, on le voit accepter des invitations fréquentes à la table de ses amis. Nous le trouvons même dans les réjouissances d'une noce qu'il sanctifie par son premier miracle. Il sait faire à l'occasion un compliment mérité, comme à Nathanaël. Il adresse des paroles d'encouragement à qui en a besoin, aux malades, à la Samaritaine, à Madeleine, à la femme pécheresse, à vingt autres. Le croiriez-vous ? Il ne renonce point à cette urbanité, même en face de Judas. Il fait tout pour couvrir son crime aux yeux des autres Apôtres, et quand ce traître viendra le livrer, il donnera le change sur son infamie, en l'appelant tout haut « son ami ».

On n'a jamais parlé comme cet homme. Il dit :
« Les premiers seront les derniers... Celui qui souffre
Va sourire... Celui qui monte est près du gouffre...
Heureux les attristés ! Heureux les fatigués !
Ceux-ci reposeront et ceux-là seront gais ! »
— Si le roseau froissé souffre d'une cassure,
Il n'achèvera pas le roseau d'un coup sec ;
Si la lampe crépite en noircissant son bec,
Il ne soufflera pas brusquement sur la lampe ;
Mais, pour que le roseau balance encor sa hampe,
Et l'offre encor ployante aux pattes de l'oiseau,
Il raccommodera tendrement le roseau,
Et pour que de nouveau la flamme monte et brille,
Tendre, il relèvera la mèche avec l'aiguille (1).


*
* *


Telle était la culture des âmes au contact et
sous l'action du Cœur de Jésus. Ainsi gran-
dissaient les premières vies chrétiennes qui
aient édifié le monde. Formation de l'esprit,
formation du cœur, formation du caractère :
l'éducation semble ainsi à peu près parfaite.
Avec la distinction extérieure dont nous parle-
rons plus loin, nous aurons de cette éducation
le complément et la manifestation. Mais à
chaque jour suffit sa peine. C'est l'Evangile encore qui nous défend la précipitation et l'accu-
mulation excessive des mots ou des choses.

Aussi bien il est facile à chacun de continuer
la méditation ou l'expérimentation de ces pensées familières.

_______

(1) EDMOND ROSTAND, *La Samaritaine*, 2ᵉ tableau, scène III.

Voyons à l'horizon un de ces paysages d'Orient connus de tous ceux qui ont feuilleté Gustave Doré, Victor Guérin ou James Tissot. Dans ce paysage, un lac, une montagne, une tour en ruines, un champ de blé, une vigne, une barque : et là quelques hommes attentifs, étonnés, soucieux, ravis, enthousiastes, écoutant le Maître qui parle. C'est là la première école chrétienne, le premier catéchisme, le premier collège, le premier séminaire, le premier Cercle d'études, le premier des Instituts populaires catholiques. L'œuvre qui s'y faisait se renouvelle chaque jour dans nos familles, dans nos classes, dans nos Cercles d'études, dans nos réunions de Congrégations, dans le bureau d'un supérieur, sur l'escabeau d'un confessionnal. Il s'agit toujours de travailler une nature humaine et chrétienne, celle de nos disciples ou même la nôtre.

« Rappelons-nous qu'elle est dans nos mains comme l'argile souple entre les doigts de l'artiste, et que, par des actes répétés avec une longue patience, nous avons à lui faire exprimer les traits de l'Idéal moral : une conscience inviolablement droite, une volonté affranchie et courageuse, un cœur compatissant et dévoué, un extérieur toujours digne (1). »

L'Idéal moral s'est montré là-bas en personne, et ceux qui l'ont vu ou pénétré de plus près, nous ont dit « qu'il était plein de grâce et de vérité », que c'était « une apparition de

(1) J. GUIBERT, *Le Caractère,* p. 250.

grâce et de bénignité portant avec elle le salut, mais dans l'enseignement des vertus fortes et austères. »

L'Idéal moral, nous pouvons le revoir encore. Nous pouvons même le voir deux fois : dans notre Maître comme un foyer, dans nos élèves comme un reflet. Il nous suffit d'être le miroir.

# CHAPITRE XI

## L'ÉDUCATION LITTÉRAIRE D'APRÈS L'ÉVANGILE

---

*L'Évangile et les sujets de compositions littéraires. — In Christum nascentem (vers latins, à l'imitation d'une églogue de Virgile). — Une nuit à Nazareth (composition française). Sur trois chameaux (vers français). — Le Bon Pasteur (vers français).*

Nous avons demandé déjà que, dans les maisons d'éducation où l'on vit vraiment la vie catholique, on intéresse aux choses de l'Évangile l'être tout entier des élèves, leur cœur surtout et leur esprit, leur imagination, leur sensibilité et leur faculté d'écrire.

On y peut trouver, et facilement, la matière de compositions littéraires. Est-ce que cela ne vaut pas mieux que les fables païennes et les sujets bizarres qui encombrent tant de recueils ? La foi aide ainsi à former le goût. La piété devient exercice d'intelligence. Quoi de mieux ?

Du cahier d'honneur d'un établissement chrétien nous avons extrait quatre devoirs : une pièce de vers latins, faite à l'imitation d'une églogue de Virgile, une narration française, et deux poésies françaises.

Nous les donnons ici, sinon comme des modèles, au moins comme des exemples.

M. Emile Faguet, et d'autres examinateurs en Sorbonne, bons juges en pareille matière, ont signalé ce qu'ils appellent une « véritable crise de la langue française », qu'ils attribuent au fait que beaucoup de candidats aux baccalauréats n'étudient plus le latin. On verra ici que le culte des deux langues peut aller de pair, toujours à la lumière de l'Évangile.

## EGLOGA IN CHRISTUM NASCENTEM

### DANIEL *Galaadites*.

Quæ tibi, Saule, precor, subiit dementia mentem ?
Ecce hodie Mosi speciosa Sulamitis uxor
Ducitur, et nomen passim laudesque puellæ
Pastores vario modulamine dicere certant.
Ast æquæva cohors dum carmine gaudia suadet,
Dumque sonant hymenœa, negas tu gaudia solus,
Anxius et mœstum meditaris carmen avena.

### SAULUS *Bethleëmites*.

Me, Daniel, diversa juvat majorque voluptas,
Me meliora trahunt : mihi nec cantantur amores
Rustica nec Virgo, mihi quanquam carmine dulcis
Et cantatur amor, cantatur et inclyta Virgo,
Omnes quam canimus, cujus pia fistula laudes
Ingeminat, sacrumque effert ad sidera nomen ;
Quam nemus et colles, quam nostri pascua ruris,
Quam procul arva sonant, gemebundo et murmure lympha,
Quam referunt modulis volucres, balatibus agni !

## DANIEL

Unde hic tantus amor? Quæ te juvat inclyta Virgo?
Dic nomen, patriumque genus, natalia rura.


## SAULUS

Si tibi nunc audire vacat, mihi dicere dulce est.
Nox erat et fessos sub palma somnus habebat
Atque, jocosa cohors, volitabant somnia circum.
At subito placidus violento turbine somnus
Rumpitur, et suavis vox exaudita per auras.
Jam liquere toros, pastoresque auribus adstant
Arrectis. At (grata nimis spectacula visu!)
En procul insolito manifesti lumine colles
Apparent, nostraque micat lux cælica fronte:
Nascitur et per agros passim, sine semine, florum
Luxuriosa seges, spirant et mollius auræ,
Dum nube in rosea cœlisque patentibus ecce
Desuper attonitos juvenis pulcherrimus adstat:
— « Vivite felices: solio sublimis ab alto
« En Deus Omnipotens, specie pauperculus infans,
« In terras hodie, natus de Virgine, venit.
« Ite, Deoque preces et vota rependite primi.
« Hæc dabo signa piis: non hunc per limina regum
« Marmoreasve domos, non hunc exquirite regem.
« Huic præsepe domus; miseri pro tegmine panni;
« Ite, fidesque et amor sacra ad cunabula ducant! — »
— Dixit: et audita stupet inscia voce caterva,
Quum chorus aligerum concentibus aera mulcet,
Quorum ego dulcisonum repeto nunc carmen avena.


## DANIEL

Quin age cum numeris, puer, et mihi verba repone.

## SAULUS

« Gloria summa Deo, cujus per sæcula laudes
« Trans solis lunæque vias, transque astra resultent :
« Lætenturque viri, quibus integra pectore mansit
« Relligio, pietasque atque incorrupta voluntas !
« Ecce salus hodie, pax en redit aurea terris !... »
— Dixerat ; et sese volitanti nube per auras
Proripuit chorus, et cæli per inania fugit.


## DANIEL

Credo : sed vobis quæ tum sententia menti ?

## SAULUS

Cunctis mens eadem, cunctis subit una voluntas,
Cunctis ire placet, Dominumque invisere natum.
Munera quisque parat ; defert Samuelius hædum,
Agnum Pharæsus ; quem matris ab ubere nuper
Depulerat, pecorisque decus curamque magistri ;
Lætus et ipse addo niveum, pia munera, vellus.
Jam mora nulla ; viam gaudet celerare caterva,
Et præsepe vocat, vocat et cunabula votis.
Vallibus in Bethleem, frondoso ubi culmine rivus
Defluit atque undis contermina pascua nutrit,
Assurgit rupes validis radicibus ingens,
Cujus in exeso latere umbrosoque recessu
Alta caverna subest, omni undique pervia vento,
Quæ sola sub nocte gregem capit atque juvencos.
     Jamque iter huc aderat : subit omnibus una cupido
Scrutari latebras, desertaque tecta subire.
Illic, o Daniel, non enarrabile vidi !
Exulto referens : paleis infantulus ecce
Pauper inopsque jacet, pannique tenellula velant
Membra, atque ad sobolem stat Virgo proxima mater.
Nosque Deum citius dictis agnoscere signis,
Et cumulare preces, et vota rependere primi :

Quum, decus et nostrum Bethlæi et gloria ruris,
Accumbens Phanuel genibus sic numen adorat ;
— « Te quis amor, venerande puer, descendere cælo
« Cogit et humanos, Deus ipse, invisere fines ?
« O Rex Cælicolum, terris nunc pauper et exul,
« Pastor non aderit nostris e vallibus ullus
« Qui tibi inaudito meritas pro munere grates
« Concinat, et donis tibi debita præmia  solvat.
« Pauca quidem nobis, nec opes, nec gratia linguæ ;
« Cor sed in inculto pastorum pectore fervet,
« Nobis fervet amor : tu suscipe cordis amorem,
« Suscipe vota, preces, nostri et munuscula ruris ! » —
   Sic Phanuel ; humilique puer de sede, loquenti
Leniter arridet, probat et pia murmure dona,
Inclyta dum mater verbis respondet amicis :
— « Vobis, pueri, quos huc sacer impulit ardor,
« Sit secura quies, sit longa beataque vita !
« Aurea namque Deo nascente renascitur ætas,
« Et terræ rediere salus, et gaudia pacis.
« Vivite felices : nocturnus ovilia circum
« Non lupus insidias dabit armentisve leones.
« Nil gregibus pastor, gravidis nil  vinitor uvis,
« Nil metuat deinceps opibus segetique colonus.
« At semper vestro maneat sub corde fidelis
« Relligio, atque piis virtus sit maxima cura,
« (Hoc vos ille puer  monet, hoc cunabula suadent)
« Ut senibus miseros quum  vita reliquerit artus,
« Cælicolum detur meritas conscendere sedes ! »
— Dixerat : et petimus demisso corpore terram,
Et pia cum lacrymis pueri damus oscula dextræ,
Extremasque preces tacito de pectore læti
Fundimus, et cunas sacrumque relinquimus antrum.

### DANIEL

O fortunati colles, felicia rura,
Felices pueri, felix o sorte caterva,

Queis et adire Deum licuit coramque precari !
Ah ! vere fuit humanis divina voluptas !
Si Daniel vobis comitem Deus esse dedisset,
Omne pecus Daniel, redamantis pignora cordis,
Donasset puero seque et sua cuncta tulisset.

SAULUS

Si tibi tantus amor, si tanta est cura videndi,
Jam, Daniel, properemus iter : tibi prævius ibo....


## UNE NUIT A NAZARETH

La nuit était douce comme une nuit sous le ciel oriental ; une brise fraîche passait sur les nopals, les grenadiers, les orangers et les palmiers, et en s'y chargeant de parfums, elle faisait gazouiller ensemble toutes leurs feuilles, comme un chuchotement d'âmes pieuses ; les étoiles, une à une, s'allumaient au firmament, scintillant comme un semis de clous d'or sur le manteau impérial de Tibère César ; les Nazaréens, fatigués par cette activité fiévreuse qui les distinguait entre tous les travailleurs de la Galilée, reposaient dans leurs maisons blanches, et les anges veillaient sur leur petite et pittoresque bourgade, étagée aux flancs de ses collines crayeuses, et dont le nom expressif signifie « ville des fleurs ». C'est là que, dans leur petit logis adossé au rocher, derrière la boutique du charpentier, ils dormaient tous trois bien chastement, bien doucement, Joseph, Marie, et le petit Enfant qu'ils avaient rapporté de leur voyage à Bethléem, aux jours du recensement général.

Or, au milieu de la nuit, un chérubin envoyé par Dieu quitta les splendeurs du ciel. Sur ses traits brillants comme la naissante aurore se peignaient en même temps la tristesse et la joie ; son front était voilé d'un crêpe nimbé d'or ; son air était grave ; et il y avait comme des larmes dans son sourire. C'était l'Ange de la Douleur.

Ce beau chérubin, l'un de ceux, dit-on, qui voient toujours la face de la Trinité, vient souvent ici-bas. C'est lui que rencontrait et que chantait sous sa forme humaine, hélas ! sans le reconnaître, un poète qui avait grand besoin de sa présence :

> Partout où j'ai voulu dormir,
> Partout où j'ai voulu mourir,
> Partout où j'ai touché la terre,
> Sur ma route est venu s'asseoir
> Un malheureux vêtu de noir
> Qui me ressemblait comme un frère (1).

Il veille sur le pauvre abandonné, sur les enfants qui n'ont plus de mère ; il frôle souvent l'herbe des fossés où tombe le voyageur épuisé ; il plane sur les champs de bataille ; il est à demeure dans les hôpitaux, dans les mansardes, près des berceaux vides et des foyers sans feu ; il compte les privations et les sueurs du travailleur des bras, les inquiétudes et les problèmes insolubles du travailleur de la pensée ; tour à tour, riches ou pauvres, petits ou grands, il visite les cœurs angoissés ; puis, comme l'abeille chargée du meilleur suc des fleurs, il reprend son vol vers la cité de Dieu. Il y porte les larmes des hommes ; il y murmure, au milieu de l'éternel *hosanna*, les soupirs de résignation qu'il a recueillis sur la terre : et ces larmes et ces soupirs montent par les mains, par les lèvres du bel ange, comme ce parfum dont parle un autre poète :

Quand l'autel est souillé, la douleur est l'encens (2).

L'Ange de la Douleur glissa donc sur l'aile de la brise,

_______________

(1) A. DE MUSSET, *Nuit de décembre.*
(2) LAMARTINE, *Hymne à la Douleur.*

comme une de ces étoiles qui se détachent la nuit du firmament plein d'azur, et il descendit en Nazareth, cet autre Paradis sur terre. Il vint à l'humble maison où reposaient ensemble Joseph, Marie, et le saint Enfant, que seuls appréciaient ici son père nourricier et sa mère. Il se voila de ses ailes, comme une première communiante toute timide ; il adora le grand Dieu devant qui tout n'est rien, et qui s'est fait homme pour nos péchés, et il alla s'agenouiller au chevet de la Vierge sans tache.

Alors, près de l'Ange de la Douleur, la Vierge Marie, dans son sommeil, vit de bien tristes choses.

Elle vit le serpent qui trompait dans l'Eden Eve, la mère des vivants, et qui perdait le monde. Puis elle vit le méchant Caïn qui tuait son frère, le juste Abel, et qui s'enfuyait maudit, tant la jalousie est criminelle devant Dieu !

Elle vit surtout que le juste Abel, qui était égorgé, ressemblait au doux Enfant, la joie de son âme. La Vierge eut peur : elle se réveilla et pleura amèrement. Mais ayant senti que son fils Jésus reposait toujours bien doucement sur le fin lin qu'elle avait tissé elle-même, et qui était blanc comme la neige immaculée des montagnes, elle se rassura, et l'Ange du Sommeil, de sa main discrète, ferma de nouveau sa paupière. Cependant le chérubin, qui était descendu du ciel à Nazareth, sous le toit plat du petit logis galiléen, resta agenouillé aux pieds de la Vierge sans tache. Et, pendant qu'elle dormait de nouveau, elle vit encore d'aussi tristes choses.

Elle vit Abraham qui sur le mont Moria immolait son fils Isaac, les délices de sa vieillesse, et son cœur de mère remarqua que l'aimable Isaac ressemblait au doux Jésus qui était, à elle aussi, son fils unique, non point le fruit de son déclin comme Isaac pour Sara, mais de sa jeunesse en fleur. Il était beau et docile comme l'innocence, et il disait à son père : « Je suis venu pour faire votre volonté. » Cependant le glaive était levé, et le ciel ne s'ouvrait pas pour arrêter la main d'Abraham. La Vierge Mère crut que, sous la figure d'Isaac, c'était son fils qui allait mourir, et, malgré sa présence, elle pleura amèrement. Enfin elle se rendormit bien doucement, la Vierge sans tache, et l'Ange de la Douleur resta à ses pieds.

Et pendant qu'elle dormait, elle vit toujours d'aussi tristes choses.

Elle vit l'innocent Joseph qui était vendu par ses frères juifs pour trente pièces d'argent. Et son cœur de mère remarqua que Joseph ressemblait aussi au doux Jésus, qui était bien comme lui le préféré et l'amour de son Père. La Vierge Mère crut que les marchands égyptiens, en emmenant Joseph lié sur leurs grands dromadaires, lui arrachaient son âme, et elle laissa échapper un gémissement plein d'angoisse, puis un cri de prière, et l'Ange, en s'inclinant, les recueillit tous deux sur les lèvres de la Vierge divine.

Cependant son fils reposait toujours sur le fin lin blanc comme la neige, ainsi qu'une rose épanouie au milieu d'un parterre de lis. Marie, après avoir pleuré bien amèrement dans son réveil fait de surprise et d'inquiétude, se rendormit.

Elle reposait bien doucement, quand cette fois l'Ange de la Douleur la toucha de son aile légère, et, dans son sommeil, elle vit de bien plus tristes choses.

Elle vit une grande croix sur le sommet d'une montagne, et sur cette croix un homme qui agonisait. Ses pieds et ses mains étaient percés de clous, son côté entr'ouvert, sa tête couronnée d'épines, et le sang, comme un voile de pourpre, couvrait tout son corps. Aux pieds de la croix une foule furieuse vomissait le mépris et le blasphème, quand soudain la Vierge crut entendre une voix forte comme celle d'un soldat qui disait : « Celui-là était le Fils de Dieu. » Un rayon de lumière passa sur le front de celui qui agonisait sur la croix, et la Vierge Mère reconnut dans cette figure flétrie, ensanglantée, pâle comme la mort, les traits de son doux Enfant au berceau, la perle de ses yeux, plus beau que toute la beauté du Carmel. Il lui sembla que toutes les angoisses de la terre s'étaient réunies dans son âme, pour la percer de mille glaives, et que beaucoup de sang s'échappait de son cœur.

Elle se réveilla tremblante d'un frisson de fièvre, et toujours le petit Enfant reposait bien doucement sur le fin lin blanc comme la neige, et les anges formaient sa cour, invisibles. Mais elle ne put chasser de son esprit tant et de si tristes présages ; elle se rappela les paroles que le vieux patriarche Siméon lui avaient dites dernièrement au temple de Jérusalem ; et un glaive d'affliction resta enfoncé dans son cœur. Elle pleura des larmes bien amères, et l'Ange de la Douleur, voilé de ses ailes, resta à ses pieds jusqu'au matin.

Alors le saint Enfant s'éveilla avec l'aurore, et son sourire avec un baiser consola, pour un temps au moins, sa mère. L'Ange de la Douleur s'envola de Nazareth, et remonta au paradis des cieux, où, dit l'Apocalypse, chantent autour de l'Agneau et de la Vierge Mère tant d'autres petits enfants. Il emportait les larmes, les soupirs et les prières de la Vierge sans tache, et il était chargé de mérites.

Ces mérites, depuis lors, le Seigneur les garde dans les trésors de sa miséricordieuse grâce, et, quand une mère craint, souffre, tremble quelque part pour son fils enfant, pour son fils adolescent, pour son fils devenu homme, qu'il s'agisse de son corps ou de son âme, sur un cri de cette mère et sur un signe de la Vierge, l'Ange de la Douleur redescend, et il apporte comme un baume consolateur, fait avec les larmes de la première mère chrétienne qui ait pleuré...

## SUR TROIS CHAMEAUX

*Les Mages s'en retournèrent dans leur pays
par un autre chemin.*

S' MATHIEU. III, 12.

Eh ! hop, hop, hop ! Ils retournent, les Mages,
Ils ont près de Jésus déposé leurs hommages,
   Et dans leurs longs pas les chameaux
Font au lointain du sable un roulis de vaisseaux...

Eh ! hop, hop, hop ! La route est inconnue,
Mais de nouveau l'étoile a brillé dans la nue :
   C'est la même qui l'autre jour
Leur montra Bethléem et les guide au retour.

Eh ! hop, hop, hop ! Gaspar dit : « Mes chers frères,
Ce n'est pas le teint frais qui fait les têtes fières ;
   L'enfant riait à ma noirceur.
— C'est, répond Balthazar, c'est qu'il voyait ton cœur. »

Eh ! hop, hop, hop ! « De ce grand roi nos sages
Attendent, l'œil au ciel, par nos voix les messages :
   Que leur apprendre, Melchior ?
— Qu'il est plus sage qu'eux et cent fois plus encor. »

Eh ! hop, hop, hop ! « Dans nos tribus les femmes
Gémissent sous le joug de despotes infâmes,
   Que dire à leurs regards de feu ?
— Qu'une vierge leur sœur est la mère de Dieu. »

Eh ! hop, hop, hop ! « Nos soldats tout en armes
Appellent, lance au poing, la guerre et ses alarmes,
   A leurs cris que répondra-t-on ?
— Que se tuer c'est mal, et que s'aimer c'est bon. »

Eh ! hop, hop, hop ! « Nos enfants sous la tente  
Invoquent l'Idéal dont la soif les tourmente,  
      Ils demanderont s'il a lui.  
— Ils verront dans nos yeux que l'Idéal c'est Lui. »

Eh ! hop, hop, hop ! « Le front bas, nos esclaves,  
Implorant un Sauveur qui brise leurs entraves,  
      N'oseront nous interroger.  
— Ils pourront nous nommer leurs frères sans danger. »

Eh ! hop, hop, hop ! « Les dieux de nos ancêtres  
Réclament inquiets nos vœux, à nous leurs prêtres,  
      Ils ont jalousé nos présents.  
— Nous avons bien placé l'or, la myrrhe et l'encens. »

Eh ! hop, hop, hop ! Balthazar songe, il penche  
Son front qui laisse au vent flotter sa barbe blanche.  
      Gaspar sourit, et Melchior  
Regarde comme un phare aux cieux l'étoile d'or.

Eh ! hop, hop, hop ! Tout près la gent d'Hérode  
S'égare en poursuivant les rois en leur exode ;  
      Et dans leurs longs pas les chameaux  
Font au lointain du sable un roulis de vaisseaux...

## LE BON PASTEUR

### MORT DU P. TRÉCUL, DES MISSIONS-ÉTRANGÈRES DE PARIS, MASSACRÉ PAR LES TOUNGOUSES.

> *Le Bon Pasteur donne sa vie pour ses brebis.*
>
> S<sup>t</sup>. JEAN. X, 11.

Il était toujours premier à l'école,  
Premier aux devoirs, premier aux leçons,  
Ferme dans son air, franc dans sa parole,  
Il avait au front comme une auréole

Qui le distinguait des autres garçons ;
Il était toujours premier à l'école,
Premier aux devoirs, premier aux leçons.

Quand il répondait la messe à l'église,
Vous auriez cru voir un ange des cieux,
Et ni le vieux chantre aspirant sa prise,
Ni le vieux vitrail claquant sous la brise,
N'eût fait de l'autel détourner ses yeux ;
Quand il répondait la messe à l'église,
Vous auriez cru voir un ange des cieux.

« Maman, disait-il, je veux être prêtre,
Je serai savant et peut-être un saint ;
Monsieur le curé le dit : « Pour tout être
Servir Dieu, l'aimer, le faire connaître,
C'est le meilleur sort, c'est la seule fin :
Maman, disait-il, je veux être prêtre,
Je serai savant et peut-être un saint. »

C'est très long et c'est dur le séminaire,
Vrai moule où l'on doit faire du divin,
L'âme à l'idéal, comme aigle en son aire
Monte ; l'être éclate et se régénère,
Comme un grain broyé qui se change en vin ;
C'est très long et c'est dur le séminaire,
Vrai moule où l'on doit faire du divin.

Le temps a marché, l'enfant est un homme,
Plus qu'un homme, il est ministre de Dieu ;
Il est parti, sans qu'un journal le nomme,
Pour prêcher le Christ et pour mourir comme
Un apôtre au cirque, un soldat au feu :
Le temps a marché, l'enfant est un homme,
Plus qu'un homme, il est ministre de Dieu.

Sur son poste, un jour, dans sa Mandchourie,
Les Russes passés, fondent les brigands ;

C'est la guerre, et donc temps de barbarie,
D'outrages, de rapts, de vol et tuerie...
Ils sont là cent en armes, arrogants :
Sur son poste, un jour, dans sa Mandchourie,
Les Russes passés, fondent les brigands.

Soudain au-devant des fusils en joue
Une robe noire, un geste, une croix !..
Puis six coups de feu, dans la rouge boue
Un corps éventré qu'un spasme secoue,
Et deux grands yeux bleus, si bons et si droits...
Soudain au devant des fusils en joue
Une robe noire, un geste, une croix !..

C'est lui, lui si jeune, et pourtant le « Père »
Lui le bon Pasteur, couvrant tous ses fils.
Dans son sang encor leur salut s'opère,
La bande en effroi fuit à son repaire,
Lui de son métier perçoit les profits :
Dans ses vingt-cinq ans, puisqu'il est le « Père »
Et le bon Pasteur, il meurt pour ses fils.

Sa mère a pleuré, mais Dieu dédommage !
Puisqu'elle est chrétienne elle a tout compris.
Chacun en passant lui rend son hommage,
Du martyr en elle on revoit l'image,
Et le cadre est fait de ses cheveux gris :
Sa mère a pleuré, mais Dieu dédommage !
Puisqu'elle est chrétienne elle a tout compris...

# CHAPITRE XII

## LA CULTURE DE LA DISTINCTION EXTÉRIEURE SELON L'ESPRIT DE L'ÉVANGILE

------

*Les exigences du général de Sonis. — La Sainte Écriture et la distinction lévitique — La distinction : ce qu'elle n'est pas. — Ce qu'elle est. — Les avantages de la politesse.— Chez les saints et les grands hommes. — A La Contrie. — Deux archevêques Turpin pour encadrer Roland. — « Pour être un vrai prêtre, il faut être né grand, ou le devenir. »*

Le caractère a son complément et sa manifestation extérieure dans ce qu'on appelle « la Distinction ».

On l'a dit dès longtemps, il y a quelque chose de plus beau que les honneurs : c'est l'honneur. De même, il y a quelque chose que, pour notre jeunesse, nous ambitionnons plus que les distinctions : c'est la distinction elle-même.

Le général de Sonis, si gentilhomme de caractère et de manières, tenait extrèmement à ce que les jeunes officiers chrétiens qui l'entouraient, fussent des modèles de parfaite distinction autant que de religion. Il écrivait en parlant de l'un d'eux : « Je me suis occupé un peu de son extérieur, afin de parfaire la distinction naturelle de sa personne, persuadé qu'en toute chose les chrétiens appelés à vivre dans le monde doivent se rapprocher autant que possible de la perfection, et cela dans un but surnaturel qui n'a rien à faire avec la vanité (1). »

Si telles étaient les exigences d'un général pour ses officiers, il est facile de se figurer ce que le monde attend du futur prêtre.

Aussi bien l'Église qui appelle nos jeunes gens, elle aussi, dans sa milice, est la première à ne vouloir pour son service que des officiers d'élite.

Elle met à la base de son recrutement des conditions d'origine, de famille, d'intelligence, de cœur, de caractère, qui éliminent les indignes, les faibles, ou seulement les impuissants. Même quand nos rangs s'éclaircissent, n'entre pas qui veut dans nos cadres ; tous ceux qui y ont pris place un moment n'y restent point.

Depuis et avant même que notre Maître eût pris douze apôtres seulement pour conquérir le monde, l'histoire est longue des troupes d'élite obtenant des résultats impossibles à des armées plus nombreuses, mais moins parfaites.

Les trois cents soldats de Gédéon, les trois cents zouaves pontificaux de Loigny, les sept mille hommes du général Duchesne montant à l'assaut de Tananarive, ont montré entre autres

(1) *Le Général de Sonis,* par M<sup>gr</sup> BAUNARD, p. 445. Paris, Poussielgue.

que la valeur individuelle centuple le nombre, qu'un héros vaut dix, cent, mille soldats vulgaires.

L'Église sait cela dès longtemps, elle qui est vieille comme le monde. Elle en conclut ainsi qu'un prêtre distingué vaut dix prêtres communs.

Voilà pourquoi elle nous fait lire dans les Saintes Lettres tout ce qui a trait à la distinction chez le prêtre.

« Voyez-vous, nous dit-elle, il est tiré du monde, de la poussière peut-être. N'importe : il est mis à part. Il appartient à un corps d'élite, à un groupe de choix ; sa dignité est royale. C'est un prince, un prince du peuple chrétien. Regardez-le : il a des ornements d'or. Il parle et l'on croit ; on s'agenouille et il pardonne ; il bénit et l'on s'incline ».

Ce n'est point du sang de patricien qui ordinairement coule dans ses veines. Ses frères gagnent leur petite journée ; sa mère a le bonnet de nos paysannes ; son père a le front bruni et les nobles mains calleuses des ouvriers.

N'importe encore. Cet enfant du peuple, dès lors qu'il est prêtre, est un chef : c'est un magistrat de l'ordre spirituel. Par essence, c'est un être mis à part, réservé pour des offices et des vertus spéciales. Il ne ressemble pas à tous. Il a son caractère et sa fonction propres. Par destination, c'est un homme distingué du commun, supérieur au vulgaire.

Il y a sur la terre beaucoup de corruption ; lui, il en sera le sel.

Il y a dans le monde beaucoup de ténèbres ; lui, il en sera la lumière.

Il y a beaucoup d'imperfections ; lui, il doit être parfait comme son Père céleste.

Toutes les passions du cœur humain travaillent à se tailler un royaume en ce monde. Pour lui, son royaume n'est pas de ce monde.

Les autres ont des carrières, des professions qu'ils choisissent ; lui, il est appelé de Dieu, il a une vocation.

Vous voyez bien qu'il est mis à part, que son caractère, sa mission, tout lui est particulier, tout le *distingue*. Oh ! vêtissez-le d'or, et qu'il apparaisse aux foules dans l'éclat des lumières. Multipliez les auréoles autour de son front. Jamais vous ne vous le figurerez plus grand ni plus brillant que l'Église le réclame.

En droit, par essence, par destination, le prêtre catholique est donc un homme *distingué*.

Comment croire après cela qu'il lui soit permis de ne pas l'être en fait, de s'exposer à porter en sa personne l'antithèse vivante des fonctions sublimes et des manières vulgaires, de faire en sa vie, dans ses idées, dans ses sentiments, l'ironie déconcertante des dons qu'il a reçus et des espérances et des respects qui l'environnent ?

D'ailleurs toujours les simples ont vu Dieu à travers la religion, la religion à travers le prêtre, et le prêtre à travers l'humanité qui l'enveloppe.

Soyez-en sûrs : nos jeunes gens ont ainsi d'abord entrevu l'idéal de leur jeunesse à travers la vie de leurs curés. Leur existence laborieuse, leur simplicité, leur bonté, leur grandeur d'âme, leur zèle, leur force de caractère, tout cela les a conquis et ils se sont dit enthousiasmés : « C'est beau d'être ainsi : et moi aussi je serai prêtre ! »

Et s'ils sont là, clairsemés peut-être, mais d'autant plus vaillants, c'est qu'ils ont eu devant eux, près d'eux, des prêtres dont la modestie fait sans doute qu'ils s'ignorent eux-mêmes, mais qui, bien réellement, sont des hommes distingués. Leur seule présence au Séminaire est un hommage. Elle atteste l'éternelle fécondité de la vertu et de la dignité de la vie dans notre sacerdoce français.

C'est saint Thomas d'Aquin qui l'a dit : *Bonum est sui diffusivum*. Le bien est fécond ; il renaît, il se multiplie, il se propage. Le cardinal Bourret ne prétendait-il pas que le nombre et la valeur des vocations sacerdotales était en raison directe du mérite et de la distinction de ses prêtres ?

*
* *

Mais c'est sans doute assez vanter la nécessité et la valeur de la distinction, sous peine de manquer au premier mérite d'un auteur qui consiste, si j'en crois La Bruyère, « à bien définir et à bien peindre ».

Comment définirons-nous la distinction, la distinction lévitique, la distinction chez le jeune Séminariste ?

Vous savez comment Voltaire autrefois définissait l'esprit.

Il se complaisait à esquisser une amplification de vingt lignes. Puis il la terminait brusquement en disant : « L'esprit, c'est ce que je vous définirais mieux, si j'en avais davantage... »

Au moins pouvons-nous dire ce que la distinction n'est pas.

Elle n'est pas la prétention, ni la fatuité, ni la suffisance, ni la vanité. Ce sont là des succédanés de l'orgueil. La distinction suppose même beaucoup d'humilité.

Elle reconnaît les immenses bienfaits de Dieu sur soi, et elle veut en toutes choses en paraître un peu moins indigne.

La distinction n'est pas l'affectation des allures ou des habitudes mondaines. Ce serait là hypocrisie, respect humain, apostasie tacite de notre saint état. La distinction s'allie à beaucoup de simplicité, à beaucoup d'austérité, à beaucoup de piété. Être distingué, c'est être ce qu'on appelait, au XVIIe siècle, un honnête homme. Or n'est-ce pas le grand Racine qui écrivait à son fils Louis Racine : « Monsieur mon fils, je désire beaucoup que vous soyez honnête homme, et que vous vous rappeliez que le premier caractère d'un honnête homme, c'est de rendre à Dieu ce qui lui est dû. »

La distinction n'est pas la raideur hautaine ou la complaisance dans un isolement plein de morgue.

Elle est faite de beaucoup de charité, de mansuétude et de bonté.

La distinction est comme l'épanouissement extérieur de toutes les vertus de notre état. C'est le rayonnement d'une âme sincère, loyale, consciente du bienfait de sa vocation, consciente des devoirs spéciaux qu'elle entraîne envers Dieu, envers nous-mêmes, envers l'humanité.

Elle est faite de savoir-vivre, de tact, de délicatesse. Elle est la fleur et la perfection de la politesse. Elle renferme la politesse comme le tout contient sa partie, mais elle la déborde et la dépasse, tant elle est exquise et suave, réservée et prudente, éclairée et simple ! Elle a donc tous les avantages de la politesse.

La politesse suppose la bonté ; elle remplace la bonté ; elle inspire la bonté. Ce qui rend la politesse si précieuse, c'est d'abord qu'elle suppose la bonté, la charité intérieure. Elle est une victoire sur l'égoïsme, sur l'amour de nos aises, sur le sentiment exagéré de notre propre excellence, sur l'incivilité, en un mot. « L'incivilité, dit La Bruyère, n'est pas un vice de l'âme, elle est l'effet de plusieurs vices : de la sotte vanité, de l'ignorance de ses devoirs, de la paresse, de la stupidité, de la distraction, du mépris des autres, de la jalousie. »

Souvent même la politesse crée en nous ces sentiments de bonté. En assouplissant notre corps au geste de la civilité, nous habituons notre âme à concevoir les sentiments sur lesquels elle se fonde.

Les sentiments sur lesquels se fonde la politesse sont ceux du respect, du dévouement, de l'amour. La femme dont parle Coppée, en apprenant à son enfant à envoyer un baiser au drapeau, lui donne une leçon muette de patrio-tisme, c'est-à-dire de dévouement et de respect à tout ce que le drapeau représente.

C'est dans ce sens que l'on a dit parfois : « L'âme est l'ouvrière de sa demeure ; elle moule son corps. » Plus une âme est délicate et bienveillante, plus les attentions extérieures demandées par la politesse lui semblent faciles, et plus délicatement elle les fait se pro-duire (1).

Ainsi la distinction ne veut en rien ni gêner ni offusquer personne. Elle combat, il le faut bien, le mal et l'erreur. Quant aux personnes, elle ne veut et ne sait que les servir. Elle est franche avant tout. Elle laisse voir l'âme telle qu'elle est. Et comme l'âme du vrai lévite est élevée et noble dans ses sentiments, éclairée dans son intelligence, forte dans sa volonté, douce et dévouée dans son caractère, elle crée autour d'elle la sympathie, elle inspire un invincible attrait. Elle ne pèche ni par excès ni par défaut. Elle maintient son sujet à égale distance de la timidité et de l'effronterie, de la préciosité et de la négligence. Elle règle tout l'être. Elle le met en harmonie avec le but poursuivi, avec l'idéal rêvé, avec le caractère librement accepté. Atti-tude extérieure, démarche, maintien, vêtements, langage, que sais-je encore ? tout devient matière à distinction. Tout naturellement s'imprègne et

(1) Voir notre *Précis de Morale personnelle* (Poussielgue), p. 190.

se pénètre de son parfum et de son éclat, dès que la conscience elle-même n'est plus vulgaire dès que le cœur est distingué.

*<br>* *

Aussi la distinction est-elle l'apanage des belles âmes.

Il était distingué, ce jeune étudiant qu'on appelait Bernardin de Sienne, et devant lequel ses camarades, quand il paraissait, se tenaient comme pages à la cour.

Il était distingué, ce petit pâtre des Landes devenu saint Vincent de Paul. Et quand il introduisait son père, le pauvre paysan de Pouy, auprès d'Anne d'Autriche, reine de France, tous les courtisans admiraient ensemble le père si timide et le fils si distingué par ses simples vertus.

Il était distingué, le curé d'Ars. J'ai vu ses larges souliers et les chaudrons dans lesquels cuisaient, une fois pour toute la semaine, les pommes de terre qui étaient presque son unique aliment. Assurément on ne pourrait pas dire qu'il y eût là de la mondanité. Cependant les contemporains nous rapportent qu'il y avait dans son visage osseux, dans sa large bouche, dans ses yeux noirs, un reflet tout spécial, indicible, devant lequel les plus sceptiques s'arrêtaient haletants, sentant bien que ce pauvre curé de campagne était *quelqu'un*... ce qui a toujours mieux valu que d'être quelque chose.

Il était distingué certes, le cardinal Pie, le

petit enfant du cordonnier de Pontgouin, devenu prince de l'Église romaine. Nous nous rappelons ses allures de grand seigneur, tempérées pourtant par un léger accent de terroir qui trahissait le lieu de sa naissance, comme pour mettre en contraste l'humilité de son origine et la majesté de sa dignité et de ses services.

J'ai vu un jour, à trois exemplaires au moins, un exemple bien suggestif de la distinction dont je parle. C'était, il y a quelques années, à La Contrie.

La Contrie, c'est le château familial des Charette. Il est situé au bourg de Couffé, près d'Ancenis (Loire-Inférieure). Ce jour-là, on y célébrait le centième anniversaire de la mort d'Athanase de Charette, l'un des plus fameux héros des guerres de Vendée, le généralissime de l'armée catholique et royale, fusillé le 27 mars 1796, à Nantes, sur la place de Viarmes, pour son Dieu et son Roi.

C'était le grand-oncle du général de Charette, ancien colonel des Volontaires de l'Ouest, le héros de Loigny.

Le programme de la fête de La Contrie comportait un service funèbre pour le repos de l'âme du héros vendéen et de tous ses compagnons d'armes, son oraison funèbre par Mgr de Cabrières, évêque de Montpellier, puis un de ces banquets comme on n'en voit qu'en Bretagne, et auquel prirent part plus de quatre mille personnes, enfin l'inauguration de la statue du généralissime.

La statue dressée dans le parc de La Contrie

représente Athanase de Charette au moment
où, debout devant les fusils placés en joue, il
découvrait sa poitrine et disait aux soldats ré-
publicains, en leur montrant son cœur : « Ajus-
tez bien ! C'est ici qu'il faut frapper un brave! »

La bannière de Loigny était là flottant au
vent, portée par M. de Traversay qui, le cinquième, au soir du 2 décembre 1870, après
Verthamon, après Fernand de Bouillé, après
Jacques de Bouillé, après Cazenove de Pradines,
la porta et la sauva, teinte de sang. Je l'ai observée de près, et j'ai parfaitement remarqué
que le sang des Zouaves Pontificaux, tombés
dans la plaine entre Villepion et Loigny, s'y
voit toujours en marques d'un rouge jaunâtre,
je ne dirai pas tachant, mais plutôt glorifiant
la soie blanche.

A côté de la bannière de Loigny, du drapeau
de Charette de 1870, on avait arboré le drapeau
de l'autre Charette de 1793-96, retrouvé récemment dans un bourg de ce qu'on appelle le « Ma-
rais » vendéen. Le drapeau de 1793 est en soie
blanche ; il porte aux quatre angles quatre cou-
ronnes royales, et au centre un médaillon où
on lit ces mots qui formulaient les revendication des héroïques insurgés : Justice. Liberté.
Religion. Propriété. » La bannière de Loigny
est aussi en soie blanche. Elle porte l'image du
Sacré-Cœur et ces mots : « Cœur de Jésus, sauvez la France ! » Et il me semblait qu'à cent
ans de distance, sous des termes divers, ces
deux bannières signifiaient et disaient la même
chose.

Au pied de la statue de son grand-oncle, Charette donna un fac-similé de sa bannière de 1870 à Mgr Augouard, vicaire apostolique de l'Oubanghi, au centre de l'Afrique. Mgr Augouard est un ancien Zouave Pontifical, et, après avoir combattu les Prussiens, il continue là-bas à si bien faire aimer l'Église et la France, que le gouvernement de la République a placé sur sa soutane de missionnaire la croix de la Légion d'honneur.

*.*

D'ailleurs des rubans de la Légion d'honneur et des décorations pontificales il y en avait à foison, à La Contrie, le 27 août. C'est que tous les anciens zouaves étaient là, autour de leur chef, c'est-à-dire tous les gentilshommes de la Bretagne, de l'Anjou, du Poitou, de la Vendée et d'ailleurs.

On reconnaissait la camaraderie militaire à la vigueur des poignées de main, à des tutoiements presque étranges, à ce quelque chose de roulant dans l'allure, qu'on reprend malgré soi en retrouvant le compagnon de régiment. Des noms célèbres, noms d'hommes et noms de lieux, se répétaient dans les groupes, erraient naturellement comme des syllabes familières sous les ombrages de La Contrie; Castelfidardo, Mentana, Loigny, Bouillé, Cazenove, Verthamon, Charette......

Charette, il était là, toujours vibrant, toujours électrisant, tel que le représentent les fresques de l'église de Loigny et les tableaux du salon de La Contrie. A le voir si plein de vie, malgré ses soixante ans passés, entouré de tous ces gentilshommes, de tous ces fils de paysans, avec lesquels, lui aussi, il a écrit à Rome et en France une épopée digne des géants de 1793-96, on se demandait si cette fête du 27 août n'était pas, plutôt que la fête du passé, la fête du présent et la fête de l'avenir.

Le général de Charette est de taille moyenne ; ses épaules sont un peu voûtées par l'âge ; les cheveux sont d'un blond grisonnant, ainsi que les moustaches et la grosse impériale ; le front se creuse par moments d'un gros pli ; les yeux sont d'un bleu clair et tendre. Tout cela fait une belle figure de Celte, qui sourit parfois d'un sourire naïf de jeune fille, et qui d'autres fois, comme devant un ennemi présent, lance des éclairs.

Il faut l'entendre parler. C'est sonore, c'est vibrant comme le clairon de la charge : « Chers camarades, cinq ils étaient à la garde du drapeau : quatre ont déjà reçu leur récompense. C'est la gloire du régiment.... J'ai foi dans l'avenir... Criez tous avec moi : Vive le Sacré-Cœur de Jésus ! »

Et l'on applaudissait, et l'on criait : « Vive le Sacré-Cœur de Jésus ! Vive la France ! Vive Charette ! » On ne s'étonne pas qu'un tel homme ait obtenu de ses soldats tant d'héroïsme. L'héroïsme, il le sème, il le distille, il l'inspire par sympathie. On se sent meilleur et plus fort rien que sous sa poignée de main, rien que sous son regard.

*
* *

Il allait ainsi, sous les ombrages de La Contrie, au milieu de la foule des gentilshommes, des grandes dames, des paysans et des paysannes, et de beaucoup de prêtres, ayant à son bras droit Mᵍʳ de Cabrières, et à son bras gauche Mᵍʳ Augouard.

Et mes yeux allaient du monument du grand Charette à ce groupe à la fois idéal et vivant : le général entre les deux évêques.

La distinction ronde et militaire de Charette ne m'étonnait pas ; elle est de race. Celle de Mᵍʳ de Cabrières, non plus : la vertu achève plus facilement ce que la naissance a commencé. Mais en Mᵍʳ Augouard, le fils du menuisier poitevin, le missionnaire familier des hippopotames, des crocodiles et des anthropophages africains, peut-être eût-on pu retrouver quelque chose — honni soit qui mal y pense ! — de la première et plébéienne origine, ou de la longue fréquentation des climats et des hommes encore neufs. S'il y avait de la distinction, chez lui ce devait être une conquête. Eh bien ! la distinction il l'avait conquise, comme tant d'autres choses. Et peut-être même n'a-t-il conquis le reste que par elle. Dans cette belle physionomie s'harmonisait à merveille l'esprit alerte et primesautier, l'intrépidité apostolique, la noblesse épiscopale.

Et c'était comme une vision rétrospective et grandiose. On eût dit deux archevêques Turpin pour encadrer Roland. On eût dit — à double exemplaire — ce docteur et ce chevalier que, par une inspiration géniale, Chapu a placés à la cathédrale d'Orléans, montant une garde éternelle près du tombeau de M<sup>gr</sup> Dupanloup, de celui qui a dit, par ce qu'il en savait quelque chose : « Pour être un vrai prêtre, il faut être né grand — ou le devenir. »

# CHAPITRE XIII

## LA COMPÉNÉTRATION INTÉGRALE DE LA VIE SCOLAIRE PAR L'ESPRIT DE L'ÉVANGILE

*Une inspection dans un Petit Séminaire. — Les Séminaires mixtes. — L'origine des élèves. — Le programme de morale civique. — Le catéchisme et l'Évangile. — La vie de l'éducateur sacerdotal. — La « morale diffuse ». — L'éducation du patriotisme. — La conformité à la Constitution. — Le Supérieur « maître de morale ». — L'enseignement des sciences. — Le Baccalauréat. — Les élèves présidents.*

Sous le régime du Concordat, les conseillers de Préfecture étaient délégués par le Préfet pour inspecter, une fois au moins chaque année, les Petits Séminaires, ou écoles secondaires ecclésiastiques, au nom du Ministère des Cultes.

Voici la sténographie d'une de ces visites plutôt minutieuses et froides.

Si nous ne nous trompons, il en ressort une méthode, une méthode qui vise à compénétrer toute la vie d'une maison d'éducation par l'esprit de l'Évangile.

C'est cela que nous désirerions mettre en relief.

*⁎*

*M. l'Inspecteur, en s'asseyant, aborde tout de suite une question qui avait une signification dans bien des diocèses, la question des Petits Séminaires mixtes, laquelle est redevenue actuelle par suite de la fusion des Petits Séminaires dans diverses institutions diocésaines.*

— Vous êtes le seul vrai Petit Séminaire ?

— Nous sommes le plus ancien. Nos deux Petits Séminaires le sont au même titre, autorisés comme tels.

— Oui, mais à X..., c'est plutôt un collège. C'est le petit nombre des élèves qui va au Grand Séminaire ?

— Le petit nombre, si l'on regarde les élèves en septième, comme d'ailleurs c'est ici ; mais non, si l'on regarde les élèves en Première.

— Mais justement il paraît que c'est le petit nombre des élèves de Première de X..., qui vont au Grand Séminaire ?

— La Première du Petit Séminaire de X... est en moyenne de 4 à 8 élèves. Or, dans une période récente de quatre ans, nous avons vu entrer au Grand Séminaire une vingtaine d'élèves, c'est-à-dire 5 et même 6 élèves par an en moyenne, une année la Première s'étant trouvée ne comprendre qu'un seul élève, lequel est prêtre aujourd'hui. Depuis quarante ans que son premier prêtre est arrivé au sacerdoce, le Petit Séminaire mixte de X..., en a bien donné 150.

— Comment se fait-il cependant que les élèves à X..., étant plus nombreux qu'ici au total, les classes de fin d'études et les entrées au Grand Séminaire y sont en somme beaucoup moins nombreuses ?

— A X..., par suite d'habitudes et de nécessités locales, on accepte les élèves plus jeunes. On y fait une huitième, et même une neuvième, et quelques classes complémentaires de français, toutes sections que nous n'avons point ici.

— A quel âge prenez-vous ici généralement les séminaristes ?

— Après la première communion.

— Quelle est leur origine ? .

— Ils sont du diocèse en majorité. Quelques-uns viennent d'ailleurs, attirés par nos facilités d'admission au point de vue pécuniaire.

— Leurs familles ?

— Leurs familles sont honnêtes et modestes. Le cardinal Z. était de chez nous. Son père était petit cordonnier. L'Église est toujours la grande démocratie. Pie X est le fils de l'aubergiste Sarto. Un de nos anciens élèves, évêque aujourd'hui et bien vivant, édifiait toute la ville, quand il était professeur de philosophie et déjà presque célèbre, par ses attentions délicates envers sa digne paysanne qui portait le bonnet blanc de nos campagnes.

— Enfin il y a à X... d'autres élèves que des élèves ecclésiastiques ?

— C'est possible, c'est même vraisemblable, et l'on peut ajouter, c'est fatal et nécessaire. Il peut y en avoir ici malgré le contrôle le plus minutieux. Nombreux sont les élèves des Petits Séminaires qui n'ont pas été, qui n'ont jamais voulu être prêtres, quoiqu'ils aient simulé le contraire. Impossible d'atteindre la conscience intime derrière son masque, quand elle veut s'en couvrir. Nous sommes volés quelquefois par ces frelons qui mangent le miel des abeilles. Heureux encore quand nous ne les voyons pas, pour toute récompense, piquer la main nourricière de l'Église.

Plus souvent, les vraies aspirations, les vrais sentiments de l'enfant, de l'adolescent, sont plutôt vagues et indéfinis, même devant sa propre conscience. Il est bon, il ne répugne pas à être prêtre, il est pieux, il a même un certain attrait pour le sacerdoce. Ses parents le verraient sans déplaisir, et même avec une joie secrète, se tourner vers l'autel. La famille dans ces conditions, ne peut-elle pas venir réclamer au Petit Séminaire, provisoirement tout au moins, une éducation qui lui convient ? Elle sait que l'éducation tout entière y est ordonnée vers la préparation à la vie lévitique, que le règlement y est particulièrement austère et rigoureux, que les exercices religieux sont ceux d'un vrai séminaire (par exemple messe quotidienne, prière et méditation d'une demi-heure tous les matins pour tous les élèves, lecture spirituelle d'un quart d'heure tous les soirs, retraites, habitudes de piété intensives comme la confession et la communion fréquentes, etc., etc.), que les professeurs y sont tous et exclusivement prêtres, et qu'ils portent tous sur l'*Ordo* diocésain, non seulement le titre de *professeurs*, mais aussi le titre autrement expressif de *directeurs*, absolument comme leurs confrères du Grand Séminaire, dont ils ne semblent être ainsi que les devanciers et les préparateurs, que l'on y parle souvent de la vocation sacerdotale, que MM. les curés sont consultés sur les familles et sur les élèves, qu'ils suivent ces élèves même pendant les vacances, et qu'ils doivent s'y porter garants de leur conduite. La famille sait qu'on n'y fait pas ordinairement de Philosophie, et que des élèves n'allant pas au Grand Séminaire après leur Première, ont été avertis d'aller chercher ailleurs, dans un vrai collège, un professeur de Philosophie. Elle sait qu'une diminution de pension n'est jamais accordée que sur la demande d'un prêtre, après délibération de la Commission des Séminaires, à un élève reconnu pauvre et particulièrement méritant, au point de vue *strictement et exclusivement ecclésiastique*. Une famille qui sait cela, et qui nous amène son fils, ne croit-elle pas l'amener à un vrai Petit Séminaire ? Et nous, quels moyens et quelles raisons aurions-nous de contrister ces familles et de refuser ces élèves, alors que nous ne pouvons encore connaître leur conscience intime, et que souvent ils ne la connaissent pas eux-mêmes sinon confusément, alors que nous avons la conviction — conviction fondée sur des expériences longues et répétées — que parmi les indécis s'éveillera plus d'une vocation sacerdotale excellente, alors que, le déchet de ceux-là même fût-il considérable, il n'est pas nuisible que les vocations sérieuses soient éprouvées par le contact des autres ?

Tout cela est tellement vrai, tout cela est tellement su et senti dans la région, que nombreuses sont les familles qui désireraient une éducation ecclésiastique pour leurs fils, et qui cependant ne les envoient pas au Petit Séminaire de X., parce que c'est un petit séminaire, et que les papas ne veulent pas, comme ils disent, faire de leurs garçons des « curés ».

— Ici, vous n'avez que des pensionnaires ?

— Nous n'avons que des pensionnaires.

*Sourire énigmatique de M. l'Inspecteur, interrogations sur le nombre total des élèves, des professeurs, des élèves de Première, des élèves entrés au Grand Séminaire en octobre dernier, etc., etc.*

*.·.*

*Puis, à brûle-pourpoint :*
— Quel programme suivez-vous ?

— Le voici : le *Plan d'études et les Programmes d'enseignement des lycées et collèges*, avec un an d'avance pour le latin et le grec.

— Tout le monde est en section A ?

— Tout le monde est en section A.

— Comment avez-vous organisé l'enseignement de « la morale civique » (*sic*) prescrit pour la classe de Troisième par le programme officiel, à raison d'une heure de classe par semaine ?

— Nous joignons cet enseignement aux cours d'Instruction Religieuse.

— Comment cela ?

— Nous faisons rentrer sans peine les titres du programme dans l'explication des 4e, 5e, 7e, 8e et 10e préceptes du Décalogue, lesquels affirment, complètent et précisent, quant à leur fondement, à leur sanction et à leurs motifs, les données de la morale naturelle, soit domestique, soit sociale.

— Comment cela ?

— Le 4e précepte du Décalogue définit les devoirs et les droits des parents envers leurs enfants, et réciproquement, et conséquemment les devoirs et les droits de toute autorité qui remplace ou étend la famille (éducateurs, maîtres, patrons, État). Les 5e, 7e, 8e, et 10e préceptes du Décalogue définissent les devoirs de justice, de charité, de solidarité, relativement à la personne, aux biens, à la réputation de cet être que la langue chrétienne appelle « le prochain », et qui est l'homme considéré en société, dans la patrie et dans l'humanité.

— Bien, est-ce tout ?

— Je pourrais dire la même chose pour le programme de morale de la classe de Quatrième A, ou morale individuelle, qui trouve son développement dans les 6e et 9e commandements de Dieu, et dans l'explication de ce que nous appelons les « péchés capitaux ».

Telle est chez nous la satisfaction donnée au programme officiel de morale, *du moins en tant qu'il s'agit de l'enseignement donné en classe par le professeur*. Nous avons ainsi chaque semaine une heure un quart d'Instruction Religieuse, plus trois quarts d'heure consacrés à l'explication du texte même de l'Évangile, qui est bien, tout le monde le reconnaît, le livre de morale par excellence, de la morale individuelle, de la morale domestique, de la morale sociale.

— Pourquoi avez-vous dit, « du moins en tant qu'il s'agit de l'enseignement donné en classe par le professeur » ?

— Parce que, à vrai dire, notre enseignement de la morale dépasse de beaucoup les indications et les exigences du programme officiel, en intensité, en étendue et en durée.

— Voudriez-vous m'expliquer cela en détail ?

— La vie du prêtre-éducateur est elle-même un enseignement permanent et complet de morale. Plus que dans « des lectures, des récits, des entretiens méthodiques », ses exemples sont propres « à fortifier les sentiments favorables au développement moral et à combattre les tendances contraires » (Programme de morale en classe de Quatrième). Ils sont éminemment « propres à faire comprendre la valeur des fins de l'homme en société » (Programme de morale en Troisième).

Oh ! je sais bien qu'il en est de même de la vie de tout vrai éducateur. Mais la vie du prêtre-professeur est particulièrement austère et rude. C'est la vie commune, vie commune non seulement avec la vie de ses confrères, soumise comme la sienne dans tous les détails à une règle stricte et volontairement acceptée, et surveillée par l'administration diocésaine, mais vie commune avec celle des élèves, et mêlée à tous les mille incidents de la surveillance (dortoirs, études, récréations, promenades) puisque les professeurs sont eux-mêmes chez nous les seuls surveillants, quelles que soient l'ancienneté de leurs services et la valeur de leurs grades, fussent-ils licenciés ès-lettres, ès-sciences, ou en droit civil. La vie d'un homme fait, instruit et digne, ainsi comprise et pratiquée, n'est-elle pas aux yeux des élèves un idéal sans pareil de « sincérité, de courage, de délicatesse morale, de probité, de bonté » ? N'est-ce pas en acte, par excellence, « cette éducation de soi-même, cette fermeté de caractère et ce désintéressement, cette autorité intérieure de la conscience et ce respect de la règle, cet homme de devoir en un mot » que nous prône et nous réclame le programme de morale en classe de Quatrième ?

— Tout cela, je le reconnais, peut être soutenu.

— Non seulement il se fait ainsi comme un rayonnement de la morale dans toute la vie du prêtre-éducateur, mais de plus, par le fait seul qu'il est prêtre, prêtre catholique, c'est-à-dire, d'après son ordination même, apôtre et prédicateur (*Sacerdotem oportet prædicare*), il y a forcément une « morale diffuse » dans tout son enseignement. Un mot, un trait, un texte, donne à chaque instant l'occasion de faire jaillir la leçon morale en classe, en récréation, partout, et de former la conscience de l'élève, pour lui montrer « les devoirs qui résultent de la solidarité, les obligations créées par l'instruction que l'on a reçue, par la justice et la fraternité sociale, par les devoirs de famille et de profession, etc., (Programme de Troisième).

Tout cela devient plus tangible encore si l'on pense que ce prêtre, professeur et surveillant, est en même temps, par le ministère sacramentel de la confession, pasteur, médecin, directeur d'âmes, ayant conscience de travailler à former les apôtres de demain, et trouvant là une raison de plus de l'être lui-même davantage aujourd'hui.

Nous avons des *Directoires* imprimés et un *Directoire* manuscrit, spécial à notre maison, qui nous exposent dans cet ordre d'idées les meilleures industries et méthodes pour produire les résultats désirés.

Un prêtre-éducateur qui agit ainsi montre bien, n'est-ce pas, qu'il comprend « l'obligation morale et sociale du travail, qu'il envisage son travail professionnel comme une fonction sociale, qu'il pratique les vertus professionnelles, et qu'il a l'esprit d'association » (Programme de morale en classe de Troisième).

*
* *

— Très bien, mais le même programme spécifie encore les devoirs envers la patrie, envers l'État, envers l'humanité, dont l'observation constitue le bon citoyen...

— Parfaitement, mais je vous ferai remarquer d'abord qu'il y a là une infiltration dans la classe de Troisième, du programme de géographie administrative et d'histoire des classes de Première et même de Philosophie. C'est là qu'on explique ce que sont « les fonctions de l'État, la démocratie et les principes de 1789, les relations des nations entre elles, la justice internationale, la civilisation humaine ».

Indépendamment de ce que nous dirons tout à l'heure, il suffirait donc de verser les élèves de Troisième dans la classe de Première, pour les heures où se donnent ces explications.

Nous pourrions donner encore *a priori* une raison pour nous de différer aux classes de Première et de Philosophie l'étude de cette partie du programme. Tous nos élèves ici ont en vue, et en vue uniquement, le sacerdoce. Aucun n'a l'intention d'abandonner par conséquent ses études à la fin du premier cycle (c'est-à-dire après la classe de Troisième). Il n'est donc point nécessaire pour eux, en raison de la destination exclusive de notre Séminaire, « que les programmes soient organisés de telle sorte que nos élèves se trouvent, à l'issue de ce premier cycle, en posession d'un ensemble de connaissances formant un tout et pouvant se suffire à lui-même ». (Décret du 31 mai 1902, art. 4.)

— Tout cela est juste. Mais « l'idée de patrie »? Mais « l'éducation du patriotisme » ?

— Nos séminaristes sont soldats à leur tour. En raison de l'âge un peu tardif auquel ils commencent leurs études, quelques-uns même le sont avant la fin de leur Petit Séminaire. L'an dernier nous avions un élève de Première qui avait fait un an de service. Il y a deux ans, un autre élève de Première qui avait fait son année de service, avait été caporal après six mois de caserne, avait refusé, au départ de la classe, les galons de sergent, avec la perspective de Saint-Maixent, malgré son capitaine et toute sa famille, famille de militaires, qui voulait le retenir dans l'armée.

Nos professeurs-prêtres, presque tous anciens soldats, font leurs 21 jours en août et septembre. Manière patriotique de prendre leurs vacances...

Nos anciens élèves, séminaristes-soldats des garnisons voisines, viennent voir leurs anciens camarades, le dimanche, en permission, dans nos cours de récréation. Ils ne parlent de l'armée qu'en termes nobles et dignes. Il y a tant d'affinités entre le prêtre et le soldat ! Ils savent d'ailleurs qu'un séminariste-soldat qui ne serait point un soldat modèle cesserait *ipso facto* d'être séminariste. L'an dernier un séminariste-soldat, engagé volontaire, vint tirer au sort avec sa classe dans son village. On lui donna à porter le drapeau des conscrits. Il fit le jeune homme, il donna à causer sur ses faits et gestes. Le lendemain il rentrait à sa caserne ; le soir même, il recevait de son supérieur une lettre l'invitant à ne plus se considérer comme élève-ecclésiastique. Un autre, son temps de service terminé, comptait rentrer au Séminaire. On eut des renseignements douteux, non sur sa conduite et sa moralité, mais sur son peu de capacité aux exercice physiques et sur son défaut de tenue militaire. Il dut changer de diocèse et entrer dans un autre séminaire, à l'essai.

Ce ne sont pas nos séminaristes-soldats qui parleraient de « planter le drapeau dans le fumier ». Tous nos élèves sont habitués à saluer le drapeau, un peu comme la croix. Ils saluent les officiers à partir du 5e galon. Un jour un colonel nouvellement arrivé fut ainsi salué par toute la promenade. Il vient au professeur, la main tendue. — « Monsieur l'abbé, je me doutais bien qu'avec des élèves si parfaitement élevés je trouverais une soutane. Je vous remercie. » — Nos séminaristes-soldats ont un *Chant du départ*, et voici comment ils entrevoient leur vie nouvelle dans la cérémonie des adieux :

Nous saurons, même au camp, toujours nous recueillir...
Sous l'habit du soldat l'âme aussi peut grandir...

Et encore

Il faut partir ;
Au drapeau de la France
Nous porterons des preux la chrétienne vaillance.
Il faut partir ;
Au drapeau de la France
Nous montrerons comment nous savons le servir.

. . . . . . . . . . . . . . . . .

Il faut partir ;
Adieu, pères et frères !
Gardez-nous dans vos rangs nos places toujours chères.
Il faut partir ;
Adieu, pères et frères !
Aussi bons et plus forts nous voulons revenir.

Voilà comme nous portons « le sentiment de la patrie dans l'accomplissement de nos devoirs professionnels » (Programme de Troisième).

— Très bien, mais je suis obligé par ma fonction de vous poser une autre question : « Votre enseignement est-il conforme à la Constitution et aux lois ? »

— Permettez, Monsieur l'Inspecteur, que je réfléchisse un peu pour me demaner si nous ne serions pas des anarchistes sans le savoir. je puis vous dire d'abord que nous n'apprenons point la fabrication des bombes explosives. Ensuite nous ne disons jamais à nos élèves un seul mot de politique proprement dite. Enfin, sans nous vanter, nous pouvons dire que nous aimons la France.

— Je n'en doute pas.

— Nous prions pour elle tous les jours dix fois au moins, d'une manière explicite. Nous disons à la fin de toutes nos formules de prières, grandes ou petites, cette invocation : « Cœur de Jésus, sauvez la France ! »

— N'y aurait-il pas une allusion maligne dans l'expression « Sauvez » ?

— Aucune allusion. La preuve, c'est que cette prière est chez nous la même depuis près de quarante ans, invariable malgré tous les changements de ministère. Nous demandons au Cœur de notre Dieu, de ce « Christ qui aime les Francs », comme disait le préambule de la Loi Salique, de préserver notre patrie de tout mal, des maux physiques, des maux moraux, des maux intérieurs, des maux extérieurs, surtout des désastres et du démembrement. Nos vieux maîtres nous ont appris à la dire, cette prière, en 1873, à la suite du vote de l'Assemblée Nationale qui déclarait d'utilité publique la mise à la disposition des archevêques de Paris, des terrains de Montmartre, à l'effet d'y construire un temple national en l'honneur du Sacré-Cœur de Jésus.

D'ailleurs cette expression « Sauvez » est l'expression officielle. C'est celle que toute l'Église de France emploie sur l'ordre du Saint-Siège, ordre sollicité jadis par l'ambassadeur de la République française auprès du Vatican. Ne chantons-nous pas *Domine salvam fac...*

— *Rempublicam...* je vous y prends, et non pas *Galliam !*

— Qu'à cela ne tienne, Monsieur l'Inspecteur ; nous sommes si peu les ennemis de la République que ce *Domine salvam fac* REM-PUBLICAM », nous le chantons nous-mêmes à tous nos offices à la chapelle, bien qu'il ne soit obligatoire que pour les églises et chapelles *publiques*, et que M. le Préfet nous ait rappelé dernièrement le caractère exclusivement privé de notre chapelle, en faisant insérer, paraît-il, au *Recueil des actes administratifs*, un arrêté qui l'interdit au public. Si vous assistiez à nos messes, Monsieur l'Inspecteur, et que vous entendiez l'unisson puissant des voix de nos jeunes gens et de leurs maîtres soutenu par le jeu de nos grandes orgues, demandant au Seigneur de « sauver la République », vous seriez convaincu tout de suite que notre éducation n'a rien d'anti-constitutionnel. Tout le Séminaire a toujours participé par sa présence et par ses chants aux cérémonies officielles, demandées par l'autorité publique ou organisées avec son concours, aux services pour les Présidents de la République, Carnot et Félix Faure, pour les Enfants du département morts pour la patrie,... etc. A nos fêtes, le drapeau tricolore flotte sur notre façade, avec R. F. sur le cartouche. Il y fut mis en berne, voilé d'un crêpe, à la mort de Félix Faure. Lors du retour de Cronstadt, après la proclamation de l'alliance franco-russe, le Séminaire pavoisé aux couleurs des deux nations et illuminé le soir, attira l'attention et les applaudissements de toute la ville. Il y a deux ans, le Comité du *Souvenir Français* nous demanda notre chœur de chant pour l'anniversaire de la grande bataille de Z. Bien que ce fût à quarante kilomètres et en hiver, nous y allâmes avec quarante élèves. Nos chants exécutés devant une foule immense, devant toutes les autorités civiles et militaires, firent demander « quels étaient ces artistes qu'on avait fait venir de Paris (*sic*) ». Tous les trois ans, nous dirigeons notre grande excursion annuelle vers l'ossuaire de Z. Vous savez quels braves y reposent. Vous connaissez l'ancien curé de ce village, le curé légendaire, chevalier de la Légion d'honneur, lauréat de la Société Nationale d'Encouragement au Bien, lauréat du prix Montyon à l'Académie française. C'est un de nos anciens élèves. Le seul historien de la Garde Mobile de notre département, lors de la campagne de 1870, est un chanoine, ancien élève du Petit Séminaire de X. dont vous me parliez en commençant. Cette histoire est lue tous les deux ans, devant notre Séminaire, au réfectoire. Sur les cinq aumôniers volontaires de la Garde Mobile en 1870, un a fait ses études au collège ecclésiastique, et quatre dans notre Séminaire. Un de nos professeurs était parti à la suite de nos troupes. Il fut rappelé par son supérieur pour être aumônier militaire sur place, à cause de sa connaissance de l'allemand. Notre Séminaire venait d'être transformé en ambulance mixte pour les blessés des deux armées, et il put suffire à cet écrasant service jusqu'à la fin de la guerre, grâce au dévouement des maîtres qui se faisaient tour à tour infirmiers et professeurs, car les élèves n'avaient pas été licenciés. Nous avons notre diplôme et notre croix commémorative de la Société de la Croix-Rouge.

Nos élèves vous diraient qu'on leur donne en prix des volumes dont l'un entre autres, dû à une plume qui leur est sympathique — et pour beaucoup de raisons — termine ainsi : « La fréquentation des peuples voisins réveille en nous, par comparaison, un plus profond patriotisme, un amour plus réfléchi de toutes les traditions qui, au milieu des mérites que nous reconnaissons aux autres peuples, constituent à nos yeux essentiellement l'âme française, et qui ont fait notre nation glorieuse. En voyant flotter ici et là et en saluant avec sympathie et respect des drapeaux dont les couleurs ne sont pas les nôtres, on se rappelle avec plus de fierté encore et d'enthousiasme nos drapeaux à nous,

Nos drapeaux du passé, si beaux dans les histoires,
Drapeaux de tous nos preux et de toutes nos gloires,
          Redoutés du fuyard,
Percés, troués, criblés, sans peur et sans reproche,
Et qui dans leurs lambeaux mêlent le sang de Hoche
          Et le sang de Bayard...

Voilà encore une fois, Monsieur l'Inspecteur, comment nous entendons au Séminaire « l'éducation du patriotisme ».

Ajouterai-je certains faits qui caractérisent l'esprit de notre enseignement? Dans un discours qui a été imprimé, l'un de nous disait : « Prions, comme la formule du prône nous y invite, pour les magistrats et les autorités, pour ceux qui nous gouvernent. Loin de nos cœurs tout sentiment, loin de nos lèvres toute expression qui ne serait pas absolument évangélique. Demandons que la religion catholique reste la religion de l'immense majorité des Français. Demandons que les erreurs et les malentendus disparaissent. Demandons que notre temps dans lequel tout n'est pas mauvais, soit définitivement conquis pour le Christ. Demandons que le règne pacifique de la liberté, de l'égalité et de la fraternité, soit réel pour tous, dans l'accomplissement de tous les devoirs et le respect de tous les droits. »

Un autre, dans un discours également imprimé, montrait, dans nos églises, les vrais monuments historiques de la liberté, de l'égalité et de la fraternité.

Un autre, dans un discours intitulé *l'Église et l'Ouvrier*, montrait que le Christ, saint Paul, tous les Saints, tous les Papes, avaient toujours traité les petits et les humbles « non plus comme des esclaves, mais comme des frères et des frères bien-aimés (1) ». Un autre disait : « Faites-vous une âme haute, grande et large, pour y placer tous les nobles amours, l'amour de Dieu, l'amour de vos parents, l'amour de la France. Ayez horreur de l'intolérance et de l'oppression. Rappelez-vous et sachez rappeler autour de vous qu'il y a des droits imprescriptibles, des droits supérieurs à la tyrannie du nombre et du succès. Soyez dans notre démocratie moderne les champions les plus ardents, les défenseurs invincibles de la liberté, de l'égalité, de la fraternité. La liberté, l'égalité, la fraternité, ce doit être le bien commun de tous les citoyens dans la République. Ce serait raccourcir le drapeau, ce serait mutiler le drapeau, que de ne pas couvrir également de ses plis tous les enfants d'un même pays.

« Soyez donc des modèles de foi chrétienne et d'honneur domestique. Ce n'est plus assez : soyez des héros de courage civique. Ne croyez pas facilement au mal ; soyez indulgents pour l'ignorance et l'erreur. Acceptez de votre temps tout ce qui est bon et généreux, car tout cela appartient à votre foi, bien avant d'appartenir à

(1) Épître de saint Paul à Philémon.

la philosophie. Ayez le courage de reconnaître et de dire que dans la *Déclaration des droits de l'homme et du citoyen*, ce qu'il y a de meilleur n'est qu'une traduction de l'Évangile. »

* <br> * *

Voilà, Monsieur l'Inspecteur, comment nous comprenons « la liberté de penser, la tolérance, la démocratie, et les principes de 1789 » (Programme de morale en classe de Troisième).

Ajouterai-je que le pauvre supérieur obligé de quêter annuellement pour ses enfants d'adoption les quatorze ou quinze mille francs de bourses que l'État a supprimés brusquement en 1886, a souvent l'occasion de faire appel, même en présence de ses élèves, « aux sentiments démocratiques des fidèles, à la justice et à la fraternité sociale, au droit à l'assistance des individus » particulièrement intéressants qui sont ses enfants (Programme de morale en Troisième). De même il lui est facile et doux, se fondant « sur ce que ces individus reçoivent de la société », de rappeler à ces mêmes élèves « les devoirs qui résultent de la solidarité, et les obligations à eux spécialement créées par l'instruction qu'ils ont reçue », grâce à l'esprit de solidarité admirable, grâce à la charité inépuisable des catholiques. (Toujours le même programme.)

*Sourire d'acquiescement plutôt aimable de M. l'Inspecteur. Il reprend :*

— Mais « l'humanité, les relations des nations entre elles, etc. »

— Nous avons un professeur qui a visité l'Angleterre, la Belgique, la Hollande, l'Italie, la Suisse, l'Espagne et le Maroc. Un autre a séjourné en Bavière. Un autre a séjourné en Belgique, aux Bords du Rhin, en Alsace et en Suisse. Il en a même écrit. C'est dire qu'ils ont quelques garanties de compétence, pour l'enseignement qu'ils nous donnent. Nous conservons dans tous ces pays des correspondants, même des amis intimes. Nous avons souvent des conférences avec projections lumineuses, par exemple sur l'Italie artistique et monumentale, Rome, Venise, le Rhin militaire, le Transvaal, les mines franco-belges, l'Egypte, la Tunisie, Metz et Strasbourg, le Japon, la Russie, etc.

Un jour nous eûmes une conférence d'un Père du Saint-Esprit, missionnaire dans l'Oubangui, lequel avait reçu chez lui toute la mission Marchand en route à travers le centre de l'Afrique. Un autre jour c'était un des Pères blancs du cardinal Lavigerie qui nous entretenait du Soudan, de la Kabylie, du Sahara, du Congo et de l'Afrique équatoriale. Un autre jour c'était un de nos vétérans, mariste, qui nous parlait de l'évangélisation des îles de l'Océanie. Un autre jour c'était le Procureur des Missions Maronites qui nous parlait des catholiques du Liban si amis de la France.

A chaque instant ce sont les lettres ou les conférences de départ, au moment de leurs adieux, de nos anciens professeurs et élèves, aujourd'hui missionnaires aux États-Unis, aux

Indes anglaises, en Australie, au Tonkin, en Birmanie, au Siam, au Laos, au Cambodge, dans l'Annam, dans les différentes provinces de la Chine et au Japon. Récemment trois de nos anciens élèves partaient ainsi, un pour le Laos, et deux pour la Mandchourie.

Depuis vingt-cinq ans nous avons donné à l'expansion chrétienne et française, « à la civilisation humaine » pour parler comme le programme de Troisième, près de quarante missionnaires dont la formation n'a pas coûté un centime à l'État.

Nos élèves concourent bien aux travaux de ces missionnaires. Quelque pauvres qu'ils soient, ils donnent sou par sou des sommes relativement considérables aux œuvres de la Propagation de la Foi, de la Sainte-Enfance, etc. Ils lisent les *Annales* de ces œuvres, la grande revue des *Missions catholiques*, les comptes-rendus annuels de toutes les Sociétés de missions, et il se forme ainsi en eux la compréhension nette et de l'état et des besoins de l'humanité.

— Vous ne m'avez point parlé de la façon dont vous enseigniez les devoirs de famille.

— Parce que c'est l'enseignement même du quatrième précepte du Décalogue, au cours de catéchisme.

*⁂*

— Je vois, au programme de Quatrième, « le courage de résister à l'opinion par respect pour sa conscience... »

— Le fait seul de leur entrée au Séminaire

et de leur persévérance, est une affirmation de ce courage chez nos élèves, et même chez leurs familles. Ne vous fâchez pas, Monsieur l'Inspecteur, si je vous rappelle qu'un fils d'instituteur a été pour son père, de ce seul chef, l'occasion de certains ennuis que vous pouvez connaître. Il n'est personne parmi nos élèves qui n'ait entendu sur sa route des « hou, hou ! » ou des « couac », personne qui n'ait lu sur les murs de sa circonscription les professions de foi qui promettent au clergé le pain sec, la prison ou le bannissement. Ils sont là cependant.

— Et la « liberté de penser, la tolérance » du programme de Troisième ?

— Nos élèves en sont les clients, les témoins, les vengeurs paisibles, les victimes parfois. Tel d'entre eux a dû subir, subit encore, pour suivre sa vocation, des luttes domestiques bien cruelles. Ils comprennent le « courage contre la souffrance » du programme de Quatrième A. Ils comprennent aussi, du même programme, le « courage contre le plaisir ». J'en connais qui, contre les invitations paternelles, ont dû reprendre le tison de saint Thomas d'Aquin. Ils comprennent la « délicatesse morale et le dégoût des plaisirs grossiers » (Programme de Quatrième).

Quant à « la liberté de penser, quant à la tolérance », voici l'esprit qui est le nôtre. Nous n'admettons pas qu'on nous rende responsables de tout ce qui peut être reproché, à tort ou à raison, à la Saint-Barthélemy, à la Révocation de l'Édit de Nantes, aux Dragonnades, aux Deux-

Décembre, ou à tout ce qu'on voudra. Nous ne sommes pas des hommes du passé, nous sommes des hommes du présent, en marche vers l'avenir. Nous ne sommes ni pour Cauchon qui brûla Jeanne d'Arc, ni pour Calvin qui brûla Michel Servet. Nous sommes pour le Jésus de l'Évangile qui maudit les Pharisiens et chassa les Vendeurs du Temple, qui refusa de faire descendre le feu sur les Samaritains inhospitaliers et qui demanda le pardon de ses bourreaux.

Dans les choses de conscience, nous n'admettons ni l'hypocrisie ni la contrainte. *Tartufe* n'est pas de chez nous. Si jamais il a mis le pied dans un séminaire, soyez sûr qu'il en a été ignominieusement chassé. Quant à *Orgon*, s'il est tel que le représentent MM. Brunetière et Faguet, c'est-à-dire un sot, et un sot rendu sot par sa fausse piété, et s'il a passé par un séminaire, il en a été éliminé en douceur. M<sup>gr</sup> de Ségur disait : « Défiez-vous des élèves qui sont pieux et bêtes ; la piété passe, la bêtise reste. » Et M<sup>me</sup> Swetchine disait : « Travaillons à rendre notre raison pieuse et notre piété raisonnable. »

Chez nous on entre assez difficilement, après présentation, enquête et examen. Il est toujours facile de sortir, par exclusion, par conseil amical des maîtres, par changement de goûts, par coups de tête, par incidents de vacances. Dans les dix derniers mois de l'année scolaire nous avons ainsi perdu 13 à 14 % de notre effectif. La proportion est forte pour une année. Les départs volontaires, après essai des forces, y entrent pour la moitié. Pour le reste, ce sont des exclusions.

Nous sommes revenus au temps des soldats de Gédéon. Nous ne voulons, plus que jamais, que des volontaires.

Nous ne demandons jamais d'indemnité pour les élèves-boursiers qui nous quittent ou qui sont exclus. Nous nous contentons d'inspirer à nos lévites « la sincérité, la franchise, la véracité, la probité » (Programme de Quatrième). Nous les dirigeons, nous les soutenons dans leurs indécisions, nous les encourageons, nous les faisons réfléchir ; mais, cela fait, il leur reste (et ils en usent parfois) « la liberté de penser » autrement que nous...

— Nous avons, je crois, épuisé les matières du programme de morale dans les deux classes de Quatrième et de Troisième.

* *

— Il me reste, Monsieur l'Inspecteur, une dernière observation ; car, non seulement notre enseignement de la morale déborde le programme officiel en étendue, mais il le dépasse surtout en intensité et en durée.

Je vous ai dit jusqu'à présent ce que nous faisions tous et chacun, professeurs-prêtres, et toujours, et partout, pour la formation de tous et de chacun de nos élèves.

Mais, à bien préciser les choses, il y a un vrai et très spécial cours de morale qui est fait, non pas seulement à deux classes, mais à toutes les classes réunies, non pas seulement par un professeur, mais par le supérieur lui-même, non

pas seulement à raison d'une heure par semaine, mais à raison d'une heure par jour.

— Comment cela ?

— Il y a ici, comme dans tous les séminaires,
trois exercices quotidiens auxquels préside toujours le supérieur. Le premier s'appelle la *méditation* ; il a lieu de 5 h. 30 à 6 heures du matin (les élèves se lèvent à 5 h. et ont une demi-heure pour leur toilette et leur ménage qu'ils
font eux-mêmes). Le second s'appelle l'*examen
particulier*, et va de 11 h. 45 à midi. Le troisième
s'appelle la *lecture spirituelle*, et va de 7 h. 15 à
7 h. 30. On pourrait y ajouter un exercice public
hebdomadaire qui a lieu en présence de tous les
maîtres, qui dure à peu près une heure, le sa-
medi, de 3 à 4 heures, et qu'on appelle la *lecture
des notes*, avec les remarques individuelles faites
à chaque élève à tous les points de vue, soit pour
l'éloge, soit pour le blâme.

Mais, à nous en tenir aux trois exercices journaliers, il est facile de voir qu'ils concourent de
la façon la plus intense à la formation morale de
nos élèves.

En effet, la *méditation*, comme le mot l'indique,
consiste à méditer, à réfléchir sur les vérités de
notre foi, et sur leurs applications immédiates à
notre conduite d'hommes et de chrétiens pendant la journée qui commence. C'est une lecture
lente et commentée d'un ouvrage, dans le genre
(mais sous une forme plus accessible) des *Élé-
vations sur les Mystères* ou des *Méditations sur
l'Évangile* de Bossuet, ou du *Mystère de Jésus*
dans Pascal. Souvent c'est une causerie grave,

paternelle et cordiale du supérieur, sur les leçons de la fête du jour, sur les vertus chrétiennes, sur la vie d'un saint.

L'*examen particulier* est la transposition dans la pratique chrétienne de cet exercice que connaissaient déjà les Stoïciens, comme l'a écrit si justement M. Constant Martha, et qui consiste à faire en détail sa revue morale, à dresser le bilan exact de ses victoires et de ses défaites de conscience. Le supérieur fait cela pendant un quart d'heure chaque jour devant tous les élèves.

De la *lecture spirituelle*, M<sup>gr</sup> Dupanloup disait : « C'est un exercice très improprement nommé, vu qu'on n'y lit jamais ou presque jamais. » En effet, c'est un exposé suivi de tous les devoirs de l'écolier, de l'adolescent et du jeune homme, devoirs envers le corps, envers l'âme, envers les autres, envers la famille, la société, la patrie, l'humanité, l'Église. C'est un cours complet de morale fait tous les jours, par le supérieur, à tous les élèves, et où les différents sous-titres du programme de Troisième et de Quatrième constituent les divisions mêmes de ces entretiens à la fois méthodiques, austères et affectueux.

— Vous faites en effet bien valoir vos procédés d'enseignement.

— J'aurais pu ajouter, Monsieur l'Inspecteur, bien d'autres *confirmatur*, comme par exemple les instructions faites chaque dimanche à tour de rôle par les professeurs à la grand'messe, les lectures publiques au réfectoire pendant les trois repas de chaque jour. Nous venons d'y lire le Discours de M. Thureau-Dangin à l'Académie Française sur les prix de vertu ; nous y lisons le matin, en ce moment, la vie d'un apôtre du peuple, le P. Millériot. Nous pourrions ajouter nos fêtes et séances littéraires ou nous avons fait représenter récemment les chefs-d'œuvre qui chantent par excellence l'amour de la patrie en général, l'amour de la France surtout, le pardon des injures et le dévouement héroïque, et qui ont pour titres *La Fille de Roland* de Henri de Bornier, les *Jacobites* et le *Pater* de F. Coppée, *Cœur de prêtre*, par le P. du Coëtlosquet. Nous avons fait entendre l'an dernier à nos grands élèves le barde breton Théodore Botrel qui dit comme personne, vous le savez, l'attachement à la petite patrie, la province, l'attachement à la grande patrie, la France, et l'attachement à la foi des deux.

N'y a-t-il pas dans tout cet ensemble, et à un degré éminent, ce que demandent les programmes officiels, à savoir « des lectures, récits, entretiens méthodiques propres à fortifier les sentiments favorables au développement moral et à combattre les tendances contraires (classe de Quatrième), propres aussi à faire comprendre la valeur des fins de l'homme en société » (classe de Troisième) ?

— Je ne le conteste pas et je vous remercie de me l'avoir exposé de la sorte...

*
* *

. . . . . . . . . . . . . . . . . .

*M. l'Inspecteur reste pensif un moment. Il reprend :*

— Il paraît que vous avez beaucoup amélioré l'enseignement des sciences dans votre Séminaire?

— Notre professeur est licencié ès-sciences mathématiques, et familier des laboratoires de la Faculté.

— Il suffit : cela ne court pas les rues.

— Combien êtes-vous de professeurs ?

— Nous sommes neuf, c'est-à-dire le supérieur, le professeur de sciences, le professeur de langues, et les professeurs de classe depuis la Septième jusqu'à la Première inclusivement. Nous devrions être dix, mais nous avons réuni provisoirement deux classes inférieures peu nombreuses, afin d'économiser la pension d'un de nos confrères à l'Institut catholique. Nous nous partageons toutes les fonctions supplémentaires. Par exemple, le supérieur est comptable, préfet d'études et de discipline, directeur de l'Œuvre des Vocations, suppléant de tous, etc.

— Quels sont vos grades ?

— Un licencié ès-lettres, un licencié èssciences, un licencié (bientôt docteur) en droit civil, des bacheliers, deux étudiants pour la licence ès-lettres ; l'un, je l'ai dit, pensionnaire à l'Institut catholique, l'autre qui s'échappe le jeudi pour aller aux corrections de devoirs et aux cours à la Faculté. Nous espérons ainsi être cinq licenciés, à la fin de l'année scolaire.

— C'est méritoire et c'est très beau pour un Petit Séminaire.

— Nous avons le bonheur d'avoir des chefs qui pensent qu'un Petit Séminaire ne doit le céder, à aucun point de vue, à aucun autre établissement.

— Est-ce que vous présentez vos élèves au baccalauréat ?

— Nous les préparons selon le programme ; nous ne les présentons pas. C'est une affaire d'argent. Nos élèves sont en majorité d'origine modeste. Ils n'ont pas tous facilement les cent francs nécessaires au voyage et aux droits d'examen. Ceux qui peuvent les recevoir de leurs parents ou de leurs bienfaiteurs vont au baccalauréat ; les autres se contentent de passer gratuitement leur examen d'admission au Grand Séminaire, dont le programme est le même que celui du baccalauréat, et dont les sanctions les touchent encore davantage. Plus tard, s'ils sont professeurs, tout en faisant classes et surveillances, ils repasseront leur programme ; et ils emploieront les prémices de leur humble traitement à se payer leurs frais de baccalauréat. Quelquefois le pauvre supérieur, en économisant à droite et à gauche, arrive à subvenir discrètement et en sourdine aux frais de tels ou tels examens, en faveur d'élèves qui donnent des espérances particulièrement bonnes pour l'avenir, au point de vue de l'enseignement.

— C'est une vie dure que celle du prêtre-professeur ainsi comprise. Votre administration en tient-elle compte ?

— La plupart de nos confrères, dans les paroisses de la campagne, mènent une vie que l'isolement et l'inutilité apparente des résultats présents rend plus dure que la nôtre. Notre enseignement ne manque jamais de volontaires. Nos professeurs ont 400 francs de traitement, 500 francs quand ils sont licenciés, 600 francs après dix ans d'enseignement.

— Par exemple !... Mais vos surveillants ?

— Je vous ai déjà dit, Monsieur l'Inspecteur, que nous n'avons point de surveillants. Les professeurs font eux-mêmes la plus grande partie de la surveillance. Pour l'autre partie, les élèves se surveillent eux-mêmes.

— Comment cela ?

— A l'étude, par exemple, il y a, comme surveillants, dix élèves de Première et de Seconde, lesquels portent l'habit ecclésiastique au moins le dimanche. Ils sont répartis à raison d'un par table. Ce sont les seuls *présidents*, responsables et respectés. Les professeurs ne président à l'étude que les grandes compositions. Ils n'y paraissent que de temps à autre pour la direction du travail. Analogues aux sous-officiers des écoles militaires, ou plutôt aux frère aînés dans les familles, les *présidents* font d'avance ce qu'ils feront dans cinq ou six ans en qualité de professeurs. Ils préviennent, ils réprimandent, ils signalent. Leurs notes sont acceptées comme valables. Tout le monde a le droit de réclamer contre eux, de faire remarquer leurs abus, s'ils en commettent. Les plaintes sont bien rares, bien que d'ailleurs le bureau du supérieur soit accessible à toute heure, et sa boîte aux communications à la portée de toutes les mains. *A priori*, ce système paraît impraticable, même à beaucoup de nos collègues dans d'autres diocèses. Chez nous, il est en vigueur depuis quatre-vingts ans, et des générations entières de prêtres témoignent de ses excellents résultats. N'est-ce pas là encore chez nous une manière de faire pratiquer, avant la lettre, les différents points du programme, c'est-à dire « le courage de reconnaître ses torts, de s'accuser, le respect des engagements, la probité de l'écolier, la bonne camaraderie, l'amitié, le sentiment de la dignité morale, le gouvernement de soi-même, la fermeté du caractère et le désintéressement, l'autorité intérieure de la conscience et le respect de la règle, de manière à former l'homme de devoir » (Programme de Quatrième) et en unissant dans une sage mesure « la liberté individuelle et la discipline sociale », de manière à former « le bon citoyen » (Programme de Troisième) ?...

*<br>* *

. . . . . . . . . . . . . . . . . .

M. l'Inspecteur sourit et demande à visiter une classse. Il entre en Première. Les vingt-cinq élèves se lèvent et croisent les bras. Ils ont de dix-sept à vingt-et-un ans. Ils expliquent une version grecque.

M. l'Inspecteur suit pendant quelque temps l'explication. Il demande à voir le cours d'histoire. Il en lit deux ou trois pages vers la fin. Il rend le livre sans aucune réflexion. Il juge l'aération, le chauffage (par une bouche de calorifère à air chaud), trouve le tout très bien, s'incline et sort. Il constate que les larges corridors sont chauffés par le même calorifère, que la salle d'étude a quatorze fenêtres, que le préau fermé pour les récréations est très sain, que les dortoirs sont blancs et hygiéniques, les lavabos propres, la bibliothèque considérable par le nombre (10.000 volumes) bien que modeste d'aspect, le rucher bien assorti avec ses vingt ruches à cadres, la cour de récréation taillée dans un morceau du grand parc, la ferme discrètement cachée derrière les grands arbres avec ses quatre vaches, ses deux ânes, etc.

Il entre au réfectoire et touche la toile cirée des tables, ouvre le livre de lecture pour les deux repas principaux, visite l'office et la cuisine, se fait décrire par la sœur le menu journalier qu'il trouve plus que confortable. Il monte à l'infirmerie. Elle est chauffée par un calorifère à eau chaude, alimenté par le fourneau de la cuisine. Il ouvre la salle de bains, fait fonctionner les robinets à eau froide et à eau chaude, et même l'appareil à douches.

Il ne demande point à visiter la chapelle annexe de l'infirmerie pas plus que la grande chapelle.

Enfin M. l'Inspecteur, toujours correct et

plutôt aimable, sourit, remercie, salue et sort, emportant ses impressions qui restent son secret, et nous laissant nous-même, comme nous sommes forcé de laisser nos lecteurs réduit à des suppositions devant leur mystère...

# CHAPITRE XIV

## L'ÉDUCATION DE L'ESPRIT CIVIQUE D'APRÈS LA DOCTRINE DE L'ÉVANGILE

Plus que jamais aujourd'hui, et dans tous les pays à peu près, la question des rapports entre l'Église et l'État est d'une brûlante actualité. Alors que tant de bruits discordants se font entendre, il importe de recueillir succinctement les éléments qui peuvent, pour un catholique, donner la seule note juste, et former chez notre jeunesse l'esprit civique.

I. — HISTORIQUE DE LA QUESTION.

D'ailleurs, il faut le dire pour notre consolation, cette question si épineuse ne date pas d'aujourd'hui. Le jour où Notre-Seigneur faisait payer le cens aux Romains oppresseurs de sa patrie, en disant : « Rendez à César ce qui est à César et à Dieu ce qui est à Dieu (1) », il constatait l'existence de deux autorités qui peuvent à la fois s'imposer à la même âme hu-

_____

(1) S. Math. xxii, 21.

maine, l'autorité civile et l'autorité religieuse. En droit, ces deux autorités ne sont pas contraires; elles sont parallèles. Loin de se nuire et de s'entraver, elles devraient se servir mutuellement. Mais, en fait, le pouvoir civil a souvent exagéré ses prétentions. Fier de la force matérielle dont seul il dispose, il n'a compté pour rien les revendications de la conscience; il a traité la société qui s'en faisait l'écho comme une rivale, comme une usurpatrice et une ennemie, et voilà pourquoi les annales du christianisme sont faites, pour une si grande part, du récit de ses persécutions.

L'histoire des rapports entre les deux pouvoirs n'est souvent que l'histoire de leur querelle. Il nous suffira d'en rappeler brièvement les principales phases qui sont celles-ci : la répudiation par les Juifs de la royauté de Jésus-Christ, au nom de la raison d'Etat (1); les *Obedire oportet Deo* et les *Non possumus* des Apôtres en réponse aux menaces du Sanhédrin (2); le césarisme; le Saint-Empire au moyen-âge qui faisait du chef armé de la chrétienté « l'évêque du dehors »; l'apparition du gallicanisme au début du xiv<sup>e</sup> siècle avec Philippe le Bel; le concordat de 1515 entre Léon X et François I<sup>er</sup>; la déclaration du clergé de France et les quatre articles de 1682; au xviii<sup>e</sup> siècle, le joséphisme en Autriche, les persécutions de Pombal en Portugal, la suppression des jésuites

_____
(1) S. Jean. xi, 48.
(2) Actes des Apôtres. iv, 20; v. 20.

sur les instances des gouvernements, enfin la constitution civile du clergé de 1791 ; au dernier siècle le Concordat de 1801 dénaturé aussitôt, dans son sens, par les Articles Organiques, le Concordat de 1817 conclu entre Pie VII et Louis XVIII, les déclarations d'*abus* portées contre les autorités ecclésiastiques, le *Syllabus* et la bulle *Quanta Cura* en 1864 ; les lois de mai 1873 et le long Kulturkampf en Allemagne ; la question des mariages mixtes en Autriche-Hongrie, et la reconnaissance officielle de la religion juive ; en France enfin, en ces trente dernières années surtout, une telle déloyauté systématique dans l'interprétation et l'application du Concordat que pour les meilleurs catholiques il devenait un joug intolérable (1).

C'est au milieu de ces agitations croissantes que, dès 1886, Léon XIII fit paraître l'encyclique *Immortale Dei*. Il voulut exposer de nouveau la doctrine promulguée vingt-deux ans auparavant dans la bulle *Quanta Cura*, et établir d'une façon plus nette que jamais les principes qui doivent régir les rapports des deux sociétés.

Cette encyclique complétée, éclaircie, quant aux détails, par les documents pontificaux qui ont suivi, par les lettres que Léon XIII, l'infatigable Pontife, a successivement adressées à la plupart des nations catholiques et même aux peuples dissidents, a projeté sur cette

(1) Voir déjà la *Déclaration de Mgr d'Hulst,* dans l'interprétation Goblet. Chambre des Députés, séance du 12 juillet 1895.

question des rapports des deux pouvoirs toutes les lumières désirables.

La doctrine qui en découle peut se résumer ainsi : *L'Église et l'État sont, chacun dans leur sphère, des sociétés parfaites et souveraines ; mais, parce qu'elles se rencontrent sur des points limitrophes, il est de leur intérêt d'entretenir entre elles le bon accord et l'harmonie.*

Il nous suffira de développer cette thèse dans ses différents points pour avoir une vue d'ensemble des relations à établir entre les deux pouvoirs.

## II. — Notion de la Société soit parfaite soit imparfaite.

Qu'est-ce donc qu'une société parfaite ? Une société, c'est une collection d'hommes unissant leurs forces pour tendre à la même fin.

Quant à son origine, la société peut être naturelle (comme la famille et la patrie), d'institution divine positive (comme l'Église), ou d'institution humaine positive (comme les sociétés littéraires, agricoles, etc.).

Quant à sa nature, la société est parfaite ou imparfaite.

La société parfaite est celle qui n'est point absorbée dans une autre comme une partie dans le tout ; qui a en elle-même tous les éléments nécessaires à la vie collective, c'est-à-dire une fin propre, un organisme approprié, pour l'exercice ou l'obtention desquels elle ne requiert pas absolument l'aide d'une société supérieure.

Telle est la famille considérée avant son incorporation dans la société civile ; tel est l'État ; telle est l'Église.

Une société imparfaite ou subordonnée est celle qui fait partie intégrante d'une société plus grande, qui a besoin de son secours, et dont la fin est directement subordonnée à la fin de cette autre société. Ainsi un diocèse, un chapitre, un séminaire, sont des sociétés imparfaites et subordonnées, relativement à l'Église universelle : ainsi un département, une commune, une société littéraire ou agricole, par rapport à une nation.

La société parfaite a donc une fin qui lui est propre, qui est le terme fixé à ses efforts, qui est son idéal. Cette fin, elle doit l'atteindre par des moyens appropriés dont l'extension et la multiplicité dépendent de cette fin même. Or ces moyens nécessaires à une société pour la réalisation de sa fin, c'est ce qu'on appelle l'*objet de ses droits*.

Les droits d'une société se déterminent donc par sa fin. Les droits de l'État ont pour domaine tous les moyens capables de procurer le bonheur temporel de ses sujets. Les droits de l'Église comprennent tous les moyens nécessaires pour procurer la perfection spirituelle et le bonheur éternel de ses enfants. L'ensemble de ces droits constitue « le pouvoir social » lequel se présente sous trois formes : le pouvoir législatif, le pouvoir judiciaire et le pouvoir exécutif.

Il faut en effet que la société détermine les moyens qu'elle juge nécessaires à la réalisation de sa fin : et c'est l'œuvre du pouvoir législatif. Il faut que ces lois soient interprétées, appliquées authentiquement aux cas particuliers et douteux, et défendues contre toute transgression, et c'est l'œuvre du pouvoir judiciaire.

Il faut enfin que ces lois, une fois portées et interprétées, obtiennent leur effet, même par l'emploi de la force, et c'est l'œuvre du pouvoir exécutif.

L'exercice de ce triple pouvoir, dans les limites où il n'est pas en contradiction avec la loi naturelle, est donc le droit essentiel, primordial, de toute société parfaite, puisque sans lui elle ne saurait atteindre sa fin.

Donc, si l'État, si l'Église, sont respectivement des sociétés parfaites, ils devront, chacun en ce qui concerne leur fin, pouvoir porter des lois, les interpréter et les faire exécuter.

Maintenant il est évident que deux sociétés parfaites, indépendantes, pourvues de tout leur organisme, peuvent exister côte à côte et poursuivre le bien de leurs sujets particuliers. La République Française et l'Empire d'Allemagne qui sont des sociétés parfaites, du moins au sens philosophique, peuvent coexister en deçà et au delà des Vosges, et faire, toujours au sens philosophique, celle-là le bonheur des Français et celui-ci le bonheur des Allemands.

Mais deux sociétés parfaites, peuvent-elles coexister sur le même territoire et s'imposer aux mêmes hommes ? — L'Église et l'État, tous deux souverains dans leur sphère, peuvent-ils, sans conflits, poursuivre parallèlement leur fin particulière ? — N'y a-t-il pas là, si on reconnaît l'Église comme une société parfaite et l'État comme une société parfaite, une source de difficultés et la constitution d'un État dans l'État ?

A l'encontre de ces interrogations qui viennent naturellement à l'esprit, nous avons à démontrer : 1° que l'Église est une société parfaite et indépendante dans sa sphère ; 2° que la société civile est aussi souveraine dans la sienne.

### III. — L'ÉGLISE, D'APRÈS L'ÉVANGILE, EST UNE SOCIÉTÉ PARFAITE ET INDÉPENDANTE DANS SA SPHÈRE.

Il faut bien le dire : notre argumentation à ce sujet se heurtera souvent à une fin de non-recevoir. Pour que nous puissions parler des droits *essentiels* de l'Église, des droits qui découlent de sa nature et de son institution divine, indépendamment de ceux que ses services sociaux et ses bienfaits peuvent lui acquérir aux yeux mêmes des plus prévenus, il faudrait que notre interlocuteur admît la divinité de cette institution. Or aujourd'hui beaucoup de ceux qui refusent à l'Église la jouissance de ses droits, le font parce qu'ils ignorent ou nient l'Évangile qui est la charte de sa constitution. Contre eux, il s'agit de reprendre l'apologétique par sa base, et de démontrer, après la divinité de Jésus, la divinité de l'Église qui est, comme dit saint Paul, l'extension, le corps mystique et la plénitude du Christ.

Nous excluons donc de notre argumentation les incrédules, les païens, qui n'admettent pas la révélation. Contre eux il faudra surtout mettre en lumière les bienfaits de l'Église et revendiquer tout au moins la liberté et le droit commun. Nous avons donc affaire ici plutôt aux gallicans, aux politiques plus ou moins chrétiens qui, par crainte de ce qu'ils appellent « théocratie » ou « ancien régime », ou « cléricalisme », sont portés à rabaisser en pratique les droits souverains que l'Église tient de sa divine institution. Nous avons affaire aussi aux représentants officiels des États qui ont traité avec les chefs de l'Église, au moyen des concordats, comme avec une puissance souveraine, supérieure à leur pression, et inaccessible à toute ingérence de leur part qui n'aurait pas été consentie par elle.

Or la thèse de l'indépendance de l'Église s'établit par t   preuves tirées 1º de sa fin, 2º de son institution, 3º des inconvénients du système opposé.

1º Si la nature d'une société se détermine par sa fin, il est clair qu'il n'y a pas de société supérieure à l'Église, parce qu'il n'y a pas de fin supérieure à la sienne. Son rôle consiste à instruire les hommes et à les conduire, par la sanctification, au bonheur éternel au-dessus duquel il n'y a rien. Donc l'Église est une société parfaite et indépendante : plus que cela, elle est pour la même raison, vis-à-vis des sociétés humaines, une société majeure, et, comme telle, elle a un droit essentiel à leur suprême direction.

2° La charte de l'institution de l'Église est tout entière dans ces paroles : « Tout ce que vous délierez sur la terre sera délié dans le ciel, et tout ce que vous lierez sur la terre sera lié dans le ciel (1). » Il y a donc, de par l'Évangile, un rapport d'identité entre Dieu législateur et l'Église législatrice. Dieu fait siennes ses lois, soit permissives, soit prohibitives. Or si, en droit, l'Église n'était pas une société parfaite et indépendante, l'État pourrait *légitimement* lier ce que l'Église délie, et défendre ce qu'elle ordonne. Et alors, dans cette hypothèse, Dieu se trouverait pris entre le pouvoir supposé légitime de César qui défendrait, et le pouvoir divinement légitime de saint Pierre qui commanderait. — Il y a donc contradiction à supposer une Église d'institution divine subordonnée à l'État.

3° Les conséquences du système contraire sont désastreuses et invraisemblables. Supposez l'Église subordonnée à l'État : ce n'est plus l'unité, c'est la variabilité indéfinie du dogme et de la morale, selon le bon plaisir des gouvernements. Il n'y a plus une Église : il y a une foule d'Églises ou de sectes différentes et contradictoires. Vous avez l'Église grecque en Russie, l'Église anglicane en Angleterre,

_______________

(1) S. Math. xvi, 19 ; S. Jean. xx, 23.

l'Église évangélique en Prusse ; vous n'avez plus l'Église de Jésus Christ (1).

Donc, au nom de sa fin, au nom de l'autorité positive de Dieu, au nom de notre liberté religieuse, l'Église doit être et est indépendante. C'est *un royaume*, dit Jésus-Christ, c'est le royaume des cieux (2), distinct de tous, supérieur à tous.

Mais quelle sera cette indépendance ? — Elle sera corrélative à tous les droits d'une société parfaite ; elle s'étendra au triple pouvoir législatif, judiciaire, exécutif.

L'Église aura donc le droit d'enseigner la vérité sans obstacles, sans avoir à se soumettre aux *exequatur* et aux *placet* ; elle aura le droit de régler les mœurs chrétiennes et de pousser à la pratique des conseils évangéliques, dans les congrégations et les ordres religieux qui ne relèvent que de son pouvoir. Elle a le droit d'administrer les sacrements à l'abri de l'inquisition de la police. Elle a le droit de pourvoir à la formation et à la dignité de ses clercs. Donc sacrilège et abusif tout ce qui, à son jugement, peut mettre en péril la vocation de ses futurs prêtres; donc attentatoire à sa liberté ce qui semble, de la part de l'État, réhabiliter un coupable sorti de son sein, comme la reconnaissance du ma-

_______

(1) P. Monsabré, *Conférences de* 1882, p. 252 et *Index*, p. 393.

(2) On sait qu'il n'y a pas une objection dans le texte de S. Jean (xviii, 36) : *Mon royaume n'est pas de ce monde*.. — Le royaume du Christ ne tire pas son origine et son autorité de la terre ; mais s'exerçant dans ce monde, sur des hommes de ce monde, il a le droit de n'y être pas contrarié.

riage civil des prêtres apostats. Se composant d'hommes qui doivent vivre non seulement de la parole de Dieu mais aussi de pain, elle a le droit de posséder, de posséder un territoire qui sauvegarde suffisamment l'autorité de son chef, de posséder les biens nécessaires à l'accomplissement de sa mission ; et cela, sans être obligée de convertir ses immeubles en des rentes dont le paiement peut devenir, du jour au lendemain très aléatoire, encore moins de livrer à l'État, en soldant des taxes exorbitantes, une part des biens sacrés dont elle n'est que la dépositaire, ou qui sont indispensables au soutien de ses œuvres et de sa vie même.

Un bien d'Église est un bien réel et sacré : qui y touche est un spoliateur et un sacrilège.

En un mot, l'autorité de l'Église est aussi complète que peut l'être celle d'une société parfaite.

— Mais, nous disent nos adversaires, voilà la théocratie, voilà l'ancien régime, voilà le cléricalisme, voilà un État dans l'État

— On peut leur répondre d'abord que l'Église catholique s'adressant à tous les peuples déborde tous les États, et ne peut être matériellement contenue dans aucun d'eux. De droit et de fait, l'État est plutôt dans l'Église que l'Église n'est dans l'État (1). — Ensuite l'existence de l'Église dans l'État n'apporte pas les troubles que semblerait faire craindre la formule « un

(1) P. Monsabré, *Conférences* de 1882, p. 262 ; Mgr d'Hulst, *Conférences* de 1895, ıve *Conf.* p. 11-12.

État dans l'État ». — En effet l'Église et l'État ne sont pas deux sociétés homogènes, essentiellement rivales, c'est-à-dire visant au même but par des moyens différents, ou poursuivant des buts contraires ; ce sont deux sociétés hétérogènes, dont les fins sont parfaitement distinctes, et qui, bien loin de se contrarier, peuvent être ordonnées l'une à l'autre, l'inférieure à la supérieure. Donc il n'y aura pas de cause fatale de discorde dans la coexistence des deux pouvoirs.

La reconnaissance des droits souverains de l'Église n'implique pas la négation des droits de l'État.

## IV. — LA SOCIÉTÉ CIVILE EST SOUVERAINE AUSSI DANS SA SPHÈRE.

Nous admettons cette proposition avec la raison qui nous dit qu'une société doit avoir les moyens d'atteindre sa fin, c'est-à-dire, dans le cas présent, les moyens d'assurer le bonheur naturel des peuples, et la protection de leur existence et de leurs intérêts. Nous l'admettons avec l'Évangile qui nous dit de rendre à César ce qui est à César, avec notre Maître qui se soumit au gouvernement de son pays, et fit même un miracle pour payer le tribut (1). Nous l'admettons avec toute la tradition et toute la théologie, depuis les temps apostoliques jusqu'à l'Encyclique « *Immortale Dei* », laquelle

(1) S. MATH. XXII, 21 ; XVII, 23-26.

constate que les deux autorités sont souveraines, chacune dans son domaine —*utraque est in suo genere maxima* — et que Dieu a partagé entre elles deux le gouvernement de l'humanité—*Deus humani generis procurationem inter utramque partitus est.* — En sorte que si les rédacteurs du premier des quatre articles de 1682 s'étaient contentés de cette affirmation, sans nier les questions mixtes et le pouvoir indirect de l'Église sur le temporel, il n'y a aurait point eu là la formule du Gallicanisme d'État (1).

Que la société civile prenne donc, relativement à sa fin propre, telles mesures qui lui sembleront bonnes, qu'elle lève des impôts, qu'elle entretienne des armées (2), qu'elle arrange les rouages de son administration, qu'elle choisisse le gouvernement qui convient le mieux à son tempérament, à son caractère, à ses traditions, aux exigences des circonstances : c'est son droit. Nous pourrons nous opposer, comme citoyens, à des mesures que nous jugerons funestes au pays ; mais si ces mesures ne contreviennent ni à la loi naturelle ni à la fin d'une société supérieure, nous n'y contredirons pas comme chrétiens. Des chrétiens sauront même, dans un intérêt supérieur, et sur un conseil du Souverain Pontife, qui a le pouvoir non seulement de définir mais de diriger l'Église universelle, faire taire momentanément, s'il le faut,

____

(1) Mgr d'Hulst, *Le Droit chrétien et le Droit moderne,* p. 44.

(2) P. Monsabré, *Conférences de 1882,* p. 270.

leurs préférences ou leurs espérances de citoyens.

Ce n'est donc pas aujourd'hui, alors que les conseils réitérés des Papes ont recommandé partout à tous les vrais catholiques le loyalisme constitutionnel, qu'il faut nous représenter comme des adversaires de la société civile, et comme les partisans d'un régime théocratique qui subordonnerait, dans ses moindres détails, l'autorité de l'État à celle de l'Église.

Mais voici l'origine des difficultés.

Ces deux pouvoirs, souverains et indépendants dans leur sphère, sont parallèles ; et leur sujet est le même.

Quand l'Église s'adresse à des néophytes récemment convertis par elle, elle les trouve déjà réunis, en vue de leur bien temporel, en sociétés humaines, et par suite soumis à un pouvoir qui a droit à leur obéissance en vue de l'utilité commune. Le baptisé est donc tout ensemble chrétien et citoyen, sujet de l'Église et sujet de l'État, homme-lige de César et de Jésus-Christ. Sur lui une double autorité exerce son empire, l'autorité spirituelle et l'autorité temporelle. Se rencontrant ainsi sur les mêmes individus, condamnées à une coexistence nécessaire, ces deux autorités seront en contact quotidien.

Cette constatation revient à dire qu'on rencontre ce qu'on appelle des *questions mixtes*.

## V. — Des questions mixtes.

On nie parfois l'existence des *questions mixtes* en formulant ce sophisme assez grossier : « A l'État les corps, à l'Église les âmes » — comme si le sujet commun de l'Église et de l'Etat n'était pas l'homme, et l'homme tout entier.

Une société d'âmes sans corps serait une société d'anges, et sur les anges l'Église n'a pas d'empire. L'État sans doute ne vise pas à pénétrer jusque dans les cœurs, et à contraindre directement la pensée. Pourvu qu'extérieurement on se soumette à ses lois, il est content. Mais n'est-il pas vrai aussi que, dans ce domaine de l'extérieur de l'homme qu'il s'attribue en propre, l'État peut comprendre et comprendra un grand nombre d'actes qui seront ou directement contraires aux prescriptions de l'Église, ou incompatibles avec la profession de la foi catholique ? Par exemple je dois, de par l'Église, assister à la messe le dimanche, et le dimanche, de par l'État, je suis condamné aux corvées. De par l'Église, tout mariage est nul qui n'a pas été contracté devant son prêtre ; de par l'État, toute union est valide qui a été contractée devant son magistrat ; et, de par l'État encore, le mariage civil doit nécessairement précéder le mariage religieux. Donc l'État prêtera main forte au traître qui, au sortir de la mairie, refusera d'aller à l'église, et forcera sa fiancée à la cohabitation. Mais n'y a-t-il pas là une oppression tyrannique de la conscience ? — Le service militaire est évidemment du domaine de la puissance temporelle ; c'est à elle qu'il importe d'avoir des soldats. Mais quand la loi militaire, en atteignant le clergé, prive l'Église de sa milice spirituelle, voilà un intérêt sacré et de premier ordre qui se trouve lésé par l'État (1).

Donc ceux qui rêvent d'une indépendance absolue des deux puissances oublient que, si les domaines sont distincts, ils sont limitrophes, et que, sur les frontières, les mêmes objets, bien qu'à des titres divers, tomberont souvent sous l'une et l'autre juridiction. C'est le texte même de l'Encyclique « *Res una atque eadem quanquam aliter atque aliter ad utriusque jus judiciumque pertinet.* »

Entre nations voisines il y a souvent ce qu'on appelle des « incidents de frontières ». Ce sont ordinairement les matières les plus délicates de la diplomatie, celles qui peuvent le plus facilement mettre en péril la paix du monde. De même, entre les deux pouvoirs, le pouvoir spirituel et le pouvoir temporel, il y a les *questions mixtes*, celles où les droits de l'un et de l'autre se rencontrent et se mélangent.

Leur complexité constitue un problème très délicat pour la solution duquel l'Encyclique « *Immortale Dei* » formule ce principe : « Tout ce qui dans les choses humaines est sacré à un titre quelconque, tout ce qui touche au culte de Dieu, soit par essence, soit par destination, tout cela est du ressort de l'Église. Tout le reste,

_______

(1) M<sup>gr</sup> D'HULST, *Le Droit chrétien*, p. 46-47.

c'est-à-dire tout ce qu'embrasse le droit politique et civil, doit demeurer soumis à l'autorité séculière (1). »

De ce principe nous pouvons tirer trois corollaires que nous formulons ainsi.

1º Quand il s'agit de deux sociétés indépendantes, mais d'ordre inégal (telles que sont l'Église et l'État), la société inférieure doit servir la société supérieure au moins *négativement*, c'est-à-dire, ne rien faire qui compromette la fin de la société supérieure. — Tout homme en effet, placé en face de deux obligations, doit agir conformément à l'obligation supérieure; et voilà pourquoi il n'y pas, à proprement parler, de conflits de devoirs en morale.

2º En cas de conflit, c'est évidemment à la société supérieure à déterminer ce qui lui est nécessaire pour l'obtention de sa fin. — Par conséquent, c'est à l'Église de dire à l'État où finissent ses droits parce que là commencent les siens; et voilà le fondement de l'intervention indirecte de l'Église dans le temporel, que niaient à tort les gallicans de 1682.

3º Quand les membres de la société d'ordre inférieur (de l'État dans l'hypothèse) sont en même temps membres de la société supérieure (de l'Église), ils sont tenus, et l'État est tenu, de servir même *positivement* la société supérieure. — En effet le bon sens ne dit-il pas que l'homme placé entre deux fins à atteindre, non seulement ne doit pas les entraver l'une par

_______________

(1) Mgr D'HULST, p. 46.

l'autre, mais doit les aider l'une par l'autre, les harmoniser, les subordonner, de façon que les fins partielles et subalternes soient des moyens pour obtenir la fin suprême ?

C'est alors l'idéal du pouvoir chrétien. C'est le gouvernement de saint Louis et de Garcia Moreno, où les lois de l'État sont ordonnées non seulement au bien temporel, mais même au bien spirituel des sujets, et favorisent ainsi la fin supérieure de l'Église.

Cet idéal supprime en fait la difficulté. Il n'y a plus de questions mixtes, il y a des questions *subordonnées*. Mais cet idéal n'est pas toujours, surtout dans nos sociétés si mélangées, pratiquement réalisable.

Et cependant il importe au bien de l'Église, comme à celui de l'État, que l'harmonie et l'accord règnent entre les deux sociétés.

## VI. — CONDITIONS DE L'HARMONIE ENTRE LES DEUX POUVOIRS.

Que cette harmonie soit désirable, c'est une affirmation qui porte sa preuve en elle-même. En effet l'Église, étant matériellement la plus faible, aura nécessairement beaucoup à souffrir du désaccord, parce qu'elle peut être mise dans l'impossibilité d'atteindre sa fin. Quant à l'État, il peut sans doute abuser de la force brutale, et poursuivre la réalisation de ses projets, sans souci et même au préjudice de la fin supérieure de l'Eglise, et prétendre qu'il ne souffre aucunement du conflit.

17

Toutefois il est bien évident que, pour aucun gouvernement, l'oppression des consciences ne fut jamais le meilleur moyen de se concilier l'attachement des opprimés, ni de favoriser l'union entre les citoyens. De l'aveu même de nos plus clairvoyants ennemis, la persécution est la pire des politiques. Au jugement de tous les historiens, les querelles religieuses ont été dans tous les temps les plus grands malheurs des États, si bien que Balmès a pu dire que l'Inquisition trouverait la justification de tous les reproches qu'on lui adresse (à supposer qu'elle ne les trouve pas ailleurs) dans ce fait qu'elle a préservé l'Espagne des guerres de religion, qui pendant cent ans ont ensanglanté le reste de l'Europe.

Mais comment s'établira entre l'État et l'Église cette harmonie et cette entente ? Quelle loi réglera leurs rapports réciproques ? Quel régime en un mot favorisera le plus la concorde entre l'Église et l'État ?

Il y en a trois (1 :

1º le régime de l'adoption des lois de l'Église comme lois de l'État ;

2º le régime des Concordats ;

3º le régime de la séparation de l'Église et de l'État.

Le premier — le régime de l'adoption des lois de l'Église comme lois de l'État — est en soi le plus favorable à l'entente des deux pouvoirs,

(1) P. Monsabré, *Conférences de 1882, Index,* p. 389-403 Brugère, *De Ecclesia,* x, *appendice* xii, 391-419.

puisque, comme nous l'avons dit, il supprime toute possibilité de conflit en surbordonnant, indirectement du moins, l'État à l'Église. Il fait adopter par la société civile les lois, par lesquelles l'Église règle l'extérieur de sa vie et de son culte. C'est lui qui faisait considérer l'hérésie comme un crime social, qui inspirait à saint Louis les peines contre les blasphémateurs, et à la Restauration les lois pour le repos du dimanche et contre le sacrilège.

Évidemment un État a le droit d'adopter comme siennes et d'imposer en son nom propre les lois de l'Église, s'il les juge, comme elles le sont réellement, capables de procurer le bien temporel de ses sujets. En effet les lois de l'Église ont ce qu'il faut pour être la matière du pouvoir législatif de l'État. Elles conviennent au bien temporel, et elles sont en elles-mêmes humainement praticables. Aussi la foi de nos pères s'accommodait parfaitement de ce régime qui est le véritable régime chrétien, et qui, mis en pratique, a fait en réalité ce qu'on a si bien appelé *« la Chrétienté »*. Nos pères l'exagéraient même parfois singulièrement, si nous en croyons l'auteur de la *Chanson de Roland*. Parlant de la prise de Cordres par Charlemagne il nous dit :

Dans la ville il n'est pas resté un seul païen,
Qui ne soit forcé de choisir entre la mort et le baptême (1).

Ailleurs il nous dépeint les conversions forcées de Saragosse.

(1) *Chanson de Roland*, v. 101-102; v. 3667-3671.

Alors les évêques bénissent l'eau et mènent les païens
[au baptistère.
S'il en est un qui se refuse à faire la volonté de Charles,
Il le fait pendre, occire ou brûler.
Ainsi l'on en baptise plus de cent mille,
Qui deviennent bons chrétiens...

Ces exagérations, si elles ont existé, dues à l'ardeur de la conquête ou d'une foi peu sage, prouvent contre leurs auteurs, mais non pas contre le régime dont nous parlons.

Ce régime est désirable et possible dans une société toute chrétienne. Mais il ne l'est plus, il est facile de le voir, dans des milieux où les croyances diffèrent, où la foi est affaiblie. Aussi nos adversaires le représentent-ils comme un épouvantail à l'indifférence religieuse de nos populations, sous le nom de « régime des billets de confession ».

Dès lors quels seront donc, dans nos États modernes, les rapports entre les deux pouvoirs ?

Le second régime est celui des Concordats, dont nous avons eu l'exemple en France pendant quatre cents ans, et en particulier du 15 juillet 1801 jusqu'au 9 décembre 1905.

### VII. — Le Concordat en France.

Le Concordat, on le sait, était une convention conclue entre le pape Pie VII et le premier consul Bonaparte, pour le rétablissement de la religion catholique en France. Le Concordat fut signé à Paris le 15 juillet 1801, les ratifications furent échangées le 10 septembre, et il fut publié le 8 avril 1802.

Nous n'avons point à discuter ici la nature du Concordat. Des théologiens le regardaient comme un contrat bilatéral ; d'autres, plus nombreux peut-être, le considéraient comme une concession, un privilège accordé par le Pape. Quoi qu'il en soit, tous s'accordaient pour dire que le Pape avait sa parole engagée dans le Concordat, au nom de la justice selon les uns, au nom de la fidélité selon les autres.

On sait quelles étaient les principales clauses des 17 articles du Concordat.

On sait que le sens en fut absolument et immédiatement dénaturé par les Articles Organiques. L'article premier du Concordat disait : « La religion catholique, apostolique, romaine, sera librement exercée en France. Son culte sera public, *en se conformant aux règlements de police que le gouvernement jugera nécessaires pour la tranquillité publique.* »

Abusant de cette réserve dont la concession témoignait de la bonne foi de l'Église, Bonaparte fit rédiger une série de 77 articles dont on n'avait jamais fait mention durant la négociation, et qui, sous la forme d'un règlement de police destiné à *organiser* l'exercice du Concordat (d'où vient leur nom) était un véritable empiétement sur les droits de l'Église. Adoptés par le Corps Législatif comme lois de la République française, ils furent mis à la suite du Concordat, et sous la même date. Ils portaient dans le langage administratif le titre de « loi du 18 germinal an X ». Toutefois il est bon de faire remarquer qu'ils ne subirent point devant le Corps Législatif la discussion, article par article, qu'exigeait la Constitutio alors en vigueur.

Cette inobservation des formes requises pour la confection des lois, selon quelques-uns, les aurait frappés de nullité au point de vue de la légalité française toute seule.

Parmi ces articles les uns étaient simplement puérils, comme ceux (12) qui accordaient aux évêques l'unique appellation de « citoyen » ou de « monsieur », ou (43) qui stipulaient que les prêtres « seraient tous habillés à la française e en noir. » — D'autres étaient la négation radicale de l'indépendance de l'Église en matière doctrinale, comme ceux qui soumettaient à « l'exequatur » du gouvernement la publication des bulles, des décrets des Conciles, qui interdisaient même les conciles provinciaux, les synodes diocésains, les déplacements des évêques, ou qui renouvelaient l'appel comme d'abus. — D'autres étaient le renversement de la discipline ecclésiastique comme cet article 36, lequel stipulait contrairement à la discipline du Concile de Trente, que dans le cas de vacance des sièges, il serait pourvu au gouvernement du diocèse, non point par le chapitre, mais par le métropolitain ou le plus ancien des évêques suffragants, et que les vicaires généraux continueraient leurs fonctions, même après la mort de l'évêque, jusqu'à remplacement. — D'autres étaient absolument anti-démocratiques autant qu'anti-évangéliques, comme cet article 26 qui eût fermé à Sixte-Quint, au cardinal Pie et à bien d'autres, les portes du sanctuaire, car il exigeait, pour l'ordination de tout ecclésiastique, la justification d'un revenu annuel d'au moins 300 francs.

Il est facile de les juger d'un mot. Les principaux ont été condamnés dans leur texte même, par le Syllabus, qui est, on le sait, la liste des principales erreurs modernes en matière de religion, dressée et publiée à la suite de la bulle *Quanta cura*, par Pie IX, en 1864. Toutes les vexations qu'a eues à subir l'Église pendant un siècle lui ont été infligées au nom des Articles organiques. — Au contraire tous les actes de bonne harmonie entre les deux pouvoirs sont venus de l'oubli ou de la désuétude de ces fameux articles. D'ailleurs tous les Papes, depuis Pie VII, qui fit immédiatement adresser une ferme protestation à M. de Talleyrand par le cardinal Caprara, jusqu'à Pie X, ont toujours protesté, et n'ont jamais reconnu là le développement organique et l'explication loyale du Concordat.

Leur conduite a dicté celle des catholiques. Ils ont protesté, autant qu'ils l'ont pu, contre les Articles Organiques qui étaient un formulaire d'oppression ; ils ont protesté aussi, au nom de la foi jurée, contre toutes les violations du Concordat qui, dans l'intention des contractants et partant dans sa raison d'être, fut véritablement une œuvre de loyauté et de paix (1).

(1) Un des dix bas-reliefs en marbre blanc qui ornent la crypte du tombeau de l'Empereur, aux Invalides, perpétue le souvenir du Concordat, et lui donne bien son véritable carac-

Beaucoup même, parmi les hommes d'expérience, ont vu longtemps dans le maintien du Concordat la forme définitivement désirable des relations des deux pouvoirs en France. « En dehors du Concordat, écrivait M. Émile Ollivier, aucun régime tolérable ne se conçoit plus entre l'Église et l'État... La paix religieuse est attachée au maintien du Concordat... (1). » — D'autres étaient moins timides. Ils trépignaient devant les vexations permanentes que le Jacobinisme exerçait au nom de ce qu'il appelait « la législation strictement concordataire » ; ils envisageaient sans trop de crainte le jour qui briserait l'amarre qui rivait à l'État la barque de l'Église de France ; ils aspiraient avec enthousiasme les brises d'Outre-Mer qui nous attestent la marche incessante du catholicisme dans la jeune et libre Amérique ; et, comme le disait Bossuet de la jeunesse, ouvrant leurs voiles de toutes parts à l'espérance qui les enfle et qui les conduit, ils se sentaient prêts à suivre vers les destinées de l'avenir, sous l'unique pavillon de la Liberté, cette vieille et immortelle Église catholique, qui est certes immuable comme la vérité, mais qui est aussi progressive comme la vie.

tère. Napoléon y est représenté debout, réunissant deux jeunes femmes qui personnifient l'Église catholique et la France. La première est coiffée de la tiare et tient une double croix dans la main ; la seconde est casquée et porte une lance. Un jeune homme relève la croix abattue, tandis qu'un viellard et une jeune fille se prosternent devant elle...

(1) *Le Concordat est-il respecté ? p. 92-93.*

Les aspirations de ceux-ci, pas plus que les timidités des premiers, n'ont point eu de part dans la dénonciation du Concordat en France. Ce fut un coup de force du Jacobinisme triomphant. Ce fut un acte unilatéral, brisant, sans dénonciation préalable, sans aucune des formalités usitées chez les peuples civilisés, un pacte bilatéral.

Le *Livre Blanc* publié par le Saint-Siège a fait à ce sujet la lumière complète.

En supprimant le Concordat, la loi du 9 décembre 1905 a prétendu inaugurer en France le régime de la *Séparation de l'Église et de l'État*.

## VIII. — LA SÉPARATION DE L'ÉGLISE ET DE L'ÉTAT.

Ce système de la Séparation de l'Église et de l'État se présente sous deux aspects, selon le principe sur lequel il repose.

Ou bien il est fondé sur la négation des droits divins de l'Église, et alors il mène nécessairement à l'oppression de l'Église par l'État. Ou bien reconnaissant les droits divins de l'Église, il prétend que la liberté est le meilleur moyen de sauvegarder ces droits mêmes. L'Église libre dans l'État libre : voilà sa formule.

« L'existence légale de l'Église est, disent ses partisans, plutôt une charge qu'un bien. Rompons ces rapports officiels : laissons à l'État sa protection oppressive, son salaire dont il fait un prétexte d'asservissement. S'il nous subventionne, que ce ne soit pas au nom de la reli-

gion, mais en raison des services que nous ren-
dons au bien public. A nous le seul exercice
de nos droits, la liberté complète, la liberté
d'association, la liberté du culte, la liberté d'enseignement, quitte à accorder les mêmes liber-
tés aux sectes dissidentes ».

Ils emploient pour appuyer leur théories
toutes les ressources d'un style vigoureux et
fier. « Le Christianisme, écrivait de Tocque-
ville (1), a permis qu'on l'unît intimement aux
puissances de la terre. Aujourd'hui les puissances tombent, et il est comme enseveli sous
leurs débris. C'est un vivant qu'on a voulu attacher à des morts : coupez les liens qui le re-
tiennent et il se relève. » « Dans l'ordre ancien,
disait Montalembert au Congrès de Malines, en
1864, les catholiques n'ont rien à regretter, dans
l'ordre nouveau rien à redouter. Contre les dangers inséparables de la démocratie, nous avons,
pour lutter, les ressources immortelles de la liberté, glorieux apanage des nations adultes. »
Et Lacordaire auparavant avait écrit (2) : « Loin
que l'ordre soit détruit par le libre combat de
l'erreur contre la vérité, c'est ce combat même
qui est l'ordre primitif et universel. Catholiques,
laissons à ceux qui n'ont foi qu'aux princes de
la terre les espérances de la servitude. Il n'est
point vrai que la vérité combatte sur la terre
avec des armes dont l'inégalité ait besoin d'être

---

(1) *La Démocratie en Amérique*, t. ii, chap. iv, p. 224.
(2) Le Journal *l'Avenir* du 12 juin 1834, cité dans le
P. Lacordaire, par le comte de Montalembert, p. 24.

réparée par le secours du pouvoir absolu. La liberté ne tue pas Dieu (1). »

Pour apprécier ce système il faut distinguer, comme on l'a fait dès longtemps, la thèse et l'hypothèse.

Cette indépendance absolue de l'État par rapport à l'Église, établie en thèse, c'est-à-dire proposée comme un droit radical et absolu, et comme le principe définitivement et essentiellement régulateur des relations des deux puissances, est absolument condamnable et condamnée, notamment dans la bulle *Mirari vos* de 1832, dans l'Encyclique *Quanta cura* et le *Syllabus* de 1864. En effet cette théorie mène au scepticisme, en laissant penser que l'erreur et la vérité sont égales, ou du moins impossibles à discerner. Elle empêche tout culte social; elle favorise l'indifférence religieuse par l'égalité de protection accordée à des cultes contradictoires.

Mais, à titre d'hypothèse, c'est-à-dire considéré comme un régime approprié aux conditions de tel ou tel peuple, comme un expédient imparfait sans doute, mais pratiquement indispensable, ce système peut se soutenir. Bien plus il peut devenir, vu l'état des choses et des esprits, acceptable, désirable, et même moralement

(1) M. Jules Simon disait de même : « Protéger Dieu n'est-ce pas là qu'est l'impiété ? » *Disc. au Corps législatif*, *19 fév. 1868*. Ce à quoi Mgr Dupanloup répondait : « Non, certes, Dieu et la vérité n'ont pas besoin d'être défendus. Ce qui a besoin d'être défendu contre vous, ce sont les enfants, les jeunes gens, les ignorants, le peuple. »

nécessaire. C'est ce qui faisait dire au cardinal Manning : « Si les catholiques devenaient maîtres du pouvoir en Angleterre, ils ne fermeraient pas un temple, pas une école ».

C'est le système préconisé jadis par ceux qu'on appelait les « catholiques libéraux », vanté encore par des ecclésiastiques éminents, habitant des pays où la liberté est loyalement reconnue et exercée, comme le cardinal Manning, en Angleterre, comme le cardinal Gibbons et Mᵍʳ Ireland, en Amérique, lesquels plus d'une fois ont fait ressortir les avantages que procure à l'Église la liberté anglaise ou américaine, en face des servitudes que subissait l'Église de France sous le régime du Concordat (1).

Sans doute ces illustres personnages, trouvant dans leur pays et en face d'eux non point le séparatisme proprement dit, mais un large libéralisme, ne se doutaient pas que le mot de liberté peut avoir deux sens. Au delà de la Manche et de l'Océan il signifie « liberté » ; mais en France il peut signifier « oppression ».

Nous n'apprécierons pas nous-même la loi française sur la Séparation.

Pour la juger au point de vue *catholique*, nous laissons la parole à Notre Saint-Père le Pape. Dans sa troisième Encyclique à ce sujet, laquelle résumait les deux premières, Pie X écrivait ce qui suit le 6 janvier 1907 :

(1) Voyez *Le cardinal Manning*, par l'abbé LEMIRE, p. 264 ; *L'Église et le Siècle* de Mgr Ireland, publié par l'abbé KLEIN, p. 140 ; *Yankees et Canadiens*, par Mgr LACROIX, p. 159.

En ce qui touche les biens ecclésiastiques qu'on Nous accuse d'avoir abandonnés, il importe de remarquer que ces biens étaient pour une partie le patrimoine des pauvres, et le patrimoine, plus sacré encore, des trépassés. Il n'était donc pas plus permis à l'Église de les abandonner que de les livrer ; elle ne pouvait que se les laisser arracher par la violence. Personne ne croira, du reste, qu'elle ait délibérément abandonné, sinon sous la pression des raisons les plus impérieuses, ce qui lui avait été ainsi confié et ce qui lui était si nécessaire pour l'exercice du culte, pour l'entretien des édifices sacrés, pour la formation de ses clercs et pour la subsistance de ses ministres. — C'est perfidement mise en demeure de choisir entre la ruine matérielle et une atteinte consentie à sa constitution, qui est d'origine divine, qu'elle a refusé, au prix même de la pauvreté, de laisser toucher en elle à l'œuvre de Dieu. On lui a donc pris ses biens, elle ne les a pas abandonnés. Par conséquent, déclarer les biens ecclésiastiques vacants à une époque déterminée si, à cette époque, l'Église n'a pas créé dans son sein un organisme nouveau ; soumettre cette création à des conditions en opposition certaine avec la constitution divine de cette Église, mise ainsi dans l'obligation de les repoussser ; attribuer ensuite ces biens à des tiers, comme s'ils étaient devenus des biens sans maître et, finalement, affirmer qu'en agissant ainsi on ne dépouille pas l'Église, mais qu'on dispose seulement de biens abandonnés par elle, ce n'est pas simplement raisonner en sophiste, c'est ajouter la dérision à la plus cruelle des spoliations. — Spoliation indéniable, du reste, et qu'on chercherait en vain à pallier, en affirmant qu'il n'existait aucune personne morale à qui ces biens pussent être attribués ; car l'État est maître de conférer la personnalité civile à qui le bien public exige qu'elle soit conférée, aux établissements catholiques comme aux autres;

et, dans tous les cas, il lui aurait été facile de ne pas soumettre la formation des associations cultuelles à des conditions en opposition directe avec la constitution divine de l'Église, qu'elles étaient censées devoir servir.

Or, c'est précisément ce que l'on a fait, relativement aux associations cultuelles. La loi les a organisées de telle sorte que ses dispositions à ce sujet vont directement à l'encontre de droits qui, découlant de sa constitution, sont essentiels à l'Église, notamment en ce qui touche la hiérarchie ecclésiastique, base inviolable donnée à son œuvre par le Divin Maître lui-même. De plus, la loi confère à ces associations des attributions qui sont de l'exclusive compétence de l'autorité ecclésiastique, soit en ce qui concerne l'exercice du culte, soit en ce qui concerne la possession et l'administration des biens. Enfin, non seulement ces associations cultuelles sont soustraites à la juridiction ecclésiastique, mais elles sont rendues justiciables de l'autorité civile. Voilà pourquoi Nous avons été amené dans Nos précédentes Encycliques à condamner ces associations cultuelles, malgré les sacrifices matériels que cette condamnation comportait.

On nous a accusé encore de parti-pris et d'inconséquence. Il a été dit que Nous avions refusé d'approuver en France ce qui avait été approuvé en Allemagne. Mais ce reproche manque autant de fondement que de justice. Car, quoique la loi allemande fût condamnable sur bien des points, et qu'elle n'ait été que tolérée à raison de maux plus grands à écarter, cependant les situations sont tout à fait différentes, et cette loi reconnaît expressément la hiérarchie catholique, ce que la loi française ne fait point.

Pour juger la loi française sur la Séparation de l'Église et de l'État, au point de vue *civique* et *démocratique*, nous nous contenterons de citer maintenant à son sujet l'opinion des citoyens catholiques de la grande République des États-Unis.

Voici la *Déclaration* votée, à Boston, par les milliers de citoyens réunis sous la présidence de Mgr O'Connell, archevêque, et du docteur Dwight, professeur à l'Université de Harvard, au commencement de février 1907 (1).

Attendu que, en rompant le contrat avec le Saint-Siège, le gouvernement français est coupable d'un acte de perfidie internationale ; attendu que, par la confiscation des biens dont l'Église est le véritable possesseur, et par la suppression de la juste dette contractée par l'État envers l'Église, le gouvernement de France a défié les droits communs de l'humanité ;

Attendu que, en imposant à l'Église de France des conditions absolument contraires à sa constitution, le gouvernement français, virtuellement et effectivement, interdit la liberté du culte ;

Attendu que toutes ces lois injustes, promulguées par un gouvernement se disant une République, sont totalement contre l'esprit libre d'une véritable démocratie, il a été résolu :

1° Que nous, citoyens de cette véritable République, dénonçons comme une grossière violation des droits internationaux la rupture de la France avec le Saint-Siège ;

2° Que nous protestons véhémentement contre le vol des biens de l'Église, sur lesquels l'État n'a aucun droit, et contre la suppression arbitraire de la juste dette de l'État envers l'Église, comme étant une violation flagrante des droits communs humains ;

(1) *L'Univers*, 5 février 1907.

3° Que nous dénonçons toute la série des lois oppressives françaises contre l'Église, comme une cruelle persécution contre le christianisme ;

4° Comme citoyens de cette vraie République qui respecte   défend les droits de la conscience, nous regardons avec horreur la déviation du pouvoir exercé aujourd'hui en France ; elle est totalement indigne d'une démocratie et nous la caractérisons comme étant simplement du despotisme et de la tyrannie ;

5° Que nous déclarons professer une grande admiration pour le point de vue auquel s'est placé Pie X défendant ce qu'il y a de sacré dans les droits humains ;

6° Qu'une copie de ces résolutions sera envoyée au Président de ces États-Unis.

# CHAPITRE XV

## L'ÉDUCATION DU SENS DE LA LIBERTÉ AU CONTACT DES OPPRESSIONS PRÉDITES DANS L'ÉVANGILE

### Impressions d'inventaire dans un Petit Séminaire.

*Le prélude de la confiscation. — L'inventaire de 1791. — Les doux apôtres. — Les conversations des grands. — « Le diable a un trou dans son filet, la liberté passera ». — Un acte de foi grandiose à la présence réelle. — La Déclaration des droits de l'homme et du citoyen. — Les honnêtes gens doivent être aussi hardis que les coquins. — La protestation devant la spoliation future. — Une page de Paul Allard : Félix, évêque de Tibiuca. — « Lui, ce sous-préfet ! » (Lacordaire).—La parole de Dieu ne s'enchaîne pas.*

Février 1906, 7 heures du matin.

C'est aujourd'hui l'inventaire au Petit Séminaire, ce fameux inventaire descriptif et estimatif, ordonné par l'article 3 de la loi de Séparation du 9 décembre 1905.

En disant la messe, je ne puis détourner ma pensée de cette mesure inutile, sacrilège, injurieuse, en tout cas prématurée. Elle est inutile, parce que l'Administration des Cultes a déjà le détail de nos immeubles, et même de nos meubles. Elle est sacrilège, parce qu'elle peut être, et qu'elle est déjà, dans les intentions de nos ennemis, le prélude de la confiscation. Elle est injurieuse, parce qu'elle soupçonne la probité des administrateurs de nos établissements. Elle est en tout cas prématurée, parce qu'elle devance et nargue le jugement du Souverain Pontife, seul maître des biens ecclésiastiques. C'était si facile, avec un peu de tact et de loyauté, de ne pas appliquer la loi par tranches, et d'attendre ou de hâter la publication du règlement d'administration publique! Si l'on ne voulait pas brimer les catholiques, pourquoi s'en donner l'air?

Il est impossible à un prêtre de ne pas éprouver ces sentiments. Chez nous, la consigne est de les exprimer dans une protestation énergique et correcte, et d'assister en témoins passifs à l'opération misérable.

J'en demande pardon à Notre-Seigneur que je laisse dans son tabernacle, nu, dans le corporal, comme dans un suaire.

Le ciboire doit être à la sacristie pour figurer à l'inventaire...

*
* *

7 h. 30.

Pendant l'action de grâces, mille pensées se heurtent, mille images s'entrechoquent autour de ma conscience. Tout près je vois le tombeau d'un de nos évêques : c'est celui qui a construit cette chapelle. Je vois la plaque de marbre derrière laquelle repose le cœur d'un autre. L'un fut un des vrais évêques de l'Empire et du Concile. L'autre rêvait de réconcilier l'Église et la Société moderne. Il croyait à l'*esprit nouveau*, annoncé par feu Spuller. Si tous deux avaient prévu ce qui arrive !...

Car ce qui arrive, c'est peut-être la répétition de la Révolution. En 1791 on fit ici, dans la vieille abbaye, un inventaire qui ne parut à beaucoup aussi qu'une simple formalité. Six mois après, les vases sacrés étaient vendus à l'encan, les moines chassés, l'abbaye confisquée, le tombeau de notre premier apôtre violé, et de l'église détruite il ne resta plus que les murs rasés, qui se prolongent là, tout près, sous les cerisiers.

Il a fallu un siècle pour relever ce que des Vandales ont ruiné en quelques mois. Eux aussi prétendaient avoir la loi pour eux, cette loi qui se contente d'être, non pas le droit, mais la volonté de la moitié plus un des votants, ces votants fussent-ils des aveugles ou des énergumènes. La farouche année 1793, que copient faiblement les pâles émules de la Terreur, fourmille de décrets parfaitement légaux qui pillaient, bannissaient et tuaient sans jugement. Et comme elle avait raison cette jeune fille qui, aux sommations d'un commissaire de police, répondait : « Au-dessus de la loi, Monsieur, il y a la conscience. »

Comme on comprend devant cela les pleurs et les prières des saintes femmes, assiégeant les chemins de l'autel, comme jadis celui du Calvaire ! Comme on comprend l'explosion spontanée, et la noble et folle bravoure de ces citoyens libres, lassés à la fin d'avoir été trop longtemps, à cause de leur foi, traités en parias dans leur propre pays !

Comme jadis, il y a des Pharisiens qui trouvent bon de rappeler aux catholiques la mansuétude de leur Maître. — Les doux apôtres !... Sans doute il a fait remettre l'épée au fourreau ; c'était l'heure de la puissance des ténèbres. Si vous acceptez la comparaison, oui, c'est vrai, il a reçu Judas lui-même par un baiser.

Mais, un jour aussi, il a tout de même pris des lanières de cuir pour chasser les vendeurs du temple ; il a appelé les Pharisiens des sépulcres blanchis ; frappé sur une joue par un valet, bien qu'il en ait ailleurs donné le conseil, il n'a pas tendu l'autre ; il s'est tenu témoin passif et muet devant l'insolence d'Hérode, et il s'est proclamé roi devant les faisceaux de Ponce-Pilate.

Roi, il l'est grandement. C'est le roi immortel des siècles. C'est le propriétaire suprême de tous les biens, surtout des biens ecclésiastiques. L'Église ne les possède qu'en son nom, comme société parfaite, comme le corps mystique de Jésus-Christ, comme l'extension et la prolongation de sa personne. L'Église n'a sur eux qu'un pouvoir de dispensation, qu'un pouvoir *ministériel*, comme dit Suarez. Lui, c'est le Maître absolu.

D'autres, devant le Christ qu'ils ont cloué tout sanglant, hochent la tête et lui insinuent de faire un miracle et de descendre de sa croix, pour conquérir de nouveau le monde et la France. Blasphémateurs hypocrites qui insultent leur éternelle victime ; blasphémateurs ignorants, qui ne savent pas qu'en effet l'Évangile se renouvelle, que l'Église est une immortelle recommenceuse, et que, malgré les gardes et les scellés, Jésus sans cesse sort du tombeau...

Heureusement que nous n'avons pas de fondations antérieures à la Révolution. Elles seraient confisquées (art. 5). Nous n'avons pas non plus de fondations grevées d'œuvres d'assistance ou d'enseignement. Sans quoi elles iraient au bureau de bienfaisance ou au lycée (art. 7).

En attendant, nous devons veiller à laisser le moins possible les élèves en contact avec la provocation qui va leur être faite. Les encriers pourraient partir tout seuls. Des jeunes gens sont des jeunes gens, et, dans leur pays, on a la colère lente et terrible. J'ai déjà saisi une affiche apportée au parloir par le frère de l'un d'eux. C'est celle que l'Association Catholique de la Jeunesse Française a fait placarder sur les murs de Paris : « Citoyens, on ose nous demander pourquoi nous protestons ! Parce que nous *en avons plein le dos ! Nous n'avons plus foi aux mensonges officiels.* » Un autre à qui sa tante envoie la *Semaine religieuse de Paris* y a souligné au crayon bleu les lignes suivantes : « Le peuple catholique se lasse d'être traîné, depuis des mois et des mois, dans l'infini dédale de savantes persécutions, où il a peine à garder la pleine conscience de lui-même. Comme les armées en déroute qui abandonnent les unes après les autres les terres aimées de la patrie, il serait presque sur le point de ne plus croire à ses chefs et de crier : « Trahison ! » — Un autre m'a cité cette parole d'un curé de la capitale : « J'espère qu'on nous laissera la paix maintenant qu'on a vu que nous sommes décidés à soutenir au besoin la guerre. » Un autre m'a dit, dans le calme interrogateur de ses deux grands yeux : « Oh ! nous soupçonnons bien que, si vous étiez libre, vous n'ouvririez pas les portes. » Je lui ai répondu : « Vilain ! Pouvez-vous sonder le fond des cœurs ? Rappelez-vous donc les paroles de l'*Imitation* qui nous ont été lues tantôt au réfectoire : *Il est bon de garder caché le secret du roi.* »

Pourquoi faut-il qu'on ait mis notre jeunesse, si paisible d'ordinaire, devant des choses dont la logique seule provoque ces pensées ? En vérité, on croirait qu'on a tendu là à l'enseignement libre un guet-apens nouveau, pour nous inculper ensuite de résistance à la loi (?). Heureusement les maîtres sont discrets, pondérés, disciplinés. Ils ont les élèves en mains. Ils savent qu'il ne faut pas d'incident. Nous boirons la coupe en silence.

*<br>* *

**7 h. 45.**

En effet, en récréation, les élèves causent de l'inventaire. On ne leur monte jamais la tête sur les choses courantes. Ils sont tous internes.

Tous ils pensent être prêtres. Ce sont des concentrés, des recueillis, des méditatifs. C'est la vocation et le pays qui veut cela. Mais dans leur esprit très égal il y a un peu de leurs horizons sans limites, et dans leur cœur quelle force cachée, comme dans leur sol ! Depuis quelques jours, plus que jamais ils voient leurs parents au parloir. Ils reçoivent des lettres : « Chez nous on a fait l'inventaire, tel jour ; nous étions là deux cents suivant les opérations, récitant le *Miserere*, chantant *Nous voulons Dieu*. Chacun a fait ses revendications. A. X., au Petit Séminaire, on a déployé la troupe. A. Z., au Grand Séminaire, on a brisé les portes... » Allez donc empêcher les bruits du dehors de harceler les têtes de lévites. Tout au plus peut-on filtrer un peu l'apport inévitable du monde. D'ailleurs, il est bon qu'ils n'ignorent pas tout. Ils ne sont pas du monde, mais il y a des choses du monde qu'un séminariste doit savoir, ne fût-ce que celle ci : *Vous serez opprimés dans le monde ; mais ayez confiance, car j'ai vaincu le monde.*

C'est de cela qu'ils causent, les grands. L'un dit : « S'il avait fallu défendre le tabernacle, comme j'aurais voulu être ce Tharcisius dont on nous a donné l'image ! » — L'autre dit : « Si au moins on fermait les grandes portes, et si l'on nous mettait par derrière, impassibles, disant notre chapelet, comme les moines, ou couchés par terre, comme les enfants de l'école libre de Lacordaire et de Montalembert ! Et puis d'entendre les portes crochetées ou brisées, et de voir les gendarmes dans le sanctuaire, quel sou-

venir pour notre âge mûr ! » — Un autre ajoute :
« Ils ont crié depuis trente ans qu'il fallait
laisser les curés à l'église et à la sacristie, et
voici que jusque dans les églises et les sacris-
ties, ils viennent eux-mêmes traquer les curés
qui y sont restés. »

— « Voyez-vous, dit un autre, nos devanciers
se sont peut-être trompés. Le clergé s'est trop
longtemps tenu sur la défensive. C'est la méthode offensive qui est la bonne. C'est la méthode française. Moi, je rêve, pour ma vie sacerdotale, de réunions contradictoires, de conférences, de bons journaux, d'œuvres sociales.
Il y a quatre ans, pendant la campagne élec-
torale, le député franc-maçon vint dans mon
village. Mon curé se rendit à sa conférence. Po-
sément, mais carrément, il lui opposa ses votes
et des raisons. Tout le monde applaudit. Le
député disait en partant : « Si j'avais dix curés
comme celui-là dans ma circonscription, je ne
penserais même pas à m'y présenter. » De fait,
il n'eut chez nous que le dixième des voix. Mais
mon curé, lui, eut son traitement supprimé.
Avec la loi nouvelle, pas de traitements pour
nous, donc pas de suppressions. Et quand
chaque franc-maçon aura à ses trousses quelques
curés libres ! C'est là un bien dans un grand
mal. Le diable a un trou dans son filet ; la liberté
passera. »

— « Oui, dit un autre, il y a même des prêtres
qui ne voient pas grand mal à l'inventaire. Pour
eux, c'est une procédure anodine, et utile même
pour la dévolution des biens. » — « La dévolu-

tion des biens, crie un autre, mais le Pape seul peut l'autoriser, et jusqu'ici le Pape n'a rien dit. Personne n'a le droit de préjuger son avis, et de le compromettre. Du reste, il y a toujours eu des endormis et des endormeurs. Procédure anodine... on disait cela, il y a quatre ans, quand les Congrégations posaient leur demande d'autorisation. On ne voulait pas les persécuter, pensez-vous ? C'étaient ces bons apôtres qui voulaient donner un statut civil et un abri légal aux Congréganistes. Ma sœur était religieuse. Son Institut fit sa demande, donna ses listes. Elles sont toutes dispersées aujourd'hui, leurs biens sont vendus, ma sœur est une des « Isolées » de René Bazin. Au contraire, mon cousin était Bénédictin à Solesmes. L'abbé dom Delatte fit ses malles. Il emballa la magnifique bibliothèque, et le reste. Tout est à l'abri, tout, y compris la liberté, dans l'île de Wight, sous le drapeau anglais. — « Procédure anodine... reprend un autre : on disait la même chose en 1791. Or allez à la bibliothèque municipale, vous y trouverez tous les trésors de notre vieille abbaye, jusqu'aux livres de prix que les moines donnaient aux élèves du Collège royal qui nous précédaient ici même. Pendant les vacances, dans le château d'un financier juif, où un de mes compatriotes est régisseur, j'ai vu des couvertures de lit, des dessus de fauteuil, et des portières en soie brochée, qui avaient été, avant la Révolution, des chapes et des chasubles. Voilà où mène une procédure d'apparence anodine. »

— « Si seulement, s'écrie un autre, le mot d'ordre avait été le même d'un bout de la France à l'autre! Voyez-vous la même action réglementée par un Concile national, et puis notre Église tout entière faisant ou souffrant de même, comme une armée rangée en bataille. Voyez ce sursaut unanime qui jeta d'un coup prêtres et peuple devant le tabernacle menacé. On y allait jusqu'au sang. » — « C'est vrai, murmure un autre, il ne s'agissait plus de défendre quelque chose. Il s'agissait de défendre *Quelqu'un*. C'est un acte de foi grandiose et spontané à la présence réelle. Mais ne jugeons pas. Ne jugeons pas nos chefs. Rappelons-nous le tableau de la Galerie des Batailles, à Versailles : Napoléon à Iéna, passant au grand galop de son cheval blanc, et tout à coup se retournant avec colère parce qu'un jeune grenadier, emporté par son enthousiasme, s'est oublié à crier trop tôt : En avant. Nous ne sommes, nous, que des conscrits. Soyons la jeune garde, la jeune garde du Bon Dieu. » — Un impétueux s'écrie : « Ils ont proclamé eux-mêmes que, à l'encontre de l'oppression, l'insurrection est le plus saint des devoirs. » — Un congréganiste murmure : « Mais l'Église a défendu le tyrannicide à l'égal des autres meurtres, et Jésus n'a pas fait tomber le feu du ciel sur les Samaritains... » — Un membre du Cercle d'études affirme : « Oui, mais nous sommes des citoyens libres, et le citoyen libre doit non seulement respecter la loi, mais aussi se faire respecter au nom de la loi. S'ils me disent que c'est la loi, moi j'en appelle à la loi fondamentale, au droit naturel, à la *Déclaration des droits de l'homme et du citoyen*, qui dit dans son article 2 : *Le but de toute association politique est la conservation des droits naturels et imprescriptibles de l'homme. Ces droits sont : la liberté, la propriété, la sûreté et la résistance à l'oppression.* »

.·.

8 h.

Ils discutent ainsi, nos philosophes anticipés, s'essayant au métier de citoyens libres. Le professeur passe. On le met gentiment au courant, et il dit : « Vous le savez bien ; quand la loi va certainement et absolument contre le droit, contre la morale, contre la religion, contre la conscience, il faut lui opposer une triple résistance : une résistance *juridique*, faisant appel aux tribunaux, pour qu'ils l'interprètent dans un sens plus libéral, ou qu'ils l'amendent par l'application d'autres articles puisés dans d'autres lois ; une résistance *active*, remuant l'opinion, la presse, par des pétitions, des affiches, des conférences, afin d'amener le législateur à changer la loi ; une résistance *passive*, se laissant condamner et immoler par la légalité, comme un champion invincible du droit.

« Faut-il aller plus loin ? Quelques-uns l'insinuent, mais ce n'est pas nous. Voici ce qu'écrit un universitaire de quelque renom, P.-F. Pécaut. Nous lui laissons la responsabilité de ses paroles : « Qui donc donnerait tort aux esclaves de l'antiquité, s'ils s'étaient révoltés furieusement contre leurs maîtres, aux victimes de l'Inquisition, si elles avaient répondu par la violence aux supplices ? Et nos pères n'ont-ils pas bien agi en armant une révolution pour conquérir leurs droits politiques ? Si des hommes, pour briser l'injustice légale, n'ont d'autre instrument en main que la résistance et la révolte ; si l'oppresseur est sourd à la voix de la raison ; si le séjour dans une telle société est plus cruel que l'anarchie à certains de ses enfants, le devoir de légalité ne serait-il pas une dérision (1) ? »

« Quant à nous, nous vous répéterons sans cesse les paroles d'un homme d'État anglais : « Ce qui fait notre force, c'est que, chez nous, les honnêtes gens sont aussi hardis que les coquins. »

« D'autant plus qu'en défendant son droit, chacun défend le droit de tous. Il n'y a plus de sécurité pour personne, dès qu'un seul peut être impunément spolié. « Le bâillon enfoncé dans la bouche de quiconque parle d'un cœur pur pour défendre sa foi, je le sens, disait Montalembert, je le sens dans mes propres lèvres, et j'en frémis de douleur. »

— Un élève répond : « Et après tout cela, on nous fera encore chanter dimanche le *Domine salvam fac Rempublicam.* » — Le professeur réplique : « Ne confondez pas tout cela avec la République. Qui dit République, dit liberté,

_______

(1) P.-F. PÉCAUT, *Petit traité de morale sociale*, p. 163. Paris, Garnier.

égalité, fraternité. Elle pourrait être si belle la République Française, la chose de tous, la cité de l'Évangile, la cité de l'avenir ! Le sectarisme est un vice des hommes, non des régimes. En 1828, sous la monarchie très chrétienne, ce Petit Séminaire fut fermé, et vos aînés dispersés. Blanches ou rouges, ce sont les passions qui sont injustes. Les hommes sont trop souvent laids, la France ne l'est jamais. »

Le Supérieur intervient et souriant : « C'est cela, instruisez-vous, mes enfants, et grandissez dans les vertus personnelles et civiques, pour des jours que vous ferez meilleurs. En Allemagne, le Kulturkampf dura sept ans. A la fin, au Séminaire d'Augsbourg, il n'y avait plus qu'un seul élève : vous savez quelle est la puissance du Catholicisme aujourd'hui dans l'Empire. En Belgique la lutte violente dura six ans : depuis 1884, le Catholicisme y domine. Faites tous les jours de l'apologétique vivante, selon la parole des saints Pères, non par de grandioses paroles, mais par de vaillantes actions.

Témoignons pour le Christ, mais surtout par nos vies :
Notre seule vertu confondra plus d'impies
  Que le sang d'un martyr.

. .

9 h.

L'Inspecteur des Domaines arrive, escorté par les représentants directs de l'autorité diocésaine. Il a d'ailleurs le ton et les paroles qui conviennent : « Monsieur le Supérieur, je regrette de faire votre connaissance dans de pareilles circonstances.

— Vous ne le regrettez pas plus que moi, Monsieur. »

C'est tout. Il explique son mandat, et il entend, pour l'annexer au procès-verbal, la protestation suivante qui est commune à nos différents Séminaires :

Nous soussignés, Président et membres du Bureau d'administration du Séminaire, protestons contre l'inventaire qui nous est imposé, déclarons ne céder qu'à la contrainte et réservons formellement tous droits de l'Église, du Séminaire et de ses bienfaiteurs, notamment en ce qui concerne les transmissions ou attributions des biens dont nous avons la gestion et la garde.

Nous déclarons que le Séminaire ne possède rien qui ne lui soit venu de la libéralité des catholiques, et exclusivement en vue de l'éducation des jeunes clercs.

Nous déclinons donc toute participation à l'injustice et à la spoliation qui pourraient être commises, par la transmission de ces biens à une autre œuvre et pour une autre destination.

Tous les biens, meubles et immeubles du Séminaire, ont été constitués, achetés et construits, depuis la Révolution, par nos évêques, avec le généreux concours des fidèles.

Tout ici est donc *bien d'Église*, et ceux qui oseront y porter la main commettront un crime dont ils répondront devant Dieu.

En conséquence nous déclarons ne prendre aucune part à cet inventaire, auquel nous assisterons comme simples témoins, et pour revendiquer les droits du Séminaire et de ses bienfaiteurs.

L'opération marche vite. On sent qu'il a honte,

cet homme, et qu'il ne se croyait pas fait pour
cette besogne.

Il a été élevé dans un petit séminaire ; il a
porté, dit-il, ces chandeliers d'acolytes, qu'il
estime 5 francs la paire. Moins pressés étaient
les soldats du Calvaire jouant aux dés la tunique sans couture. Ils n'avaient pas deux mille
ans de christianisme dans les veines. On lui ou-
vrit une classe, celle où l'on enseignait l'histoire de la Révolution, dont les élèves voyaient
ainsi en acte la réédition parfaite. Il traversa
une étude. Tout le monde retint son souffle —
et ses dictionnaires. Mais on ne se leva pas. Ce
n'était pas un hôte, encore moins un invité. Il
ne faisait ni honneur, ni plaisir. C'était la persécution qui passait. On peut la subir ; on n'est
jamais forcé de la remercier.

*
* *

**11 h.**

Il est parti, emportant ses notes, où les ca-
lices, les ornements sacrés, les bustes d'évêques,
voisinent avec les lits, les tables; les bancs et
les casseroles, où la description de la basse-
cour fait suite à celle de la bibliothèque.

*
* *

**11 h. 15.**

Le Supérieur, seul enfin, remonte chez lui,
et, la tête dans ses mains, il cherche à contrôler
le présent par le passé. Deux pages se dressent

lumineuses devant sa mémoire. La première est de Paul Allard, et la voici :

Dioclétien, las de verser le sang, voulut anéantir le christianisme par des moyens hypocrites. Il ordonna aux chrétiens de livrer les Saintes Écritures, espérant arrêter ainsi la propagation de l'Évangile et étouffer la parole de Dieu.

En présence de l'édit de l'empereur, l'Église d'Afrique se divisa. Il y eut des évêques qui résistèrent, d'autres se soumirent ; on les appela : « traditeurs. »

Voici le récit de l'interrogatoire d'un des partisans de la résistance, Félix, évêque de Tibiuca :

Magnilianus, curateur de la cité, lui dit :

— Évêque Félix, donne les livres et les papiers que tu possèdes.

— Je les ai, mais je ne les donne pas.

— L'ordre des empereurs doit prévaloir sur tes paroles ; donne les livres afin qu'on les brûle.

— Mieux vaut me brûler moi-même que les divines Écritures ; il faut obéir à Dieu plutôt qu'aux hommes.

— La volonté des empereurs doit être préférée à la tienne.

— La volonté de Dieu doit être préférée à celle des hommes.

— Réfléchis, dit le magistrat.

Le troisième jour il fit venir de nouveau Félix :

— As-tu réfléchi ?

— Ce que j'ai répondu, je le répète, et je suis prêt à le redire devant le proconsul.

On le mena au proconsul, sa réponse fut la même. Il fut embarqué dans un navire avec les animaux, et conduit, après une longue et pénible traversée, au prétoire d'Italie. Celui-ci fit délivrer le martyr de ses chaînes, puis il dit :

— Félix, pourquoi ne donnes-tu pas les Écritures du

Seigneur ? Est-ce parce que tu ne les possèdes pas ?
— Je les possède, répondit l'évêque, mais je ne les donne pas.
— Tuez Félix avec le glaive, dit le préfet.
— Grâces vous soient rendues, ô Seigneur, qui avez daigné me délivrer ! s'écria le martyr.

La seconde page est de Lacordaire sur ce sous-préfet d'Aubusson qui avait fait introduire dans l'église, par la force armée, le corps d'un homme à qui l'autorité religieuse avait très légitimement refusé la sépulture chrétienne.

Un simple sous-préfet, un salarié amovible, du sein de sa maison, gardée contre l'arbitraire par trente millions d'hommes, a envoyé dans la maison de Dieu un cadavre. Il a fait cela devant la loi qui déclare que les cultes sont libres ; et qu'est-ce qu'un culte libre si son temple ne l'est pas, si son autel ne l'est pas, si l'on peut y apporter de la boue les armes à la main ? Il a fait cela à la moitié des Français, lui, ce sous-préfet !... Or l'homme qui a bravé tant de Français dans leur religion, qui a traité un lieu où les hommes plient le genou avec plus d'irrévérence qu'il ne s'en serait permis à l'égard d'une étable, cet homme, il est au coin de son feu, tranquille et content de lui (1)...

*
* *

11 h. 15.

A l'examen particulier on pria pour les bienfaiteurs vivants, dont tous les droits ont été jalousement revendiqués, pour les bienfaiteurs

_______

(1) *L'Avenir* du 20 novembre 1830, cité dans *Le Père Lacordaire*, par le comte DE MONTALEMBERT, p. 22.

défunts qui certes n'avaient pas prévu une pareille suite à leurs largesses.

On pria pour le peuple de France qui n'est point complice ; on pria pour les méchants qui ne savent pas ce qu'ils font ; on pria pour l'Église qui souffre dans ses chaînes, et qui ne veut pas — témoin tous ces jeunes — laisser ligoter la parole de Dieu.

# CHAPITRE XVI

## L'ÉDUCATION DE LA VAILLANCE ÉVANGÉLIQUE DANS LA PERSÉCUTION VÉCUE

### Le Chemin de Croix des Séminaires.

———

*La situation des Séminaires au 11 décembre 1906. — La dé-
volution des biens et la question universitaire. — La circulaire Briand du 1<sup>er</sup> décembre. — Les illégalités et les
contradictions dans la fermeture violente des Séminaires. —
La 2<sup>e</sup> circulaire Briand. — La circulaire de M. Caillaux,
ministre des finances, aux séquestres. — Les Séminaires sont
tombés pour la foi, comme une rançon. — Une discussion
typique avec un Préfet. — Un spécimen extra-évangélique. —
« Objets inanimés, avez-vous donc une âme... ». — L'expulsion et les derniers jours. — Dieu honoré, servi et aimé
malgré tout.*

Les historiens de l'avenir rechercheront sans
doute par quelle série de coups de force tous
les séminaires de France ont été dispersés et
dissous, en décembre 1906 et janvier 1907, au
nom de la prétendue loi libérale sur la Séparation des Églises et de l'État. D'avance il est bon
de les aider en fixant les phases de cette crise,
et en marquant les étapes dans cette marche au
Calvaire.

Dans le souvenir des luttes, dans la saveur des épreuves, il n'est pas que de l'amertume. Il s'y joint un motif de surnaturelle fierté, et une poussée d'énergie nouvelle. Pauvres Rachel sans enfants, les éducateurs lévitiques pleurent sur leurs maisons vides et scellées. Mais tout de même il leur plaît, à ces Apôtres, de se rappeler les premiers « qui s'en allaient tout meurtris, mais tout ravis aussi, d'avoir été jugés dignes de souffrir l'injustice pour le nom de Jésus ».

Brisés, vaincus, proscrits d'un jour, ils acclament quand même ce qui est immortel, le droit et la liberté. Ils savent que leurs souffrances ne sont point perdues dans cette société invisible, qui s'appelle la *Communion des saints*. Payant leur dette de solidarité à la grande armée catholique, ils se font volontiers, autant qu'il est en eux, la rançon de l'avenir. Dans les ténèbres de ce soir de Vendredi Saint, ils saluent d'avance — après trente-six heures seulement ! — l'aube sans pareille...

Voilà pourquoi il leur est utile et doux de parcourir de nouveau les quatorze stations de leur chemin de la Croix.

## I

A la veille du 11 décembre 1906, la situation des séminaires était celle-ci. La loi du 9 décembre 1905, promulguée le 11 décembre, mettait à mort, un an après sa promulgation, tout ce qu'on appelait auparavant les *établissements publics du culte.* Les établissements publics du culte avaient jusque-là la personnalité civile. Ils pouvaient posséder, et ils possédaient en réalité les biens nécessaires à leur fin. Ils étaient au nombre de cinq : 1° *les Fabriques* ; 2° *les Menses épiscopales et curiales* ; 3° *les Chapitres* ; 4° *les Caisses diocésaines de retraite* ; 5° *les Séminaires.*

A dater du 11 décembre 1906, la loi déclarait ces établissements dissous, anéantis, abolis, morts. Leur succession devait aller exclusivement aux *Associations cultuelles* dont la loi organisait la création et le fonctionnement. A défaut de ces *Associations cultuelles,* les biens des établissements publics du culte étaient déclarés vacants et sans maîtres ; après un an de mise sous séquestre en vue de les rendre liquides, ils seraient attribués d'office par l'État qui se constituait leur héritier, aux établissements communaux d'assistance et de bienfaisance.

Telle était la question de *dévolution des biens* qui était la même pour tous les établissements publics du culte.

A cette première question s'en ajoutait une seconde pour les Séminaires : *la question universitaire.* Les Séminaires étaient des maisons d'enseignement, et des maisons d'enseignement jouissant d'un statut spécial, qui était formulé d'une part dans le Concordat de 1801, et d'autre part dans l'article 70 de la loi du 15 mars 1850.

La loi nouvelle abolissant ce statut spécial, les Séminaires, grands et petits, retombaient sous le régime du droit commun en matière d'enseignement, et devaient satisfaire à toutes les prescriptions des lois en vigueur sur la matière.

## II

Après les deux encycliques *Vehementer* et *Gravissimo* par lesquelles Pie X condamnait, en principe et en pratique, la loi du 9 décembre 1905, quand il fut certain qu'il n'y aurait pas d'*Associations cultuelles catholiques*, tous les supérieurs de Séminaires s'attendaient à se trouver, après le 11 décembre 1906, devant cette double question : premièrement la mise sous séquestre de leurs immeubles et mobilier, comme prélude à la dévolution des biens — et deuxièmement la nécessité de satisfaire aux formalités académiques requises pour l'ouverture d'une institution libre.

Vint la circulaire adressée par M. Briand le 1er décembre 1906 aux préfets. « Les bâtiments des Séminaires, disait-elle, ne pourront garder leur destination antérieure, même s'ils appartenaient aux Séminaires eux-mêmes. En effet, le personnel chargé de diriger un Séminaire et de donner l'enseignement constituera un groupement de fait, présentant les caractères d'une Association cultuelle dissimulée, et ses administrateurs seront passibles des pénalités de l'article 23 de la loi de 1905. »

Cette circulaire était sectaire, et de plus vague et obscure. Peut-être ne l'était-elle pas à dessein.

Du moins c'est ce qu'affirmait un député catholique à qui l'on posait, le 6 décembre, cette question : « Alors vous croyez toujours à la bonne foi de Briand ? — Absolument », répondit-il.

Toujours est-il que la circulaire du 1er décembre était vague et obscure. Qu'était-ce que « la destination antérieure des bâtiments des Séminaires ? » Évidemment une destination cultuelle, ayant pour but l'éducation des futurs ministres du culte. Ces bâtiments des Séminaires ne garderaient pas cette destination cultuelle, avec les avantages et immunités (exemption d'impôt, par exemple) qui y étaient attachés : soit. Mais les bâtiments seraient-ils refusés, même mis sous séquestre, à une destination autre, à une destination nouvelle d'institution libre, conformément au droit commun ?

Le ministre ne le disait pas, et il ne pouvait pas le dire, parce qu'à ce moment-là il ne croyait pas à ce refus.

### III

M. l'abbé Gayraud, député du Finistère, annonça immédiatement qu'il poserait une question au ministre, à la tribune, sur le sens et la portée de la circulaire relativement aux Séminaires. Après diverses conversations et pourparlers où M. Briand affirmait sa loyauté, il priait M. Gayraud d'ajourner sa question après la publication d'une seconde circulaire, qui expliquerait la première. Il assurait que son intention n'était pas de fermer ni de détruire les Séminaires, mais seulement de les obliger à se transformer en établissements d'instruction conformes au droit commun, c'est-à-dire à la loi de 1875 sur l'enseignement supérieur pour les Grands Séminaires, à la loi du 15 mars 1850 pour les Petits Séminaires.

On vit des supérieurs qui, à ce moment, de deux cents lieues ou de plus près, firent le voyage de Paris, pour être fixés. Ils virent M. Gayraud et d'autres députés catholiques, des avocats aux conseil d'Etat, M. Briand, les directeurs du cabinet du ministre de l'Instruction publique. Partout les réponses furent très nettes. Les supérieurs ne pourraient plus rester dans leurs Séminaires, ni avec leurs immunités académiques, ni à titre de propriétaires ; mais ils pourraient y rester, comme directeurs d'institutions libres, à titre de locataires.

Il nous faudrait donc louer nos immeubles. Mais de qui les recevoir en location ?

Les uns disaient — et c'était certes le seul procédé canonique : — « Du bureau d'administration des Séminaires, qui conserve son existence légale et sa personnalité civile jusqu'au 11 décembre 1906. » — Les autres disaient — et c'était la thèse ministérielle : — « Faites-vous donner un bail par le fonctionnaire des Finances qui sera constitué le séquestre de vos immeubles. »

Pour ce second procédé, il fallait une autorisation spéciale de l'évêque, agissant par délégation du Souverain Pontife, qui avait permis de prendre à bail les biens ecclésiastiques séquestrés, par raison de nécessité et sous certaines conditions. Car louer son propre bien, ce serait le comble de l'abdication, si ce n'était le sublime dans l'abnégation.

Les supérieurs qui se décidèrent pour ce second procédé — procédé héroïque si l'on regarde ce qu'il coûte — obtinrent cette double autorisation. Les autres firent enregistrer le bail à eux concédé par le bureau d'administration des Séminaires diocésains. Tous déposèrent à l'Inspection d'Académie les pièces nécessaires pour l'ouverture d'une institution libre.

Vint le 13 décembre où la loi entrait partout en vigueur, et, les uns comme les autres, tous les Séminaires furent expulsés. Pourquoi ?

## IV

Ah ! pourquoi ! Le ministre, c'est sûr, était en nous expulsant, en plein arbitraire et en pleine illégalité. Cela était démontré péremptoirement, dans le *Journal des Débats*, par un ancien bâtonnier de Cour d'appel (1).

« Aucune loi ne commandait, aucune ne permettait à M. Briand de brusquer une mesure aussi générale et aussi violente, sans aucune intervention judiciaire.

« Ni la loi de 1905 : à défaut d'Associations cultuelles qu'elle prévoyait, mais n'imposait pas obligatoirement,—M. Briand l'a reconnu avec

_______

(1) Article reproduit dans la *Croix* du 10 janvier 1907.

assez d'éclat — elle acculait le personnel des Séminaires à se créer une situation juridique sous le régime des lois d'enseignement, et plaçait les immeubles et les biens sous séquestre ; mais elle ne prescrivait pas la fermeture des établissements.

« Ni les lois sur l'enseignement : la loi de 1850 pour l'enseignement secondaire, celle de 1875 pour l'enseignement supérieur. — Si les professeurs des Séminaires avaient continué d'enseigner après le 11 décembre, sans remplir les formalités requises par l'une ou l'autre de ces deux lois, le procureur de la République aurait pu les poursuivre et requérir contre eux l'application d'une amende de 1.000 francs au maximum ; le tribunal aurait pu, sans toutefois y être obligé pour les Grands Séminaires, prononcer la fermeture de l'établissement ; mais il fallait des poursuites, et d'ailleurs, dans les délais de la poursuite, les formalités requises auraient pu être remplies.

« Ni les lois sur le séquestre : du moins, le séquestre seul avait qualité pour chasser les occupants, supposé d'ailleurs que son devoir n'eût pas été plutôt de les engager comme locataires. Un séquestre, en tout cas, ne peut expulser quelqu'un qu'en vertu d'un jugement. Or, il n'y a eu aucune intervention judiciaire, pas plus pour ordonner l'expulsion que pour constater l'infraction aux lois sur l'enseignement.

« Conclusion : la fermeture des Séminaires s'est opérée en plein désaccord avec les lois existantes : exemple éclatant, mais, hélas ! trop fréquent pour étonner beaucoup, de l'illégalité et de l'arbitraire où se meut le gouvernement. »

Si l'on demande pourquoi les expulsés n'ont pas eu généralement l'idée de recourir à la justice, le magistrat dont nous résumons la pensée en donne deux motifs.

Peut-être parce que notre magistrature, triturée depuis trente ans par la politique, n'inspire plus aucune confiance lorsqu'il s'agit de résister au gouvernement.

Peut-être aussi parce que, l'expulsion ayant été ordonnée par un ministre, on prévoyait que les juges des référés se déclareraient incompétents, en considérant qu'ils étaient en présence d'un acte administratif.

## V

En nous expulsant, les ministres n'étaient pas seulement en contradiction avec la justice et la légalité ; ils étaient en contradiction avec eux-mêmes. Et d'abord M. Briand qui adressait aux préfets la deuxième circulaire suivante (1) :

Paris, 7 décembre 1906.

Monsieur le Préfet,

Les séminaires ont été supprimés comme établissements publics du culte par l'article 2 de la loi du 9 décembre 1905, et s'il est loisible de rétablir au moins les

(1) Parue à l'*Officiel* seulement le 10 décembre.

séminaires proprement dits ou grands séminaires sous forme d'Associations cultuelles, il est constant qu'à défaut d'associations de cette nature, le maintien, avec leur caractère spécial, de ces établissements destinés à assurer le recrutement du clergé comporterait une association illicite, susceptible de donner lieu à des poursuites en vertu de l'article 23.

J'en ai conclu, dans ma circulaire du 1er du courant, que, dans cette hypothèse, les bâtiments des séminaires ne pourraient conserver leur destination antérieure ; plus généralement, l'absence d'Associations cultuelles vouées à la préparation du sacerdoce empêchera tout transfert de la propriété ou de la jouissance des biens qui appartenaient aux séminaires, ou dont ils avaient la jouissance.

J'ajouterai, pour répondre à diverses demandes d'instructions, que si les grands séminaires entendaient sortir du cadre spécial dans lequel ils étaient renfermés jusqu'ici, et si, d'établissements purement cultuels, ayant pour objet exclusif de pourvoir à l'exercice du culte par la formation des prêtres, ils se proposaient de devenir des établissements ordinaires d'enseignement privé, où l'on professerait la théologie et les sciences annexes, ils devraient, pour se transformer ainsi, se soumettre au régime institué en matière d'enseignement supérieur par les lois du 12 juillet 1875 et 18 mars 1880.

Quant aux écoles secondaires ecclésiastiques, dites petits séminaires, dans le cas où, pour subsister, elles voudraient se convertir en simples établissements d'enseignement secondaire privé, il leur incomberait d'observer les dispositions générales du titre III de la loi du 15 mars 1850.

Les associations qui auraient pour but l'entretien des nouveaux établissements d'instruction, créés dans lesdites conditions, devraient être constituées conformément aux prescriptions combinées des lois des 12 juillet 1875 et 1er juillet 1901, ou simplement d'après les dispositions de la seconde de ces lois, suivant qu'ils donneraient l'enseignement supérieur ou l'enseignement secondaire.

Il demeure d'ailleurs bien entendu, comme l'implique ma circulaire du 1er du courant, que du moment que ces associations ne rempliraient pas les conditions exigées par la loi du 9 décembre 1905, les établissements en dépendant seraient sans qualité pour continuer à jouir, dans les conditions privilégiées prévues par les articles 4 et 14 de ladite loi, des biens dont les séminaires avaient la propriété ou la possession.

Vous voudrez bien m'accuser réception de la présente circulaire, et si des renseignements complémentaires vous étaient nécessaires, je serais à votre disposition pour vous les donner.

ARISTIDE BRIAND.

Dans cette seconde circulaire, pas plus que dans la première, il n'était donc pas question d'expulsion ni de fermeture. Il s'agissait seulement de transformation du caractère, du statut légal des Séminaires. Et le sens obvie, pour tout homme de bonne foi, était : « transformation sur place, dans les mêmes locaux, où l'on *subsisterait* à titre, sinon désormais de propriétaires, du moins de locataires. »

VI

Le sens obvie était si clair, qu'il était adopté d'emblée par M. Caillaux, ministre des Finances.

Dans sa circulaire du 4 décembre 1906 sur le

séquestre des biens ecclésiastiques — circulaire qui ne contient pas moins de trente-trois colonnes du *Journal officiel* — il ne parle nulle part d'expulsion pour les Séminaires. Au contraire, il met les Séminaires, grands et petits, parmi les seuls immeubles importants qui ne doivent pas être loués *aux enchères*, au même titre que les églises, presbytères, maisons de retraite. D'où suit le raisonnement naturel : « Les églises, presbytères, maisons de retraite, conservant, même sous le séquestre, leur affectation, il doit en être de même des Séminaires. » Voici d'ailleurs cet article 36 de la circulaire Caillaux (1) :

36. — *Immeubles appartenant aux établissements publics du culte supprimés.* — La location aux enchères des immeubles séquestrés, qui ne seraient pas affermés, devra être immédiatement poursuivie. Cette règle est générale et s'applique à tous les immeubles séquestrés, quelle que soit leur nature et quelle que soit leur affectation : néanmoins, pour les édifices directement affectés à l'exercice public du culte (cathédrales, églises, chapelles, temples, synagogues) et pour les édifices servant au logement des ministres du culte (presbytères) ainsi que pour les grands et petits séminaires, et pour les maisons de retraite des prêtres âgés et infirmes, le service provoquera, en ce qui concerne le mode à adopter pour leur utilisation, les instructions du préfet auquel le ministre de l'Instruction publique, des Beaux-Arts et des Cultes, a adressé les recommandations nécessaires par une circulaire du 1er décembre 1906 (*Journal officiel* du 2 décembre, p. 7979).

(1) *Journal officiel*, 7 décembre 1906, p. 8114.

L'interprétation que nous donnons ci-dessus était si juste que plusieurs séquestres consentirent effectivement à certains supérieurs la location des immeubles de leurs Séminaires.

## VII

Bien plus, il y avait dans la même circulaire un article 38, qui laissait espérer formellement aux supérieurs de Séminaires, leur transformation académique une fois accomplie, la continuation du fonctionnement régulier de leurs maisons, même mises sous séquestre, et cela, non pas à titre de gardien du séquestre (ce que Rome ne permettait pas), mais « en vertu des pouvoirs qui auraient été précédemment conférés par l'établissement supprimé à un mandataire spécial ».

Voici encore cet article 38 :

38. — *Administrateur provisoire*. — Si le séquestre comprend un établissement qui ne pourrait, eu égard à son organisation et à ses attributions spéciales, être utilement géré par le domaine, rien ne s'opposera à ce que le directeur, informé par le receveur, demande au préfet soit la nomination d'un administrateur provisoire auquel la gestion de l'établissement serait spécialement confiée moyennant salaires, soit la continuation des pouvoirs qui auraient été précédemment conférés par l'établissement supprimé à un mandataire spécial.

La demande qui sera présentée à cet effet au préfet devra conclure à ce que l'administrateur provisoire soit tenu de verser à la caisse du séquestre les fonds disponibles au fur et à mesure de leur encaissement, et de représenter, d'ailleurs, au receveur des domaines, à toute réquisition, ses comptes et les pièces relatives à ses opérations.

Et cependant, malgré les deux circulaires Briand qui impliquaient formellement la transformation des Séminaires dans les mêmes locaux, malgré les articles 36 et 38 de la circulaire Caillaux, tous nos Séminaires ont été fermés et dispersés.

Encore une fois, pourquoi ? — Est-ce que le gouvernement nous aurait dupés pour nous endormir ? Ce n'est pas à supposer, puisque, de fait, il ne nous a pas endormis, et que toutes les précautions académiques et autres étaient prises.

Est-ce que le gouvernement n'aurait pas plutôt renoncé d'un seul coup à son vague et hypothétique « libéralisme » pour satisfaire une vengeance, dont il nous a fait l'honneur de nous choisir pour premières victimes ?

## VIII

Cette seconde hypothèse est pour nous l'évidence même. C'est notre gloire. Il convient de la mettre en relief. Nos Séminaires sont tombés pour la foi. Ils ont été sacrifiés à la haine des ennemis de l'Église. Ils sont tombés comme une rançon de l'obéissance unanime que le clergé de France a observée envers le Souverain Pontife, et spécialement envers les deux décisions du Souverain Pontife qui se formulaient ainsi :

1° Vous ne ferez point la déclaration publique demandée par le gouvernement pour l'exercice du culte; 2° Vous ne porterez pas vous-mêmes au séquestre les titres et valeurs qui composent le patrimoine ecclésiastique.

Si nous exprimons cette conviction, c'est qu'elle est pour nous une certitude. Voici pourquoi.

Nous savons un supérieur qui, appuyé sur les affirmations à lui données au ministère même, sur les circulaires Briand et Caillaux, s'était mis en règle avec l'Académie pour la transformation sur place de son Séminaire en institution libre.

Le 12 décembre au soir, il était prévenu par le préfet que son Séminaire était fermé, à la date du 13, *faute de s'être transformé en établissement privé, conformément à la loi de* 1850.

Le 13 au matin, il vole à la préfecture. Il y a là le préfet, un chef de bureau, un fonctionnaire de l'Académie.

— « Comment, dit-il, monsieur le Préfet, vous me fermez parce que je ne me transforme pas ! Mais depuis treize jours au moins, depuis la première circulaire Briand, je ne fais que cela : me transformer. D'ailleurs, en voici les preuves sur votre bureau. Vous avez mon dossier académique conforme à l'article 60 de la loi du 15 mars 1850 : ma déclaration d'ouverture, mon acte de naissance, mon diplôme non pas seulement de bachelier mais de licencié, mon certificat de stage, l'indication du programme de l'enseignement, le plan du local...

— Ah ! dit le préfet, le plan du local, le plan

du local... Mais c'est précisément ce qui vous manque le plus. Vous me donnez là le plan du Séminaire. Mais le Séminaire ne vous appartient plus. Il est vacant et sans maître. Il va être mis sous séquestre ce soir même. Vous ne disposez plus de ce local.

— Plus à titre de propriétaire, soit : c'est votre thèse. Mais à titre de locataire.

— De locataire, de locataire... Mais je croyais que vos supérieurs vous avaient défendu de louer les biens d'Église. (Il disait cela en souriant, M. le préfet).

— C'est une question de conscience, monsieur le Préfet. J'ai pris mes précautions. Je puis louer. Je demande à louer.

— Louer, mais à qui ?

— Au séquestre que vous allez nommer.

— Il ne peut pas vous louer.

— Il le peut : témoin les circulaires Briand et Caillaux. M. Briand dit que je puis *subsister*, et par suite me transformer sur place, donc je puis louer. M. Caillaux vous dit (article 36) que le séquestre devra prendre votre avis pour l'utilisation de mon immeuble conformément à la circulaire Briand. Donc vous pouvez dire au séquestre de me louer. Bien plus : vous pourriez même, sans me louer, me conserver dans l'immeuble, à titre d'administrateur provisoire (article 38 de la circulaire Caillaux), par une simple continuation des pouvoirs que j'avais comme mandataire spécial du bureau des Séminaires, dont l'existence légale s'achève... Si vous ne me louez pas, vous me donnez le droit de douter de la loyauté des paroles qui m'ont été dites au ministère même. Je croirai qu'on nous a tendu un piège en nous détournant de passer bail avec le bureau des Séminaires, et en nous adressant à vous pour vous demander une location qui nous coûte, vous le pensez, monsieur le Préfet, et qui de plus, je le vois, était refusée d'avance... »

## IX

Le préfet regarda son chef de bureau qui, les circulaires ministérielles à la main, sembla opiner pour l'argumentation du supérieur.

— « Eh bien ! soit, dit-il, je veux bien autoriser le séquestre à vous louer votre Séminaire, mais à une condition. Donnant, donnant. »

— Une condition, monsieur le Préfet ! Laquelle ?

— Voici, monsieur l'abbé. Vous êtes intelligent, vous devez être influent, obtenez de votre administration ecclésiastique qu'elle autorise immédiatement deux choses : la déclaration pour le culte, et la remise au séquestre par votre trésorier des titres et valeurs qui composent le patrimoine du Séminaire. »

Le supérieur sourit amèrement. Il se leva à demi, et refermant sa serviette : « Monsieur le Préfet, dit-il, si c'est là votre ultimatum... »

Le préfet l'arrêta d'un geste : « Voyons, dit-il, la déclaration... une formalité insignifiante que deux laïcs, que deux libres-penseurs comme moi peuvent faire légalement, pourvu que l'Église ne persévère pas dans son intransigeance en nous désavouant... La remise des titres au séquestre... Mais aussi bien ces titres sont tous en trois pour cent, et nominatifs. Demain, si vous les refusez, un duplicata en sera établi au nom du séquestre. Ceux que vous détiendrez encore ne seront que du papier noirci, sans valeur. Leur remise par votre trésorier n'est qu'une formalité sans conséquence...

— Alors, monsieur le Préfet, pourquoi la demandez-vous ?

— Ah! pour nous il y a là une signification...

— Pour nous aussi, monsieur le Préfet ; et c'est là ce qui dicte nos deux attitudes : votre exigence et notre passivité.

— Ah ! oui, saint Laurent et les biens de l'Église...

— Précisément, monsieur le Préfet, l'histoire se renouvelle. On peut prendre nos biens. Nous ne les livrerons pas ».

Le supérieur s'était levé. Alors le préfet se fit insinuant et câlin. « Voyons, il était bon garçon, lui, après tout ; il ne cherchait pas les difficultés... Donc un geste, un simple geste de votre part pour entrer dans la voie de la légalité. Vous n'avez pas voulu accepter le gâteau tout entier en formant des cultuelles. Vous nous en demandez maintenant les miettes. Soit. Mais soyez gentils. Et puis, on ne le dira pas au public : nous ne mettrons pas les journaux dans la confidence. Personne ne le saura...

— Monsieur le Préfet, et la conscience...

— Ah ! voilà le grand mot lâché ! Eh bien ! à

moi, ma conscience de fonctionnaire républicain m'interdit de faire aucune faveur à des gens révoltés contre les lois... »

Le préfet s'était levé à son tour. Il avait étendu la main vers le drapeau tricolore qui, dans un coin du grand bureau, semblait affalé et honteux, lui qui est fait pour abriter tous les Français dans la liberté, l'égalité et la fraternité, et cette main, il l'avait, avec un bruit mat, ramenée sur son cœur. Drame ou comédie ? C'était un bon acteur. Les deux fonctionnaires présents semblaient — mais qui sait jamais ? — admirer en silence le loyalisme radical de leur chef hiérarchique. Tranquillement le supérieur reprit :

— « Monsieur le Préfet, je ne suis point un révolté, et je ne vous demande point de faveurs. La déclaration pour le culte n'est pas exigée par la loi de 1881. Quant au refus de vous apporter nos titres et valeurs, le ministre des Finances prévoit cette hypothèse (article 15 de sa circulaire), et il n'y met pas d'autre sanction que des frais de transport à allouer au séquestre sur le montant des biens séquestrés. Vous n'avez pas le droit, vous, d'être plus dur que votre ministre, de m'en punir en me refusant non pas une faveur, mais l'exercice de mon droit. Car non seulement je ne suis pas révolté contre les lois, mais je vous demande à user du droit que me donne une loi, une loi républicaine, monsieur le Préfet, la loi du 15 mars 1850... D'ailleurs, je ne suis qu'un simple prêtre, et puisque vous ne reconnaissez plus les prêtres, je ne suis à vos yeux qu'un simple citoyen. Pourquoi me rendez-vous responsable, moi, simple particulier, de ce que font ou ne font pas ceux que vous n'avez pas voulu nommer dans la loi, pour ne pas reconnaître leur pouvoir hiérarchique, et que vous reconnaissez subrepticement devant moi, au moment même où nous discutons, pour me confondre avec eux, parce que, d'après vous, ils sont mes chefs? Moi, je puis être fier d'eux. Mais vous, vous vous êtes ôté le droit de le savoir et de vous en occuper. Et puis, il faut bien que vous tiriez profit de l'immeuble séquestré. Or cet immeuble a été, depuis quatre-vingt-deux ans, organisé pour l'enseignement. Quel meilleur profit pouvez-vous en tirer que de me le louer pour cet usage ?.. »

X

De nouveau, le préfet se fit courtois, souriant, aimable.

— « Eh bien, dit-il, il y a, monsieur l'abbé, dans vos arguments une part de vraisemblance qui ne m'échappe pas. Je vais télégraphier à Paris. Si je peux autoriser le séquestre à vous louer... Car, vous savez, nous comme vous, nous sommes des subordonnés..... Je ne suis que le premier commis du ministère dans le département. »

Le supérieur sortit. Il y avait une heure que la discussion durait. La neige tombait par rafales, dans un ciel bas d'hiver. Midi sonnait au clocher de la cathédrale. Et dans la poitrine du prêtre, que la toux secouait, au sortir de l'atmosphère surchauffée dans laquelle se dorlotent les préfets de la République, chaque coup de l'*Angelus* résonnait ce jour-là comme le glas de la liberté...

XI

Anne, Caïphe, Hérode et Ponce-Pilate ont été des personnages de la Passion. Sous le masque des préfets, plus d'un supérieur les trouva dans la sienne. Il s'y rencontra aussi sans doute quelque bon Cyrénéen sous les traits de quelque autre fonctionnaire qui, une heure, rendit un peu d'espoir...

Mais en voici un autre qui, je le crois, dans l'Évangile, n'eut pas son pareil. C'est un haut fonctionnaire de l'Administration des Domaines. Grand, chenu, cassé, ce vieillard à fin de course n'avait rien encore à sa boutonnière. C'était peut-être un ruban à gagner. Aussi avec son interlocuteur il le prit de très haut : par quoi certains cherchent à se dissimuler qu'ils sont bas.

— « Monsieur, dit-il, vous savez que c'est à moi que vous devez vous adresser pour louer.

— Monsieur le Fonctionnaire des Domaines, je m'adresse à vous pour louer.

— Je ne peux pas louer.

— Vous ne pou-vez-pas-me-lou-er ?

— Non : tenez, attendez que je vous lise mes instructions :

« La location aux enchères des immeubles
« séquestrés qui ne seraient pas affermés devra
« être immédiatement poursuivie. Cette règle
« est générale et s'applique à tous les immeubles
« séquestrés, quelle que soit leur nature et
« quelle que soit leur affectation... Par exc(p
« tion, lorsqu'il s'agit d'immeubles de faible
« importance... »

« Voyez, ce n'est pas le cas : un pareil immeuble ! Ce que nous avons de plus beau dans
tout le département ! (Et il se frottait les mains,
cet homme, et il faisait claquer sa langue !)
Une location aux enchères demande six mois
avec avis, expertise, cahier des charges, quinze
jours d'affichage, etc... Voyez, je ne peux pas
vous louer.

— Pardon, dit le supérieur, dans ce que vous
venez de me citer, monsieur le Fonctionnaire des
Domaines, vous ne m'avez lu que le commencement et la fin. Vous avez omis le milieu. Or le
milieu de l'article commence par *néanmoins,* et
il excepte formellement de toute location aux
enchères quatre catégories d'immeubles : les
édifices directement affectés à l'exercice public
du culte, les édifices servant au logement des
ministres du culte, les maisons de retraite des
prêtres âgés et infirmes, et *les grands et petits séminaires,* pour lesquels votre service
doit provoquer les instructions du préfet, et le
préfet suivre les recommandations des circulaires Briand. »

Pris en flagrant délit d'inexactitude volontaire ou involontaire, le Fonctionnaire se re-

tourna furieux : « Est-ce que vous prétendez connaître mes instructions ? » s'écria-t-il.

— Non, Monsieur, répondit le supérieur, je ne prétends pas connaître vos instructions. Mais je connais la circulaire Caillaux sur les droits et devoirs du séquestre. Elle n'est pas secrète. Elle est à l'*Officiel* du 7 décembre. Elle en occupe même trente-trois colonnes. C'est son article 36 que vous m'avez tronqué. »

Devant le haut fonctionnaire des Domaines, il y avait, du côté de l'État, un autre fonctionnaire des Domaines, le gardien du séquestre et sa femme, et, du côté de l'Église, le supérieur et deux professeurs. Tout ce monde regardait, avec des sentiments mal comprimés, ce fonctionnaire élevé d'une grande administration publique, qui venait devant eux d'altérer et de dissimuler un texte...

— « Bah ! fit-il, dans un geste de dépit ; ce n'est pas la première fois que des circulaires se contredisent. D'ailleurs, je le sais bien, le préfet veut vous louer ; moi je ne le veux pas. Il a télégraphié à Paris. Attendez sa réponse. Bonsoir, Monsieur ! »

## XII

Cet homme partit. Sous la nuit tombante, sa silhouette se profilait, infinie et tortueuse, comme celle du mauvais esprit dans les légendes.

Une heure après, le chef de cabinet du préfet arrivait. C'était un grand garçon, à la figure

quelconque, aux moustaches cirées, et ganté
de rose.

Il venait annoncer que, selon sa promesse,
M. le Préfet avait télégraphié la veille à Paris,
que la réponse venait d'arriver, et que cette réponse était un refus du ministre d'autoriser le
séquestre à louer le séminaire à son supérieur.
En conséquence, l'immeuble devait être évacué
pour le 20 décembre.


## XIII


C'était la guillotine sèche. C'était la mort
sans phrases. C'était le naufrage certain. Il res-
tait à sauver les passagers, l'équipage, les officiers et le matériel. Il fallut d'abord assurer le
sort des vocations, car les vocations c'est l'a-
venir. *Spes messis in semine.* On régla de son
mieux le sort du personnel. Puis ce fut le déménagement de tout ce qui n'était pas compris
à l'inventaire.

Oh! cette mobilisation de tout un faubourg
de cultivateurs emportant dans leurs grandes
voitures charretières — comme jadis ils disaient l'avoir fait devant les Prussiens — tout
ce que guettait le pillage! Oh! ce remue-mé-
nage de tant d'objets infimes de prix et d'aspect, mais si riches de souvenirs! Oh! cette
poussière dans laquelle s'envolaient quatre-
vingt-deux ans d'histoire! Oh! ces images subitement réveillées du génie, de la vertu, de la
sainteté! Oh! ces larmes des choses, et ces
voix longtemps muettes et tout d'un coup vi-

brantes qui sortent des vieux murs, des vieux meubles, des vieilles pages ! Oh ! ces figures sombres des anciens domestiques, et ces visages ravagés des saintes religieuses, qui depuis tant d'années s'étaient incorporées à l'âme même de la maison ! Oh ! ces rondes nocturnes du supérieur et des maîtres dans les dortoirs où les sommiers criaient, parce que ceux qu'ils portaient ne pouvaient, par extraordinaire et malgré la fatigue, arriver à s'assoupir ! Oh ! cette messe des adieux dans laquelle il fallut consommer les Saintes Espèces, pour laisser ensuite la lampe éteinte, et la chapelle vide et froide, comme la dépouille des grands morts qui désormais y dormiront solitaires... jusqu'au jour où, l'hiver passé, leur cendre reverdira comme une semence, et où leur tombe, une fois de plus, rayonnera comme un berceau !

XIV

Il n'y a rien de plus beau dans l'histoire militaire de la France que la sortie de la garnison d'Huningue, immortalisée dans le tableau de Detaille qui est au Luxembourg. Les Séminaires sont à envier qui, « s'étant enfermés dans leur bon droit comme dans une citadelle », selon la parole de Pie X, ont eu ainsi les honneurs de la guerre et de l'expulsion violente, quoiqu'il résulte une infinie tristesse de ce fait que les ennemis-là n'étaient pas des étrangers.

Mais il y eut des héroïsmes plus obscurs, et, je le croirais, aussi méritoires. Ne croyez-vous pas que c'en est un d'avoir eu huit jours, à côté de soi, les élèves présents, installés et logés au cœur du Séminaire, le gardien du séquestre, avec sa femme, sa famille, et les fillettes qui composaient son atelier de couture ? Saint Paul parle de son garde du corps, du prétorien auquel il était enchaîné coude à coude, poignet contre poignet. Ce fut ainsi. Ce fut ainsi par nécessité, pour sauver ce qui pouvait être sauvé encore. Ce pauvre homme était d'ailleurs quelconque, heureux de gagner ses cinq francs par jour sur un domaine ecclésiastique, en attendant qu'il pût à l'aise chasser le lapin dans le grand parc. Il avait à visiter les voitures de déménagement qui sortaient du Séminaire. Mais il feignait de ne rien voir, pensant tout bas, peut-être, aux vieilles maximes sur le bien d'autrui, et aux poings des grands élèves qui se crispaient d'eux-mêmes. Leurs devanciers avaient vu, à sa place, en 1870, un corps de garde allemand. Ç'avait été moins dur...

*<br>* *

Maintenant c'est fini. Du vieux Séminaire il reste son nom, son passé, ses services, ses gloires, ses souffrances. Les élèves sont rentrés ailleurs, tous. Émondé, l'arbre de l'Église concentre sa sève pour les renouveaux attendus. Les maîtres, jetés à la rue, recueillis par la charité privée, ont connu un peu toutes les misères, et se sont mûris pour de nouvelles épreuves. Et si l'on peut définir les impressions qui s'entremêlent et les concentrer dans une formule, au point de vue éducatif, nous dirons qu'elles se résument en ces divers sentiments.

1° L'horreur du fonctionnarisme qui enlève aux hommes, même bons, tout caractère personnel, et n'en fait plus que des rouages qui broient, au nom de la légalité, en gémissant parfois, la justice, la liberté, la propriété.

2° La mâle fierté et l'âpre jouissance que l'on éprouve à souffrir pour les autres, et à être de ceux avec lesquels on ne compte pas parce qu'ils se donnent tout entiers, et toujours les mêmes.

> Quand elle avance, une armée
> Compte-t-elle les morts dont la plaine est semée ?...

3° La joie intime que nous apporta, dans son Encyclique du 6 janvier 1907, la proclamation du général en chef, Pie X : « Si, sûr d'avance de votre générosité magnanime, Nous n'avons pas hésité à vous dire que l'heure des sacrifices avait sonné, c'est pour rappeler au monde, au nom du Maître de toutes choses, que l'homme doit nourrir ici-bas des préoccupations plus hautes que celle des contingences périssables de cette vie, et que la joie suprême, l'inviolable joie de l'âme humaine sur cette terre, c'est le devoir surnaturellement accompli coûte que coûte, et, par là même, Dieu honoré, servi et aimé malgré tout. »

# CHAPITRE XVII

## LA COMMUNION FRÉQUENTE ET LA PERSÉVÉRANCE DANS LA VAILLANCE CHRÉTIENNE, ET DANS LES VOCATIONS D'ÉLITE, D'APRÈS L'ÉVANGILE

*Pie X et la communion fréquente dans les maisons d'éducation. — Saint Jean, modèle évangélique des âmes jeunes devant la sainte Eucharistie. — La préparation de saint Jean : préparation éloignée, préparation prochaine. — La communion de saint Jean. — Le silence de saint Jean. — L'action de grâces de saint Jean. — Saint Jean et le Cœur Sacré de Jésus. — Saint Jean au Calvaire. — Saint Jean centenaire. — Saint Jean et la communion quotidienne de la sainte Vierge. — Ecce filius tuus. — Le gage de la persévérance.*

> Et j'irai soutenir de mes deux mains encor
> La nappe de lin blanc sur le balustre d'or...
> FRÉDÉRIC PLESSIS — Introïbo.

Parmi les joies d'une famille chrétienne il n'en est pas de plus douce qu'une première communion. Ce seul mot évoque tout un lointain de sourires, de tendresses et d'espérances. Tout père respecte, s'attendrit ou s'agenouille ; et quant aux pleurs des mères, il n'en faut point parler. Si elles pouvaient exprimer la poésie autant qu'elles la sentent, elles nous diraient, comme Virgile, que, ce jour-là, il y a pour elles des larmes, et quelles larmes ! dans toutes les choses « *Sunt lacrymæ rerum.* »

En effet les habits de fête et les voiles blancs ne sont que de pâles symboles du mystère que tous soupçonnent, et que les croyants adorent. C'est un corps gracieux en son printemps ; c'est une intelligence radieuse à son aurore ; c'est un cœur pur en sa floraison première ; c'est l'enfance qui croît : c'est l'adolescence qui s'entrouvre ; c'est surtout Dieu qu'on rencontre.

Ah ! le voici, ce Dieu. Sur sa lèvre tremblante
Il descend... C'est la paix ! c'est l'amour ! c'est le feu !
Tout le ciel est en elle. Et cette âme brûlante
Ne sait dire qu'un mot : « Mon Dieu ! mon Dieu ! mon
Dieu (1) ! »

Un nuage, trop souvent, hélas ! obscurcit ce beau jour. C'est la pensée que pour certains, en nos temps d'indifférence, la première communion sera la dernière. Où seront dimanche ces enfants que Notre-Seigneur lui-même a nourris de sa propre substance ?

Ce beau jour ne devrait être qu'une initiation et une aurore. Pourquoi faut-il que la négligence en fasse une fin et un crépuscule, le crépuscule de ces âmes jeunes, et la fin pour elles de la vie chrétienne pratique ?

C'est pour conjurer ce péril que le Souverain Pontife, dans une inspiration vraiment surnaturelle, a prescrit d'avancer la première com-

(1) Paul Véron, *Poésies*, p. 43 ; Herluison, Orléans.

munion vers l'âge de discrétion, chez les petits enfants.

Notre-Seigneur en effet a voulu mettre et a mis dans la réception fréquente, et surtout quotidienne, de son corps et de son sang, les énergies nécessaires et suffisantes pour la persévérance de toutes les âmes.

Déjà Notre Saint-Père le Pape, Pie X, le rappelait, on sait avec quelle force, dans son décret du 20 décembre 1905. « Etant donné ce ferme propos sincère de l'âme, disait-il, il n'est pas possible que ceux qui communient chaque jour, ne se corrigent pas également des péchés véniels, et peu à peu de leur affection à ces péchés. »

Et parmi les groupements chez lesquels la communion fréquente et quotidienne doit être favorisée spécialement, le Souverain Pontife cite les Instituts religieux de toutes catégories, les Séminaires, et aussi tous les autres collèges chrétiens, c'est-à-dire toutes les maisons d'éducation catholiques.

Or il y a dans l'Évangile même une histoire à laquelle on pourrait donner pour titre *Histoire de la persévérance d'un Chrétien idéal par la Sainte Communion.*

Rien n'est plus instructif et plus charmant.

C'était aux fêtes de Pâques de l'année 33, à Jérusalem, au premier étage d'une maison riche, dans une grande salle qui fut, ce jour-là, la première église, et qu'on appela depuis, selon la langue même de l'Évangile, le Cénacle. La première de toutes les messes qui aient jamais été dites ici-bas était achevée. Onze hommes venaient de communier, et, parmi eux, un adolescent se faisait remarquer par sa ferveur. Le prêtre qui célébrait s'appelait Jésus de Nazareth, et le jeune homme était le fils d'un pêcheur galiléen nommé Zébédée. Lui-même portait un nom qui va bien à l'enfance, à l'adolescence et à la jeunesse, car il signifie, dans la langue hébraïque, *grâce divine, bonté de Jéhovah, beauté.* Il s'appelait « Johanan », en français « Jean ».

D'après l'estimation la mieux fondée des docteurs, il avait, à cette époque, environ vingt-cinq ans (1). Toutefois l'iconographie traditionnelle lui prête d'ordinaire des traits beaucoup plus jeunes, et permet ainsi à l'adolescence chrétienne de le revendiquer comme son modèle dans les trois grandes opérations eucharistiques qui s'appellent la *préparation*, la *communion*, l'*action de grâces*.

* *

La prédestination divine et sa générosité personnelle l'avaient désigné dès longtemps. « En dehors de l'instruction religieuse que les Juifs recevaient dans la synagogue, on ne voit pas qu'il ait été initié par des études libérales aux connaissances humaines. Saint Luc, parlant de lui aux Actes des Apôtres, l'appelle « un homme du commun, un homme sans littérature », aussi

(1) Mgr Baunard, *L'Apôtre saint Jean*, p. 23. Paris, Poussielgue.

bien que saint Pierre (1). Quand ses bras le lui avaient permis, il s'était formé, aux côtés de son père, au rude apprentissage du métier de pêcheur, sur le lac de Tibériade qui baignait de ses eaux bleues Bethsaïda-Julias, sa patrie (2). Plus tard il était accouru dans la vallée du Jourdain, près de Jean-Baptiste le Précurseur, qui y prêchait la pénitence et l'avènement prochain du royaume de Dieu. C'est là, près de cet ascète qui rappelait les grands prophètes d'autrefois, que Jean fit son premier noviciat. C'est là que, pour la première fois, il vit venir à lui un homme que son maître, pour lui spécifier son triple caractère de douceur, de sainteté et de victime, lui désigna par ces mots : « Voici l'Agneau de Dieu. » Cet homme était le Messie annoncé. Avec l'intuition et l'attachement premier des cœurs purs, Jean quitta tout, ses filets et son père, et suivit Jésus (3).

Bientôt il était devenu pour le Sauveur le plus intime de ses amis. On ne le désignait plus que par ce surnom qu'il nous a conservé lui-même « le disciple favori, le préféré — *discipulus quem diligebat Jesus.* » En effet, partout il est aux côtés de son Maître, là même où les autres ne sont pas admis. Aux noces de Cana, à la guérison de la belle-mère de saint Pierre (4), à la résurrection de la fille de Jaïre, au Thabor, à la prédic-

(1) Mgr BAUNARD, p. 7 ; Actes des Apôtres, iv, 13.
(2) S. MATH. iv, 21.
(3) S. JEAN. i, 37 ; S. MARC. i, 20.
(4) Voyez nos *Quatre Évangiles* pour les références de ces différents faits. Paris, Poussielgue.

tion des signes du jugement dernier, partout, avec Pierre qui personnifie les prérogatives de l'autorité, Jean se trouve pour représenter les privilèges de l'amitié.

Dans cette éducation sans pareille il avait près de lui sa mère, la généreuse Salomé (1), compagne et amie de la Sainte Vierge, qui suivit le Sauveur dans sa vie publique. Et ainsi, près de Jésus, près de Marie, près de sa mère, il était le modèle de toute la jeunesse des écoles chrétiennes, surtout des externats, qui unissent la vie de collège à la vie de famille.

Ce n'était pas cependant que le jeune disciple fût sans défauts. Il avait la vivacité, l'humeur bouillante, l'émulation ombrageuse, les emportements mêmes de son âge, si bien que Notre-Seigneur le nommait familièrement « le fils du tonnerre ». Un jour il appelait le feu du ciel sur les Samaritains inhospitaliers ; un autre jour il défendait violemment à un étranger de chasser les démons au nom de son Maître (2). Il avait une ambition singulière et, comptant comme tous les Juifs sur la restauration terrestre du royaume d'Israël par le Messie, il n'avait pas craint d'envoyer sa mère lui demander tout simplement, pour son frère Jacques et pour

(1) Sur les trois femmes présentes à la visite du tombeau de Jésus, saint Mathieu en nomme deux, Marie-Madeleine et Marie mère de Jacques le Juste (S. Math. xxix, 56). Quant à la troisième, il la désigne sous le nom de « mère des fils de Zébédée. » Or saint Marc lui donne son vrai nom, et l'appelle Salomé (S. Marc. xvii, 1).

(2) S. Luc. ix, 49-52.

lui, les deux premières places de son futur empire (1).

Malgré la longue série des grâces reçues, il avait donc grand besoin, pour communier, d'une préparation immédiate. Son Maître la lui procura. Au matin du Jeudi Saint, Jésus prend à part Pierre et Jean, et les envoie devant lui à Jérusalem : « Allez, leur dit-il, et préparez tout ce qu'il faut pour la Pâque (2). »

Du matin jusqu'au soir, ils disposent toutes choses, à commencer par eux-mêmes. Notre Seigneur arrive, et voyant tout en ordre et comme il veut, il se met à genoux devant ses apôtres et leur lave les pieds. Puis, cette purification finie, il leur dit : « C'est bien ; vous êtes purs maintenant, bien que vous ne le soyez pas tous. »

Or qui ne reconnaît dans ces attentions divines, dans ce recueillement imposé, dans cette sorte de retraite, dans cette purification, dans toute cette préparation de saint Jean, une grande leçon pour l'enfance et l'adolescence chrétienne ?...

*<br>* *

L'instant solennel de la communion est arrivé.

Jusque-là nulle créature humaine n'avait jamais reçu Dieu en personne, sur ses lèvres et

(1) S. Math. xx, 20.
(2) S. Luc. xxii, 8.

dans son cœur. Devant cette pensée foudroyante, quelle a été l'attitude de saint Jean ?

Bientôt, sous les voûtes du Cénacle, la parole de Jésus retentit solennelle et majestueuse, avec un accent d'autorité et de bonté à la fois, qui va jusqu'au fond de l'âme des Apôtres. Il prend du pain, le bénit, le rompt, lève les yeux au ciel, et, rendant grâces à son Père, il dit : « Ceci est mon corps ; prenez et mangez-en tous. — Ceci est mon sang, le sang de la nouvelle alliance, qui sera répandu pour vous ; buvez-en tous, et faites dorénavant ceci en mémoire de moi. »

Et alors le pain, sous la forme duquel se cache Celui qui est le « Pain vivant », circule entre les convives, et la coupe, où il n'y a plus le sang de la vigne mais le sang d'un Dieu, passe de mains en mains, et tremblants, haletants, sous l'impression de la divinité qui non seulement les approche, mais qui les pénètre, les Apôtres se communient l'un après l'autre. Et Notre-Seigneur, prêtre et victime tout ensemble, se considère, dans ce repas des adieux, donnant aux siens, en testament, tout ce qui lui reste à donner, c'est-à-dire Lui-même...

Et pendant ce temps-là quelle était la physionomie du premier adolescent qui ait communié ? — Quelle était sa foi, son humilité, sa reconnaissance et son amour?

Nous ne le savons que par son silence.

Trois évangélistes nous ont raconté ces détails. Lui seul, saint Jean, ne nous en a rien dit (1). Mais nous savons qu'il y a des silences éloquents et des sous-entendus sublimes; nous savons qu'il est des joies exquises qu'on craint de déflorer en les produisant, des mystères ineffables qui défient toute expression, et des souvenirs dont on ne parle jamais parce qu'on y pense toujours (2).

Quand on sait ce que le catéchisme nous apprend de la communion, de son essence et de ses bienfaits, ne faut-il pas penser que le souvenir du Cénacle, pour saint Jean, était de ceux-là ?...

*<br>* *

Quant à son action de grâces, oh ! qu'elle est belle !

Saint Jean vient de communier, et voyez-le. Il n'est pas assis, il n'est pas debout, il n'est

(1) S. MATH. XXVI, 20-30 ; S. MARC. XIV, 18-32; S. LUC, XXII, 14-39. — Comparez S. JEAN, XIII, où il n'est raconté, de la Cène, que le lavement des pieds, et le colloque de Jésus avec S. Jean incliné sur son cœur.

(2) Il faut lire à ce sujet le chap. II du beau livre de M. Constant Martha, *La Délicatesse dans l'art* — Paris, Hachette. Ce chapitre a pour titre, *La Discrétion dans l'art et les sous-entendus.* On y trouve des remarques d'une psychologie fine et profonde comme celles-ci : « Ce qu'on ne dit pas peut remuer les âmes... N'y a-t-il pas eu ailleurs qu'au théâtre, dans l'histoire même, des silences qui ont agité le monde... Quand on considère dans l'art de pareils effets, on est tenté d'ajouter au chœur des neuf Muses une dixième sœur qui ne serait pas la moins charmante, la Muse muette... L'art d'écrire n'est le plus souvent que l'art de suggérer plus d'idées et de sentiments qu'on n'en exprime... (p. 110-115). »

pas à genoux : où donc est-il ? — *Erat recumbens in sinu Jesu* (1)... Il est couché contre le sein de Jésus. — On sait comment la disposition du *triclinium* antique permettait ce maintien aux convives étendus sur les divans de table. — Il était couché contre le sein de Jésus, si près de son cœur qu'il en entendait tous les battements, qu'il en pénétrait tous les secrets, qu'il en sentait tous les épanchements, qu'il en voyait toutes les douleurs, qu'il y puisait toutes les vertus, qu'il en recevait toutes les énergies.

Car, après une communion, le véritable amour de Dieu ne va pas sans la force, sans la générosité pratique. S'il ne s'agissait que de se reposer dans un recueillement extatique, ce serait vraiment trop facile. Mais il n'en est rien. Les chrétiens, disait Tertullien, c'est une race de gens prêts à mourir — *Christiani genus expeditum mori* — à mourir d'abord à eux-mêmes. Vienne la lutte, vienne le travail, vienne la peine, vienne la souffrance pour Dieu ou pour les choses de Dieu : il les salue, il les bénit, il les embrasse, il s'y jette tout entier. Plus intrépide que ce jeune héros, Nisus, chanté par Virgile, il rêve les grands dévouements :

*Aut pugnam, aut aliquid jamdudum invadere magnum*

*Mens agitat mihi* (2).

C'est saint Paul défiant tous les éléments et

(1) S. JEAN. xiii, 25-22, avec les notes de nos *Quatre Évangiles*.
(2) ÉNÉIDE, ix, v. 186.

tous les êtres de le séparer jamais de la charité de Jésus-Christ. C'est le Polyeucte de Corneille courant au temple renverser les idoles, et disant de son amour,

On n'en peut avoir trop pour le Dieu qu'on révère.

C'est de Sonis, le soldat du Christ, le grand croyant de notre époque, écrivant le 30 octobre 1870 : « Je vais marcher à la mort. Que Dieu ait pitié de mon âme... »

S'il en est ainsi du vrai chrétien, on pense bien que ce n'est pas saint Jean qui va limiter son action de grâces au Cénacle, à la chapelle où il a communié. Il la continue jusqu'à la croix. Il a pris un jour une grande résolution. Notre-Seigneur lui a demandé s'il pouvait boire son calice, et être baptisé de cette inondation d'amertume qui l'attendait. Il a répondu avec son frère : « Oui, nous le pouvons (1). » Il va montrer comment, au sortir de la sainte table, il sait tenir une promesse.

Jésus s'en va au jardin des Oliviers, il tombe en agonie : saint Jean est là. Jésus est livré par Judas, traîné chez Caïphe : saint Jean le suit ; il entre au prétoire. Toute cette longue nuit du jeudi au vendredi ne fut qu'un long supplice : saint Jean fut là, épiant tout, soutenant Jésus, soutenant Marie de sa présence intrépide et fière, au milieu des insulteurs et des bourreaux. Le vendredi, à midi, Jésus est en croix. A ses

_________

(1) S. Math. xx, 22.

pieds il voit Marie sa mère et Marie-Madeleine, et qui donc encore? — *Discipulum stantem quem diligebat.*

C'est Jean le plus doux cœur et partant le plus fort (1).

Il est là debout, lui le favori, lui le préféré, lui l'ami des jours heureux. Il est là, seul des douze Apôtres, lui le plus jeune et lui le plus fidèle. Ainsi le plus sublime des persécutés et le plus délaissé des martyrs n'a eu près de lui, pour l'assister jusque dans la mort, que trois amours humains : l'amour pénitent d'une pécheresse, et deux amours purs, celui de sa mère et celui d'un adolescent. — S'il y a parfois des rapprochements qui parlent, ne peut-on pas dire que celui-là en est un ?...

*<br>* *

Toutefois ce ne serait rien d'être dévoué s'il ne fallait l'être toujours. Saint Jean était au Calvaire au lendemain de sa première communion, et, sans doute, à cause de cela même, c'était chose relativement facile. Mais là ne devait pas s'arrêter sa persévérance.

Si l'on franchit par la pensée la fin du premier siècle de l'ère chrétienne, si l'on pénètre sur les côtes d'Asie-Mineure, dans l'Ionie, dans cette Ionie au ciel pur, au dialecte harmonieux qui avait été celui d'Homère, on y touve une opulente capitale, une ville splendide qui s'appelle

_________

(1) V. DE LAPRADE, *Le Calvaire.*

Éphèse. Éphèse est le centre du commerce, le confluent de toutes les richesses, de toutes les élégances, de tous les raffinements mondains. C'est l'Athènes du Levant, c'est le Paris d'alors.

Or Éphèse a un évêque, un des disciples du Crucifié de Jérusalem, qui est venu, il y a quelque soixante ans, prêcher une religion nouvelle. C'est un des contemporains et des continuateurs de ce citoyen romain qu'on appelait Paul, et qui jadis a excité contre lui, en proclamant l'inanité des idoles, une émeute de tous les argentiers d'Éphèse, intéressés à la renommée du temple de la grande Diane (1) et à la vente lucrative de ses statuettes. Cet évêque, il y a donc longtemps qu'il est là ; il a près de cent ans.

Non seulement il vit, mais il écrit. Il vient de composer, à l'encontre des hérésies contemporaines, un résumé des actions et des discours de son Maître. Et ce livre où tout est jeune, quoiqu'il tombe de la plume d'un homme si vieux, ce livre qui distille la poésie comme pas un chant d'Homère, qui dépasse de l'infini toutes les théories platoniciennes, ce livre où tout parle de la divinité du Verbe Incarné, présenté aux hommes comme leur lumière, leur vie et leur nourriture ; ce livre, au frontispice duquel on a mis un aigle, pour indiquer à quelle hauteur il plane ; ce livre qui fait comprendre, comme aucun autre, le dévouement de l'Homme-Dieu pour l'humanité, et sa science

_______________

(1) Actes des Apôtres, xix.

et sa miséricorde ; ce livre où se trouvent le
récit des noces de Cana, l'entretien de Nicodème, la rencontre de la Samaritaine, le miracle
des cinq pains, le pardon de la femme coupable,
la guérison de l'aveugle-né, les discours après
la Cène, l'affirmation plus qu'ailleurs éclatante
de la survivance eucharistique de Jésus et des
effets de la communion, c'est-à-dire ce qu'il y
a de plus fort et de plus doux dans tout le Christianisme, savez-vous à qui il l'adresse ?

Son livre porte une dédicace générale à tous
ses fils dans la foi, et quatre dédicaces particulières : une aux parents, et trois à la jeunesse.
« *Adolescents*, dit-il, je vous écris, parce que
vous avez triomphé du mal ; *petits enfants*, je
vous écris, parce que vous connaissez votre
Père : *jeunes gens*, je vous écris, parce que vous
êtes la vaillance même (1). »

Ne dirait-on pas un vétéran qui tressaille aux
souvenirs d'antan, un aïeul qui revit le bon
temps, un de ces héros, d'autant plus grands
qu'ils sont modestes, qui mettent dans les
louanges courtoises du présent le panégyrique
inconscient de leur passé ?

On l'a reconnu. Ce patriarche centenaire,
c'était l'adolescent de la Cène ; cet évangéliste
en cheveux blancs, c'était le communié du Jeudi
Saint.

Et, si l'on demande qui avait conservé dans

_______________

(1) Iʳᵉ Épitre de saint Jean, ii, 13-14. — La première
Épitre de saint Jean est considérée comme la préface de son
Évangile ( Mᵍʳ BAUNARD, *Saint Jean*, p. 388). ·

le cœur de saint Jean, si chauds, si vivants, sous les glaces de l'âge, les sentiments d'autrefois, je répondrai que c'était sa mère, non point sa mère Salomé, morte depuis longtemps, mais sa mère d'adoption, sa mère, legs suprême de son divin ami, Marie.

En descendant du Calvaire, saint Jean l'avait reçue chez lui, dit l'Évangile. Onze ans ils vécurent ensemble, à Jérusalem, dans la pauvre maison louée par l'Apôtre, tous les deux, elle cette mère, lui ce fils, pensant à l'autre fils disparu mais vivant, qui s'appelait Jésus. Et l'Apôtre capable, non plus seulement de communier, mais de donner la communion, puisqu'il était prêtre, tous les jours, à la messe, déposait sur les lèvres de Marie la blanche hostie, en lui disant non point le *Domine non sum dignus* qui convient aux pécheurs, mais l'adieu si tendre du Calvaire : « Femme, voici votre Fils ! »...

*
* *

Nous nous sommes contenté de montrer le tableau. Nous prions le lecteur de le regarder et de conclure. La meilleure conclusion ne serait-elle pas de le reconstituer ?

Il a été dit de saint Jean que ce disciple ne meurt pas. C'est donc un archétype, un modèle.

Si Jésus et Marie sont toujours là, vivants, présents, sensibles à la foi du chrétien, saint Jean aussi est immortel comme l'idéal. Ce doit être, ce peut être, et c'est toute âme jeune qui communie, qui a communié, et qui doit continuer de fréquemment communier toute sa vie, afin d'assurer sa persévérance par son association avec l'Être divin lui-même que nous apporte la Sainte Eucharistie, comme un gage et un avant-goût du bonheur éternel...

# TABLE DES MATIÈRES

## PREMIÈRE PARTIE

### LES ENNEMIS DE LA JEUNESSE SELON L'ÉVANGILE

## CHAPITRE PREMIER

LES FAUX MAITRES DE LA JEUNESSE D'APRÈS L'ÉVANGILE.

# CHAPITRE II

### Le péché de la jeunesse d'après l'Évangile.



# CHAPITRE III

### Les défauts de la jeunesse a la lumière de l'Évangile. — (Extrait du Carnet d'un précepteur).

## CHAPITRE IV

### LE CONTRE-ÉVANGILE OU L'ESPRIT DU MONDE.



## CHAPITRE V

### LE CONTRE-ÉVANGILE DANS L'ÉDUCATION.

# DEUXIÈME PARTIE
## L'ÉDUCATION DE LA JEUNESSE SELON L'ÉVANGILE

## CHAPITRE XIV

### L'ÉDUCATION DE L'ESPRIT CIVIQUE D'APRÈS LA DOCTRINE DE L'ÉVANGILE.



## CHAPITRE XV

### L'ÉDUCATION DU SENS DE LA LIBERTÉ AU CONTACT DES OPPRESSIONS PRÉDITES DANS L'ÉVANGILE. (IMPRESSIONS D'INVENTAIRE DANS UN PETIT SÉMINAIRE).

---

Vannes. — Imp. LAFOLYE Frères.

# OUVRAGES DE M. L'ABBÉ S. VERRET

## A L'ANCIENNE LIBRAIRIE POUSSIELGUE
### J. DE GIGORD, Éditeur
### 15, rue Cassette, PARIS

---

**Les Quatre Évangiles,** *Édition de l'Alliance des Maisons d'Éducation chrétienne,* traduction *Lemaistre de Sacy* corrigée, avec introduction, notes, cartes, plans, index, etc., 3e édition in-12. Broché . . . . . . . . . 3 fr. »
Relié toile pleine, fers spéciaux . . . . . 3 fr. 75

**Vers l'Évangile,** in-12 broché, 3e édition. . . 2 fr. 50

**L'Évangile au Japon au XXe siècle,** par MM. Ligneul, supérieur du Séminaire de Tokio, et S. Verret. 3 fr. 50

**La Composition Française** du Baccalauréat, des grandes Écoles et du Brevet supérieur, 2e édition . . 2 fr. 50

**Précis de Morale Sociale,** pour la classe de Troisième A et B (Programmes de 1902) et pour les écoles primaires. in-12 broché, 2e édition . . . . . . . . 1 fr. 60

**Précis de Morale Personnelle,** pour la classe de Quatrième A et B (Programmes de 1902), et pour les écoles primaires, in-12 broché, 2e édition . . . . . 1 fr. 60

## Chez l'Auteur

**Belges et Allemands,** *Sensations catholiques et françaises,* grand in-8°, couverture riche, 130 illustrations. 6 fr 50

**Sensations d'Alsace, de Forêt-Noire, de Suisse,** grand in-8°, couverture riche, 130 illustrations. . . 6 fr. 50

Ce dernier ouvrage a été honoré, en 1904, du *Prix Beaucourt* (prix unique de 500 francs) attribué par la *Société Bibliographique* à l'ouvrage jugé le plus digne d'être donné en prix dans les écoles libres.

Tous ces ouvrages ont été couronnés par la *Société Nationale d'Encouragement au Bien.*

---

Vannes. — Imp. LAFOLYE Frères.